Dr. Detlev Geiger

Wege zum
Glücklich- sein

Dr. Detlev Geiger

Wege zum Glücklich-sein

Erkenntnisse zur Glücksforschung
und zum Glücklich-sein

Aschaffenburg 2025

© 2025 Dr. Detlev Geiger
Verlag: BoD · Books on Demand GmbH, In de Tarpen 42,
22848 Norderstedt, bod@bod.de
Druck: Libri Plureos GmbH, Friedensallee 273, 22763 Hamburg
ISBN: 978-3-7693-5309-9

Inhalte

Einleitung

Wir alle wollen glücklich sein. Deshalb suchen wir intensiv nach Wegen. Aber sollten wir uns in dieser Zeit voll Elend, Not und Kriegen in der Welt überhaupt mit dem Thema ‚Glücklich-sein' beschäftigen? Ja! Auch und gerade in diesen unsicheren Zeiten haben wir das Recht auf Glücklich-sein und stärken unsere Zuversicht. Ein gescheiter Mann hat einmal gesagt: „Glücklich-sein ist kein Ziel, sondern eine Reise, die man jeden Tag neu gestaltet." Deshalb macht es Sinn, viele Stichworte aufzugreifen, um nach Wegen zu suchen. Manche Stichworte drängen sich auf, und andere ergeben sich erst während der Literaturstudien. Es geht darum, Erkenntnisse, Einsichten und Verhaltensweisen zu sammeln, die helfen können, um zu mehr Glücklich-sein zu kommen. Also machen wir uns auf die Suche!

Als Naturwissenschaftler sichte ich dazu Daten und Fakten, zitiere Experten und trage Wissen zu verschiedenen Stichworten zusammen. Zu dem wissenschaftlichen Material notiere ich Wissenswertes und halte meine Einsichten und Erkenntnisse fest. Ich will mir und meinen Lesern, Neues bieten und bereits vorhandenes Wissen festigen. Damit will ich uns Wege zum Glücklich-sein erschließen.

Aus meinem Buch ‚Ich suche das Glück' greife ich die Hypothese auf: sich mit dem Thema ‚Glücklich-sein' zu beschäftigen, bringt Wissen sowie Flow und macht dabei glücklich. Schau'n wir mal.

Dr. Detlev Geiger

Stichwort: Plötzlich bin ich wieder mitten im Thema

Im März 2023 ist mir ein Artikel über den ‚World Happiness Report' in die Hände gefallen. Ich habe ihn sofort gelesen, und da war es passiert. Schon war ich wieder mitgerissen vom Thema und beschloss: „Du musst weitermachen mit dem Thema ‚Glücklich-sein'. Also los, recherchiere!"

Doch ich muss erst einmal kurz anhalten und einen Blick zurückwerfen. Nachdem ich 2019 mein Buch zum Thema ‚Ich suche das Glück' fertig geschrieben hatte, war ich der Auffassung, ich müsste nun erfüllt sein von wunderbaren Glücks-Gedanken und mich suhlen in Wohlergehen, Zufriedenheit und Glücklich-sein. Aber dem war gar nicht so. Selbstverständlich war mir sehr klar, dass das Glücklich-sein kein Dauerzustand sein kann. Zudem hatte es sich mir erschlossen, dass man für das Glücklich-sein ständig etwas tun und einiges lassen muss. Man sollte auf jeden Fall das eigene Leben in die Hand nehmen, es aktiv gestalten und das Beste aus allen Situationen machen. Ja und zufrieden sowie dankbar sollte man auch sein mit dem, was man hat, und schon gar nicht nach Vergleichen suchen. Das passte auch alles. Also, was brauche ich, um glücklich zu sein? Da kommt mir ganz selbstverständlich jener Spruch von Marc Aurel in den Sinn, den ich stets als hilfreich, aber vielleicht auch zu einseitig erlebt hatte:

Dein Glück hängt von guten Gedanken ab, die du hast.
Marc Aurel

Dazu gibt es ergänzend ein anderes Zitat, das sehr bodenständig daherkommt und das durchaus berechtigt ist, wenn man die Glücksbedingungen denkt, die im Report zugrunde gelegt werden. Jean Jacques Rousseau hat es so formuliert:

Glück besteht aus einem hübschen Bankkonto, einer guten Köchin und einer tadellosen Verdauung.
Jean Jacques Rousseau

Ich muss nach einigem Nachdenken feststellen, dass beide Zitate in Richtung Glücklich-sein ihre Berechtigung haben. Es kommt auf den Blickwinkel und auf die jeweilige Ausgangslage an. Sicher ist, dass auf dem Wege zum Glücklich-sein gute Gedanken eine wunderbare Leitplanke sind. Zudem ist eine gewisse Zufriedenheit sehr hilfreich, und außerdem wäre es nicht schlecht, wenn auch einige profane Bedingungen in Richtung ‚Wohlergehen' erfüllt wären.

Bei all diesen aktuellen Überlegungen merke ich eines: Es macht mir richtig Spaß, mich wieder mit dem Thema ‚Glücklich-sein' und dem Umfeld zu beschäftigen. Ich bin wieder ‚im Tunnel' und glücklich. Ich bin begeistert, mich wieder mit ‚meinem' Thema ‚Glücklich-sein' auseinanderzusetzen. Der Weg scheint wirklich das Ziel zu sein.

Der Weg ist das Ziel.

Schon bei meinem ersten Buch zum Glück hatte ich festgestellt, dass die Recherche, das Herumsuchen und die vielen Auseinandersetzungen mit Ergebnissen und Erkenntnissen mich richtig zufrieden gemacht und mir oft den bekannten Flow vermittelt hatten. Beim Suchen bin ich immer ziemlich zufrieden und glücklich. Die Verarbeitung des gesammelten Wissens ist dann eher notwendige Arbeit, die aber durchaus auch zu befriedigen vermag. Und es macht Freude, viele Daten, Fakten und Erkenntnisse für die Leser zusammenzutragen.

Also beginne ich wieder mit der Recherche, weil die Suche durchaus süchtig macht. Sollte ich beim Suchen an Literaturstellen geraten, die ich bereits im ersten Buch er- und verarbeitet habe, macht das gar nichts. Eine weitere Auseinandersetzung kann die Erkenntnisse nur verfestigen, gegebenenfalls zu neuen Folgerungen oder zu nachhaltigem Erkennen führen. Im Gegensatz zum ersten Buch habe ich mir indessen eines vorgenommen: Das Festhalten von Erkenntnissen, Zusammenhängen und Folgerungen sollte möglichst zeitnah erfolgen. Schauen wir mal, ob ich Goethe folgen kann, wenn er empfiehlt:

> *Gewöhnen Sie sich an, wenn Sie einmal dichten wollen und müssen, ohne Zagen und Wählen niederzuschreiben, was Ihnen zu Mund und Feder fließt.*
> **Goethe**

Der World Happiness Report

Also zurück zum World Happiness Report. Auf den möchte ich näher eingehen, weil wir da sicherlich auf einige hilfreiche Ergebnisse und Anregungen zu den Themen ‚Glücklich-sein, Wohlbefinden und Zufriedenheit' stoßen werden. Der World Happiness Report ist ein jährlich am 20. März vom ‚Sustainable Development Solutions Network der Vereinten Nationen' veröffentlichter Bericht. Der von John F. Helliwell et al konzipierte Report enthält Ranglisten zur

Lebenszufriedenheit in verschiedenen Ländern der Welt und Datenanalysen aus verschiedenen Perspektiven. Im Wesentlichen basiert der Index auf Befragungen der Menschen in 156 Ländern der Welt. Damit soll die oft subjektive Einstellung zum menschlichen Wohlbefinden und Glück mess- und vergleichbar gemacht werden. In dem Bericht werden Daten zum subjektiven Wohlbefinden auf drei Hauptindikatoren gestützt: Lebensbewertungen, positive Emotionen und negative Emotionen. Zudem werden diese Effekte mit Ergebnissen kombiniert zum Pro-Kopf-BIP, zur sozialen Unterstützung, zur Lebenserwartung, zur Möglichkeit, Entscheidungen zu treffen, zur Großzügigkeit und zur Freiheit von Korruption. Anschließend werden die aktuellen Ergebnisse mit Daten aus früheren Umfragen verglichen.

Im 11. Bericht im Jahr 2023 wurde **Finnland** zum sechsten Mal in Folge zum Land mit der glücklichsten Bevölkerung. Die zwei glücklichsten Nationen nach den Finnen sind: Dänemark und Island. Alle skandinavischen Länder finden sich wieder auf den vorderen Rängen.

Finnland ist Nr. 1

Deutschland ist erneut nicht in den Top Ten der glücklichsten Nationen zu finden, sondern landete auf Platz 16 und hat im Vergleich zum Vorjahr einen Rang verloren. Platz 13 geht an Kanada, und die USA folgen auf Rang 15 (2019 sogar Rang 19). Ganz unten in der Liste mit mehr als 150 Ländern befindet sich der Konfliktherd Zentralafrikas, die Republik Südsudan.

Warum sind die nordischen Staaten im Report vorne?

Dänemark dürfte wohl das einzige Land sein, das tatsächlich ein offizielles Institut für Glücksforschung besitzt, nämlich das ‚Happiness Research Institute‘ in Kopenhagen. Meik Wiking, der Begründer dieses Instituts, kommentierte die Tatsache, dass die fünf nordischen Länder schon wieder unter den Top Ten zu finden sind, damit, dass diese Länder ganz offensichtlich etwas richtig machten, um gute Bedingungen für ein gutes Leben zu schaffen. Die Einwohner dieser Länder müssten zwar einige der höchsten Steuern der Welt zahlen. Aber die Länder seien erfolgreich darin, vorhandenes Staats-Vermögen in subjektives Wohlbefinden der Einwohner zu verwandeln.

Die nordischen Länder hätten alle ein gutes staatliches Wohlfahrtssystem, das allen Einwohnern eine ausreichend gute Versorgung garantiere - unabhängig vom sozioökonomischen Status. Wiking meint, die Ergebnisse des World Happiness Report seien eine gute Erinnerung daran, dass man auf der Suche nach dem Glück eher nach Wohlbefinden statt nach bloßem Wohlstand streben sollte.

Wohlbefinden statt Wohlstand

Der Experte der Aalto-Universität, Frank Martela, sagt zur führenden Position nordischer Staaten: „Die Untersuchungen zeigen, dass es bei hohen nationalen Platzierungen in diesen Umfragen nicht so sehr um Kultur geht. Es geht mehr darum, wie sich die Institutionen eines Landes um ihre Bürger kümmern - dies führt zu höheren Bewertungen der Lebenszufriedenheit".

> Es geht in den nordischen Ländern darum, wie sich die Institutionen eines Landes um ihre Bürger kümmern.

Andere Experten der Aalto-Universität in Helsinki nannten als Erfolgsfaktoren Finnlands eine intelligente Stadtplanung, die ausreichend Zugang zu Grünflächen ermögliche, der den Bürgern zum Stressabbau und zur Förderung körperlicher Aktivität dient. Zudem ermögliche ein effektives System progressiver Besteuerung in Finnland den Weg für starke Gesundheits- und Bildungssysteme. Der Spitzenplatz der Finnen habe außerdem vor allem mit dem gegenseitigen Vertrauen zu tun, das die Finnen sich untereinander und auch den Behörden, der Polizei und der Justiz gegenüber entgegenbringen. Darüber hinaus hätten die Einwohner Finnlands eine gewisse Grundzufriedenheit. Das Land wird als sicher und stabil eingeschätzt. Es habe eine funktionierende Regierung, die die Finnen als zufriedenstellend bewerten. Ergänzend wird festgestellt, dass es in Finnland kaum Korruption gäbe und das Land gleichzeitig sozial sehr fortschrittlich sei. Man könne seine Lebensentscheidungen sehr frei treffen und sei dennoch stets abgesichert. Außerdem sei ein gutes und gesundes Leben inmitten der Natur gewährleistet. Da könnten wir uns in vielen Punkten ein Beispiel nehmen.

Die Hauptstadtzeitung ‚Helsinki Times' ergänzt zur Zufriedenheit der Finninnen und Finnen: Der entspannte Lebensstil, die Natur, eine niedrige Kriminalitätsrate und ein hoher Lebensstandard seien weitere Gründe. Ergänzend macht das Blatt darauf aufmerksam, dass es in Finnland mit dem Ausdruck ‚Onni' sogar ein eigenes Wort für Lebenszufriedenheit im Sinne von Glück gebe. Ähnliches gelte für die zweitplatzierten Dänen. Die hätten den Begriff ‚Hygge', der als Glücksrezept gelte. Diese dänische Spezialität ‚Hygge' ist es wert, dass ich gleich noch einmal näher darauf zurückkomme.

von Onni zu Hygge

World Happiness und Covid-19

Zurück zum World Happiness Report. Er ist 2023 auch wieder auf Covid-19 eingegangen, die größte Gesundheitskrise, die die Menschen seit mehr als einem Jahrhundert erlebt haben. John Helliwell, einer der Herausgeber des World Happiness Report, sagt dazu: „Jetzt, wo wir einige Jahre Beweise haben, können wir nicht nur die Bedeutung von Wohlwollen und Vertrauen einschätzen, sondern auch sehen, wie sie zum Wohlbefinden während der Pandemie beigetragen haben." Die Pandemie brachte nicht nur Schmerz und Leid, sondern auch eine Zunahme der sozialen Unterstützung und des Wohlwollens. Während man die Übel von Krankheit und Krieg bekämpft, ist es wichtig, sich an den universellen Wunsch nach Glück und die Fähigkeit des Einzelnen zu erinnern, sich in Zeiten großer Not gegenseitig zu unterstützen. Im Jahr 2021 seien die Hilfe für Fremde, die Freiwilligenarbeit und die Spendenbereitschaft in allen Teilen der Welt stark gestiegen und hätten ein Level von fast 25 Prozent mehr als vor der Pandemie erreicht. Dazu Helliwell: „Diese Welle des Wohlwollens, die besonders groß war, wenn es darum ging, Fremden zu helfen, ist ein überzeugender Beweis dafür, dass Menschen darauf reagieren, anderen in Not zu helfen." Eine weitere sehr gute Nachricht des Reports trotz Pandemie: „Positive Emotionen blieben insgesamt mehr als doppelt so häufig wie negative", sagt Herausgeber Helliwell.

Wer anderer Not löst, ist der Erlöste.

Lao-Tse

Fazit

sein verborgen, und wir können aufmerksam und eindringlich von den Dänen lernen. Hygge beschreibt, wie man die Welt da draußen hinter sich lassen Wenn man die Ergebnisse aus dem World Happiness Report in konkrete Rahmenbedingungen für das Glücklich-sein umwandeln möchte, ergeben sich nach Meinung von Experten einige recht einfache und für unsere zivilisierte Welt durchaus erfüllbare Mindest-Kriterien, um glücklich zu werden. Sie sollten uns zeigen, wie wenig man ‚eigentlich' braucht: Eine sechsjährige Schulbildung, mindestens 2.500 Kalorien am Tag, einen Wasserverbrauch von 100 Litern am Tag, mindestens zehn Quadratmeter Wohnraum und einen Platz zum Kochen.

Was nehme ich mit aus diesem Stichwort?

Meik Wiking sagt, die nordischen Länder seien erfolgreich darin, vorhandenes Staats-Vermögen in subjektives Wohlbefinden zu verwandeln. Die Lebensqualität ist in diesen Ländern hoch, und die Menschen sind mit der staatlichen Versorgung auch ausgesprochen zufrieden. Allen Einwohnern ist eine ausreichend gute Versorgung garantiert unabhängig vom sozioökonomischen Status. Allerdings muss der Einzelne auch etwas dafür tun. Zunächst einmal muss er vergleichsweise hohe Steuern zahlen. Er kann aber sicher sein, dass die Steuern letztlich seiner Lebensqualität dienen. Besonders hilfreich ist, dass die Menschen der nordischen Länder auch eine hohe Grundzufriedenheit haben. Zum einen können sie ihre Lebensentscheidungen sehr frei treffen und sind stets abgesichert. Zum anderen ist ein gutes und gesundes Leben inmitten der Natur gewährleistet. Und es gibt das dänische Lebensmodell für ein zufriedenes, einfaches und dabei gemütliches Leben: Hygge. Ich bin überzeugt, damit müssen wir uns beschäftigen.

Stichwort: Wir sollten von den Dänen lernen

Es macht Sinn, an dieser Stelle detailliert auf den typisch dänischen Begriff ‚Hygge' einzugehen. Ich bin sicher, da sind wunderbare Ansätze für das Glücklich-

kann, sich im positiven Sinn abschottet und sich der Gemütlichkeit hingibt oder mit lieben Menschen gemütlich beisammensitzt. In Dänemark legen die Menschen

viel Wert darauf, mit fröhlichen, gemütlichen und heiteren Momenten einen Ausgleich zum Alltag zu schaffen. Zudem gelten Däninnen und Dänen als sehr familienverbunden, weshalb das Land auch so hervorragend für Familienurlaub mit Kindern geeignet ist.

Die mit dem Begriff ‚Hygge' verbundenen Eigenschaften und Konnotationen werden von vielen Dänen selbst als wesentlichen Teil ihrer nationalen Eigenart betrachtet. Entsprechend wird das Wort auch von Nicht-Dänen zur Charakterisierung der dänischen Mentalität verwendet. Helen Dyrbye, Steven Harris und Thomas Golzen halten in ihrem Buch ‚The Xenophobe's Guide to the Danes' folgendes fest: „Die Vorliebe für Hygge und das Bedürfnis danach ist ein grundlegender Teil der dänischen Mentalität. Es ist die Kunst, Intimität zu schaffen, ein Gefühl von Zufriedenheit, enger Freundschaft und Heiterkeit, alles kombiniert in einem Begriff." Dementsprechend wird der Begriff auch im Deutschen zumeist verwendet, um ein landestypisches Kolorit zu erzeugen, wie etwa in dem Satz: „Die Zimmer erweisen sich als ausgesprochen gemütlich - ‚hyggelig', wie die Dänen sagen würden".

Zu ‚hyggelig' findet man auf Wikipedia: Hyggelig ist ein im Dänischen häufig verwendetes Adjektiv, das wörtlich ‚gemütlich, angenehm, nett und gut' bedeutet. Darüber hinaus hat hyggelig auch weitere, durchweg positiv belegte Konnotationen wie ‚geborgen, intim, behaglich, im trauten Heim, lieblich, malerisch, Trost spendend, klein, aber fein und niedlich'. Wegen dieser umfassenden Bedeutungen wird der Begriff ‚hyggelig' oft im Sinne von ‚typisch dänisch' auch von Dänen selbst als nationale Stereotype gebraucht.

Es ist nicht alles ohne Grund, was umgeht in Volkes Mund.
Dänisches Sprichwort

Meik Wiking vom Kopenhagener Happiness Research Institut sieht in Hygge ‚ein großes Geschenk der Dänen an die Menschheit' und hat in seinem 2016 erschienenen und in mehrere Sprachen übersetzten Buch erstmals dieses Konzept einer breiteren Öffentlichkeit dargelegt. Hygge beschreibt nach Wiking ein allgemeines Streben nach Behaglichkeit, Intimität und Vertrautheit. Er sieht den Ursprung des Hygge in den langen, dunklen Winterabenden des Nordens, in denen die Menschen oft sehr lange auf engem Raum zusammenleben mussten, keine großartigen Möglichkeiten zu Ablenkung hatten, kaum je ein fremdes Gesicht sahen und so aus der Not eine Tugend machten, indem sie die Geborgenheit des trauten Heims ganz bewusst kultivierten. Hygge findet sich nicht auf großen, wilden Partys, sondern eher im kleinen, gemütlichen Kreis, sei es mit der Familie oder ein paar engen Freunden. Die eigenen vier Wände, und seien sie noch so klein, sind der Ort, an dem Hygge stattfindet. Da Hygge auf die nordischen Winter zurückgeht, ist es auch ein Lebensgefühl, das sich in der kalten Jahreszeit am besten entfaltet. Wichtige Elemente des Hygge sind dann nämlich Geborgenheit, Wärme und angenehmes Licht. Hygge lässt sich deshalb besser zelebrieren, wenn es draußen kälter wird.

> Hyge ist Kernbestandteil der dänischen Lebensweise mit den Elementen Geborgenheit, Vertraulichkeit und Nähe.

Hygge ist auf alle Fälle ein Kernbestandteil der dänischen Tradition und Lebensweise. Im Wesentlichen bedeutet es eine gemütliche, herzliche Atmosphäre, in der man das Gute des Lebens zusammen mit lieben Leuten genießt. Das warme Licht der Kerzen ist Hygge. Freunde und Familie gehören auch zur Hygge. Und nicht zu vergessen: Essen und Trinken. Dänen sitzen gerne mehrere Stunden am Tisch, um sich beim ausgiebigen Essen gemeinsam mit den größeren und kleineren Dingen des Lebens auseinanderzusetzen.

Hygge kann man lernen

Und Hygge ist eine Haltung, die man lernen kann. Das meint auch Meik Wiking vom Kopenhagener Institut für Glücksforschung und ist damit der kompetenteste Absender zum Thema ‚Glücklich Leben made in Denmark'. Hygge ist das Lebensgefühl der Dänen, bei denen es oft regnet, die Tage und der Sommer kurz sind und die dennoch als eine sehr glückliche Nation gelten. Sie waren mehrfach führend im World Happiness Report. Hygge ist warmes Licht und ein kuscheliges Sofa, Picknicken im Sommer und Glögg trinken im Winter. Sie haben sich mit Hygge ein Leben voller Gemütlichkeit geschaffen, auf das man als ständig meckernder Deutscher richtig neidisch sein kann.

Vielleicht folgen wir Frau Starra Neely Blade, die Menschen mit ihren Büchern ermuntern will und dem ‚dänischen Hygge' sehr nahe ist:

Man braucht nicht viel, will auch nicht viel: Ein gutes Wort, Aufrichtigkeit, frische Luft, sauberes Wasser, ein Stück Grün, Küsse, ein gutes Buch, beschützende Arme, ein gemütliches Bett sowie Lieben und geliebt werden.
Starra Neely Blade

Wie bringt man ein Stück Dänemark in seine vier Wände?

Die Website von ‚Visit Denmark' gibt Dänemark- und Hygge-Fans Tipps, wie sie sich ihre persönlichen Hygge-Momente schaffen und ein Stück Dänemark in ihre eigenen vier Wände bringen können. Ich zitiere gerne und empfehle die Nachahmung:

- Kerzen, Kerzen, Kerzen

Man sollte immer Kerzen zuhause haben - egal zu welcher Jahreszeit. Im Winter schaffen Kerzen die typisch gemütliche Atmosphäre und im Sommer erhellen sie die lauen Nächte. Ohne Kerzen - kein Hygge! Und wen wundert die Aussage, dass die Dänen Europameister im Kerzenverbrauch sind? Der Pro-Kopf-Verbrauch liegt bei rund 6 kg. Deutschland verbraucht 2 kg. Da ist Nachholbedarf.

- Gemeinsam essen

Es geht einfach nichts über eine tolle Zeit mit Familie oder Freunden bei einer gemeinsamen Mahlzeit. Egal, ob Frühstück, Mittagessen oder Abendessen, - solange es Essen, Getränke und gute Laune gibt, ist eigentlich alles gut. Tipp für maximales Hygge: Man lasse die Handys in einem anderen Raum, damit alle wirklich anwesend sind und die Zeit gemeinsam genießen können. Eine wunderbare Idee.

- Spaziergänge, egal bei welchem Wetter

Egal bei welchem Wetter, die Dänen lieben es, draußen spazieren zu gehen. Dabei spielt es kaum eine Rolle, wo sie hingehen· In einen Park, zum nächsten Café, einfach um den Block oder durch den Wald. Man schnappe sich einen Begleiter und genieße die frische Luft. Niemand will mit? Kein Problem! Alleine kann man wunderbar seine Gedanken schweifen lassen. Und wissenschaftlich sind tägich 30 Minuten auch als sehr hilfreich belegt.

- Sich Zeit nehmen

Hygge-Zeit bedeutet, sich Zeit zu nehmen: Man kann ein tolles Buch lesen, einen spannenden Film ansehen, Rätsel lösen, einen Schal stricken oder ein Bild malen. Dabei soll man es sich bequem machen! Ideal wäre es, ein oder zwei Kerzen anzuzünden (ja, schon wieder). Vielleicht findet sich auch noch eine warme, kuschelige Decke und schon ist es auf dem Sofa gemütlich. Sollte eine Zimtschnecke zur Hand sein, umso besser.

- Das Zuhause hyggelig gestalten

Die Dänen lieben intelligentes, minimalistisches, aber gemütliches Design. ‚Weniger ist mehr‘ ist dabei das inoffizielle Motto. Also sollte man, vielleicht dem Motto folgend, beherzt ausmisten, die Unterlagen ordnen und sich eine übersichtliche, persönliche und gemütliche Hygge-Oase schaffen. Das mit dem beherzten Ausmisten sollte man sich sofort zu Herzen nehmen.

> *Wie hoch ein Vogel auch fliegen mag, seine Nahrung sucht er auf der Erde.*
> **Dänisches Sprichwort**

Noch mehr Tipps für Nicht-Dänen

Ich bin der Auffassung, wir können durchaus einiges von den Dänen lernen. Deshalb gehe ich auf einen Artikel ein, der mir beim intensiveren Studieren sehr gefallen hat und den ich gerne in der Folge ein wenig näherbringen möchte. Johannes Haupt ist Chefredakteur von lernen.net. Er hat sich mit ‚Hygge‘ beschäftigt und Tipps für Nicht-Dänen erarbeitet, die sicherlich einen deutlichen, wenn auch Wiederholungscharakter haben, den ich aber gerne in Kauf nehme.

Hygge - so Johannes Haupt - scheint also etwas an sich zu haben, was die Menschen glücklich macht. Der Wohn- und Lifestyletrend sorgt dafür, dass es seit einigen Jahren in vielen Wohnungen ‚hyggelig‘ zugeht. Viele Menschen möchten mehr Hygge in ihr Zuhause bringen. Blogs und Unternehmen bewerben ihre Produkte mit diesem Begriff und kommen damit an. Doch reichen Duftkerzen und kuschelige Sofas wirklich, um mehr Hygge in unser Leben zu bringen? Johannes Haupt meint, dass man Hygge schlecht an materiellen Gütern festmachen kann, denn es ist zu allererst ein Gefühl, eine Wunschvorstellung oder ein Lebensmotto, nach dem man seinen Alltag gestaltet. Der perfekte Tag in einem ‚hyggeligen' Haushalt würde wohl so aussehen, dass ein sonniger und kalter Herbsttag in der Natur mit einem gemütlichen Essen bei Rotwein, Kerzenschein und brennendem Kamin ausklingt. Hygge kann auch einfach bedeuten, dass man Freunde zum Kochen einlädt oder sich abends alleine auf das gemütliche Sofa legt, ein gutes Buch in die Hand nimmt oder wenn Frau der kleinen Nichte eine neue Mütze strickt.

Hygge ist kein Wort, es ist ein Lebensgefühl.
Dänische Weisheit

Hygge ist überall

Hygge ist fester Bestandteil der dänischen Kultur. Wohl überall kann man in Dänemark Hygge erkennen. Egal welches Hotel oder welche Ferienwohnung, Hygge ist fast immer Bestandteil des dänischen Designs. In vielen Alltäglichkeiten kannst du die dänische Hygge erkennen: in der Architektur der Häuser, in den Köstlichkeiten der dänischen Bäckereien und natürlich in der gemütlichen Einrichtung der dänischen Cafés und Restaurants. Hygge bedeutet, dass man Kleinigkeiten schätzt. Denn auch Alltäglichkeiten können Lebensfreude vermitteln und glücklich und zufrieden machen. Gemütlichkeit bedeutet schließlich auch, dass man sich nicht stresst und immer nach etwas Besserem strebt.

Dänemark ist bekannt für seine beleuchteten Städte und Dörfer um die Weihnachtszeit. Dies zählt zu einer der schönsten Zeiten im Jahr. Schon ein kleiner Spaziergang durch die Stadt kann ein gemütliches und zufriedes Gefühl vermitteln.

Hygge = viel Zeit mit guten Freunden verbringen. Viele Alltäglichkeiten erzeugen bei Dänen ein Gefühl von Hygge. Von Jahreszeit zu Jahreszeit können sie sich unterscheiden. Es sind allerdings niemals Dinge von großem materiellem Wert, sondern Unternehmungen und Kleinigkeiten, die Hygge ausmachen und vor allem, die mit Freunden zu teilen sind. Hygge im Winter: Kerzen und Lichter,

Lagerfeuer im Schnee, Spaziergänge, ein gutes Buch lesen, Backen als unbeschwerte Zeit mit guten Freunden. Hygge im Sommer: Picknicken mit Freunden im Park, Konzerte und Festivals unter freiem Himmel, gemeinsam Grillen, zu Straßenfesten und Flohmärkten gehen.

The special Danish way of life

Das soziale Miteinander ist wichtig. Gemeinsam macht das Leben einfach mehr Spaß. Dabei ist es ganz egal, was man macht, Hauptsache man lacht viel und genießt die gemeinsame Zeit. Man kann sich beispielsweise auf ein Bier in einer Bar oder einem Pub treffen, gemeinsam essen gehen oder einen gemütlichen Abend bei einem Freund verbringen. Dazu gehören leckere Getränke, Snacks und wenn man mag, auch Gesellschaftsspiele. Oder man lädt einfach spontan ein paar Freunde zu Kaffee und Kuchen ein, um Zeit bei einem netten Gespräch zu verbringen und gemeinsame Zeit zu genießen. Besonders viel Sinn macht es, sich an saisonalen Produkten zu erfreuen. Im Winter kann man zusammen Tee trinken, Plätzchen backen und genießen oder sich auf einen Glühwein treffen. Im Sommer würde sich ein kühles Bier oder ein Eistee anbieten. Man kann sich zum Grillen treffen. Immer ist Hygge ein Weg zu Einkehr, Entschleunigung, sozialem Miteinander und zu Zufriedenheit. Und gerade durch diese Mischung hilft Hygge auf den Weg zum Glücklich-sein.

> Hygge bedeutet vor allem auch Zufriedenheit.

Was nehme ich mit aus diesem Stichwort?

Jetzt habe ich mich sehr intensiv mit dem dänischen Weg zum Glücklich-sein beschäftigt. Vielleicht ergeben sich auch einige Anregungen für den Weg zum Glücklich-sein. Sehr wichtig scheint mir, dass wir von den Dänen lernen, dass die Zufriedenheit eine entscheidende Grundlage ist. Man braucht viel weniger als man glaubt. Das wird im 'World Happiness Report' ganz deutlich: Die Menschen der führenden nordischen Nationen - und dabei allen voran Finnland und Dänemark - verfügen über eine hohe Grundzufriedenheit. Hygge ist sicherlich mehr als ‚dänische Gemütlichkeit in Stille und Ruhe'. Grundlage ist allen voran jene deutliche Zufriedenheit der Dänen. Denn Vergleiche anzustellen, macht unzufrieden. Für die Dänen erschließt sich der Satz, wonach man nicht viel braucht, um zufrieden zu sein. Der Schwerpunkt aller Bemühungen sollte dabei weggehen von Äußerlichkeiten, sondern in den Fokus nehmen, was man fühlt und was einen bewegt.

Hygge wird verankert

Hier noch einmal einige Essentials von Hygge zur Verankerung:

- Aktiv sein in der Natur

Es geht darum, Zeit in der Natur zu verbringen. Vor allem nach einem Spaziergang bei nebeligem und regnerischem Wetter wirkt das Heim umso gemütlicher und kuscheliger. Dänemark wird von Nord- und Ostsee umrandet und lädt zu vielen Strandspaziergängen ein. Die Dänen lieben es, in der Natur spazieren zu gehen. Man kann lange Märsche, aber auch nur einen kurzen Weg zum nächsten Café zurücklegen. Vom schlechten Wetter lässt man sich ohnehin nicht abschrecken, sondern legt sich eine gute Regenjacke zu und genießt die Schönheit der Natur.

- Zeit für mehr Gemütlichkeit

Hygge lebt von Auszeiten, denn nur so kommt Ruhe und Gemütlichkeit auf. Wer Hygge lebt, füllt seine Freizeit mit ruhigen Aktivitäten wie Yoga, Stricken, Häkeln und Lesen. Viele Decken, Kissen und ein gemütliches Sofa sorgen zudem für viel Gemütlichkeit. Kerzen bringen eine Extraportion Hygge. Mit vielen Auszeiten und Gemütlichkeit fühlen die Dänen sich gelassener und entspannter und können so dem Alltagsstress entkommen. Man ist zufriedener und strahlt Hygge aus.

- Minimalismus für mehr Hygge

Hygge lebt besonders auch von den kleinen Dingen. Das äußert sich auch in der Einrichtung. Eine ‚hyggelige' Wohnung ist intelligent eingerichtet. Zu viele Gegenstände sorgen für Stress und Unwohlsein. Ist das Heim dagegen minimalistisch eingerichtet, fühlt der Däne sich entspannter und kann sich auf die wirklich wichtigen Dinge konzentrieren. Das Heim wirkt anheimelnd, wenn es hell und offen eingerichtet ist. Viele Bücher, Kerzen, Kissen und

Decken sorgen zudem für ein gemütliches Flair. Minimalismus bedeutet nicht unbedingt, auf viele Gegenstände zu verzichten, sondern nur wichtige Gegenstände in sein Leben zu lassen. Wenn man gerne viel liest, fühlt man sich wahrscheinlich mit vielen Büchern wohl. Im Winter sorgen Decken und Kissen für eine gemütliche Atmosphäre. Erinnerungsstücke und Fotos sorgen für mehr Persönlichkeit. Wenn jedes einzelne Teil in der Wohnung wichtig ist, geht man sorgsamer mit seinem Eigentum um.

- Die Nähe zur Natur

Die Dänen lieben die Natur. Das spiegelt sich nicht nur in den ‚hyggeligen' Freizeitaktivitäten wie Wandern und Picknicken, sondern auch in einem naturnahen Einrichtungsstil. Naturmaterialien wie Holz sorgen für Gemütlichkeit im Heim. Natürliche Farben wie Braun-, Beige- und gedeckte Blau-, Grün- und Rottöne schaffen eine hyggelige Atmosphäre.

- Sich von Vergleichen befreien

Hygge bedeutet für die eigenen Bedürfnisse den richtigen Rahmen zu schaffen. Das heißt, dass der eigene Geschmack im Vordergrund steht und die eigenen Vorlieben bewusst gelebt werden, ohne sich an anderen zu orientieren. Sich zu vergleichen, erzeugt Stress. Dadurch nimmt man sich ein großes Stück Lebensqualität und vertreibt Gemütlichkeit aus seinem Leben. Wenn man anderen nacheifert, sich an anderen orientiert und sie um ihr scheinbar perfektes Leben beneidet, setzt man sich selbst unter Druck und konterkariert seine Bedürfnisse. Hygge bedeutet somit auch, mit sich im Reinen zu sein, bewusst einen Tag auf der Couch zu verbringen und nicht darauf zu achten, was man eventuell verpassen könnte. So ist man entspannter, gelassener und kann Hygge in all seinen Zügen leben.

- Übertrage Hygge auf alle Lebenslagen

Hygge ist in allen Lebenslagen hilfreich, um gelassener an neue Projekte heranzugehen. Im Beruf kann es helfen, sich weniger unter Druck zu setzen und entspannter an neue Aufgaben heranzugehen. Das Konzept steht für eine gute Work-Life-Balance und wirbt damit, in seiner Freizeit abzuschalten und den Feierabend sinnvoll und gleichzeitig entspannt zu nutzen. Auch eine gesunde Ernährung hilft Hygge voll und ganz auszuleben. Wer gesund ist, fühlt sich wohl und ist ausgeglichener. Man hört zudem auf seine Bedürfnisse.

Heutzutage ist das Leben in vielen Bereichen sehr schnelllebig. Das Internet sorgt dafür, dass Trends, News und Produkte schneller verbreitet werden als noch vor einem Jahrzehnt. Das Konzept von Hygge bringt ein wenig Entschleunigung. Das ist nicht nur gut für das Wohlbefinden, sondern auch für die Gesundheit. Immer mehr Menschen leiden an psychischen Erkrankungen wie Depressionen und Burnout. Der Leistungsdruck im Beruf ist groß, und dann wird auch noch in der Freizeit oft erwartet, dass man sie mit außergewöhnlichen und aufwendigen Hobbys füllt, um interessant zu erscheinen. Das muss nicht sein.

> Hygge bedeutet auch gezielte Entschleunigung.

Selbstgenügsamkeit

Zugleich wird deutlich, dass im Begriff ‚Hygge' auch enthalten ist, dass etwas klein, aber fein, intim und behaglich ist. Man begnügt sich mit dem, was vorhanden ist, und man versteht es, sich damit angenehm und gemütlich einzurichten. Dabei ist es den Dänen wichtig, dass so etwas wie Geborgenheit entsteht. Zudem wird in Hygge auch eine gewisse Bescheidenheit deutlich und eine Konzentration auf Wesentliches, auf entscheidende Kleinigkeiten.

Glück ist Selbstgenügsamkeit.
Aristoteles

Ich beneide die Dänen dafür, dass sie Hygge zu ihrer Haltung, Lebensweise und ihrem Lebensgefühl machen und täglich praktizieren. Wir können und sollten von den Dänen lernen. Sie demonstrieren uns, was auf dem Weg zum Glücklichsein wichtig und hilfreich sein kann.

> Ich lerne von den Dänen: Die positive Nähe zur Natur, Bescheidenheit und Konzentration auf Wesentliches sowie ausreichende Gemütlichkeit, eine verbindende, soziale Nähe und stete Zufriedenheit.

Stichwort: Zufriedenheit

Sowohl bei den Erkenntnissen im Zusammenhang mit dem ‚World Happiness Report' als auch bei der Beschäftigung mit der dänischen Spezialität ‚Hygge' ist eines deutlich geworden: Eine entscheidende Grundlage für das Glücklich-sein scheint die Zufriedenheit zu sein. Über die Bedeutung der Zufriedenheit im Zusammenhang mit dem Glück gibt auch ein Satz Auskunft, den ich hier sehr gerne wiederhole: ‚Ich suchte das Glück und fand die Zufriedenheit!' Also beschäftige ich mich jetzt mit dieser durchaus schwierigen Voraussetzung. Schwierig deshalb, weil echte Zufriedenheit wirklich selten durchgängig erreichbar scheint. Eine große Schwelle für jenes ‚stille Glück' ist die Tatsache, dass man ja offensichtlich nicht immer ganz frei vom Vergleichen ist. Und das Vergleichen ist der Sargnagel der Zufriedenheit. Das sehe ich wie Kierkegaard.

Das Vergleichen ist das Ende des Glücks und der Anfang der Unzufriedenheit.
Søren Kierkegaard

Wir alle, die wir in der Leistungsgesellschaft groß geworden sind, wurden zum Vergleichen erzogen. Und jetzt auf einmal sollen wir uns darin üben, Vergleiche zu vermeiden. Das scheint mir sehr schwierig. Goethe hat in ‚Wilhelm Meisters Lehrjahre' das mit der mangelnden Zufriedenheit der Menschen bereits sehr klar festgehalten:

Wie selten ist der Mensch mit dem Zustande zufrieden, in dem er sich befindet! Er wünscht sich immer den seines Nächsten, aus welchem sich dieser ebenfalls heraussehnt.
Goethe

Synonyme

Wir müssen uns in das schwierige Thema langsam einarbeiten. Vielleicht hilft zum Einstieg eine Befragung des Duden. Da lese ich bei Zufriedenheit als Synonyme: Ausgeglichenheit, Behagen, Befriedigung, Eintracht, Erfüllung, Freude, Gelassenheit, Genugtuung, Harmonie, Seligkeit, Wohlbefinden, Wohlgefühl, Beseligung und Wohlbehagen. Da ist eine Menge an Synonymen zu bedenken. Ich würde gerne die Liste der erläuternden Begriffe sogar noch um einige erweitern, die vielleicht als obsolet erscheinen mögen, mir aber wichtig sind: Bescheidenheit, Genügsamkeit und Seelenfrieden.

Wenn ich aber so viele synonyme Begriffe finde, kann ich folgerichtig festhalten, dass die Zufriedenheit eine sehr komplexe Angelegenheit zu sein scheint. Es mutet schwierig an, alle diese Qualitäten zu erfüllen. Hinzu kommt, dass die Zufriedenheit im Leben nicht automatisch eintritt, sondern dass sie sich in der Auseinandersetzung mit der Unzufriedenheit behaupten muss.

> *Die meisten Menschen machen sich selbst bloß durch übertriebene*
> *Forderungen an das Schicksal unzufrieden.*
> **Wilhelm von Humboldt**

Was gilt es bedenken?

Zufriedenheit bedeutet für mich, innerlich ausgeglichen zu sein und nichts anderes zu erwarten oder anzustreben als das, was man hat, und mit den gegebenen Lebensbedingungen, Leistungen und dem Befinden einverstanden zu sein, nichts auszusetzen zu haben und - in Seelenfrieden zu leben. Letztlich wird derjenige Mensch eher zufrieden und glücklich werden, der es versteht, sein inneres Befinden zu steuern bzw. zu kontrollieren und negative Ereignisse positiv zu verarbeiten. Die Zufriedenheit ist nicht einfach so vorhanden, sondern muss stets aktiv angestrebt und entwickelt werden. Eines wird indessen deutlich, die Zufriedenheit ist positiv besetzt. Man vermag, in den ähnlichen oder erläuternden Begriffen eine positiven Grundstimmung zu erkennen.

Die Zufriedenheit muss stets erarbeitet werden.

Unterscheiden lässt sich die allgemeine Lebenszufriedenheit als eine Bewertung des Lebens im Generellen von bereichsspezifischen Zufriedenheiten. Letztere beziehen sich auf Lebensbereiche wie etwa Arbeit, Familie, Gesundheit bzw. Krankheit, Finanzen oder Politik. Dabei ist wichtig, dass es stets um objektive Bedingungen und unsere subjektive, aktuelle Wahrnehmung dieser geht. Ähnliches zeigt sich auch in einem zweidimensionalen Lebensqualitätskonzept, das Glatzer und Zapf mit den Komponenten ‚objektive Lebensbedingungen‘ und ‚Wohlbefinden‘ entwickelten. Ergänzende Untersuchungen zeigen, dass die beiden Dimensionen auch entgegengesetzt ausgeprägt sein können: Widrige Lebensumstände spiegeln sich unter Umständen bei der Einschätzung des

Wohlbefindens nicht wider, solange existentielle Mindestanforderungen erfüllt sind. Ebenso müssen positive Lebensbedingungen nicht immer mit hoher Zufriedenheit einhergehen.

Wer nicht zufrieden ist mit dem, was er hat, der wäre auch nicht zufrieden mit dem, was er haben möchte.
Berthold Auerbach

Susie Reinhardt zitiert in einem Artikel in ,Psychologie Heute' Professor Philipp Mayring, der feststellt: „Zufriedenheit ist offensichtlich ein stabiles, gutes Gefühl. Sie ist ein ruhigerer Gefühlszustand als Freude und Glück, wirkt eher im Hintergrund des Erlebens. Zufriedenheit basiert auf einer positiven Grundstimmung, auf grundlegender Lebensbejahung. Sie ist kognitiv geprägt, tritt als Ergebnis von Denkprozessen wie dem Analysieren und Abwägen auf. Zufriedenheit beinhaltet Ich-Erweiterung und -Überwindung. Ihr Gegenpol ist die Unzufriedenheit".

> Zufriedenheit ist ein stabiles, gutes Gefühl.

Reinhardt vergleicht die drei positiven Gefühlslagen Zufriedenheit, Freude und Glück. Sie hält fest, dass sie nicht nur unterschiedlich stabil seien, sie hätten auch verschiedene Wurzeln. Grundsätzlich seien Stimmungen vorübergehende Zustände, die sich schnell wandeln können und oft von der Situation abhängen. Zufriedenheit indessen wurzele in der Persönlichkeit eines Menschen. Sie ist Ausdruck seines Wesens und zudem das Resultat einer grundsätzlichen Haltung dem Leben gegenüber und deshalb eher langanhaltend. Es lohne sich also, sich auf Zufriedenheit zu konzentrieren, denn zum einen sei sie nicht nur langlebiger und grundlegender, zum anderen trete sie unabhängig von äußeren Ereignissen auf, die wir oft nicht beeinflussen könnten. Zufriedenheit sei ein Ausdruck unserer inneren Haltung und Grundstimmung.

Zufriedenheit ist der Stein der Weisen, der alles in Gold verwandelt, das er berührt.
Benjamin Franklin

In meinem Buch ‚Ich suche das Glück' habe ich mich mit der Verteilung der Glücksfaktoren auseinandergesetzt. Man kann sie so beschreiben: 50 Prozent erbliche Faktoren, 10 Prozent Lebensumstände und 40 Prozent aktive Lebensgestaltung. Sonja Lyubormirsky hat daraus ihre **Glücksformel** entwickelt. Sie lautet: Glück = x (Erbmasse/ Temperament/ Persönlichkeit) + y (individuelle Lebensumstände) + z (absichtliche Denk-, Benimm- und Verhaltensweisen) mit eben jener Verteilung: x : y : z = 50 : 10 : 40. Die gute Nachricht dabei ist also, dass ich zu 40% derjenige bin, der aktiv an meinem Glücklich-sein arbeiten kann. Ich kann durch meine Denk-, Benimm- und Verhaltensweisen mein Leben so gestalten, dass ich zu 40 Prozent mein Glücklich-sein selbst beeinflusse. Warum soll diese Verteilung nicht auch für die Zufriedenheit gelten? Denn auch die Zufriedenheit kann man selbst beeinflussen und an der Zufriedenheit muss man - zumindest zu 40% - aktiv arbeiten.

Die Verteilung ist 50 : 10 : 40

Im Begriff ‚Zufriedenheit' steckt ‚Frieden'

Fragen wir Wikipedia, dann heißt es zum Thema ‚Frieden': In der deutschen Standardsprache hat das Wort ‚Friede' drei Hauptbedeutungen: Es bezeichnet einmal einen ‚Zustand des inner- oder zwischenstaatlichen Zusammenlebens in Ruhe und Sicherheit', zum anderen einen ‚Zustand der Eintracht und Ruhe', außerdem, im religiösen Sinn, ‚die Geborgenheit in Gott'. Zur ersten Bedeutung sei ergänzt, dass Störungen im zwischenstaatlichen Miteinander und vor allem die gewaltsamen Auseinandersetzungen in der Welt sowie vielfache Kriege heute leider wieder zu unserem Alltag gehören. Wir alle sehnen uns nach Frieden zwischen den Staaten und Menschen. Ich möchte mich damit aber nicht weiter auseinandersetzen, es würde vom Thema wegführen.

Wichtig im Zusammenhang mit den Glücklich-sein ist der Frieden, der einen Zustand der Eintracht und Ruhe verspricht. Dieser ‚innere Frieden' ist ein wichtiger Baustein auf dem Weg zum Glücklich-sein. Innerer Frieden ist das, was uns erlaubt, die Gegenwart zu genießen und zu schätzen, unabhängig davon, ob sie als gut oder schlecht bewertet wird. Dabei erfordert innerer Frieden nicht unbedingt Ruhe und Stille. Wir müssen nicht den ganzen Lärm des Alltags ausblenden, um inneren Frieden zu finden. Den kann man auch inmitten des Alltags finden.

Und noch einen Begriff möchte ich ansprechen, der in diesen Zusammenhang gehört: ‚Seelenfrieden'. Die Synonyme für Seelenfrieden können sein:

- im Einklang (mit sich und der Welt) sein
- Selbstzufriedenheit
- Glückseligkeit
- Harmonie
- Seelenheil
- Seelenglück
- Friedfertigkeit
- Gemütsruhe
- Seligkeit

Der Seelenfrieden wird von Experten als einen Zustand beschrieben, in dem der Mensch im Einklang mit sich selbst, seinen inneren Werten und der Außenwelt lebt. Es ist in einem Zustand der inneren Harmonie und das kann zum Glücklichsein führen.

Den Seelenfrieden kennen in unserer heutigen Zeit nur noch sehr wenige Menschen. Früher kannten die Menschen dieses Streben, der Persönlichkeit oder der Seele, eben diesen Frieden zu finden, bei dem ein Mensch von Last, Streit und Konflikt befreit ist. Manchmal sagt man heute noch nach dem Tode eines Menschen: „Jetzt hat er seinen Seelenfrieden gefunden!". Allerdings sollten Menschen zu Lebzeiten daran arbeiten, in Frieden, in Harmonie mit sich selbst und anderen zu leben. Das Streben danach und die Frage, wie man Seelenfrieden erreichen könnte, beschäftigte schon die größten Denker und Gelehrten der Antike. Neben der Astronomie und den Naturwissenschaften beschäftigten sich Sokrates und andere Größen auch mit der Frage nach dem gerade auch mit dem Seelenfrieden und der Glückseligkeit des Menschen.

Ich möchte den Fokus vom ‚inneren Frieden' und ‚Seelenfrieden' zur ‚inneren Zufriedenheit' verschieben, weil wir uns im Stichwort ‚Zufriedenheit' befinden. Innere Zufriedenheit führt zu einer positiven Grundstimmung im Alltag, die man an folgenden Einstellungen und Verhaltensmustern erkennen kann:

- Wenn man sich im Spiegel anschaut, dann findet man sich gut genug, so wie man ist. Gleichzeitig weiß man, dass man sich auf alle Fälle noch weiterentwickeln möchte. Und ganz wichtig: Man geht gelassen, nachsichtig und liebevoll mit sich selbst um.

- Man mag sein Leben, so wie es ist.
- Anstatt von Neid, ist das Erleben von Großzügigkeit geprägt.

Wenn man innerlich zufrieden ist, dann kann einen so schnell nichts aus der inneren Ruhe bringen. Man wird resilienter gegen äußere Umstände.

Aktuelle Studien zu Auswirkungen der Covid-19-Pandemie zeigen, dass die negativen psychischen Folgen der Pandemie durch **innere Zufriedenheit**, Harmonie, Akzeptanz und Ruhe abgeschwächt wurden.

Mehr zur ‚inneren Zufriedenheit'

Diese Qualität ‚Innere Zufriedenheit', bedeutet also, konzentriert den Moment zu leben und im Frieden zu sein mit sich und dem, was gerade ist. Ich kann es griffig auch so formulieren: Innere Zufriedenheit bedeutet nicht, das zu haben, was man will, sondern das zu wollen, was man hat.

Chris Bloom hat sich in einem Beitrag in www.chrisbloom.de mit der ‚inneren Zufriedenheit' auseinandergesetzt. Und ich würde seine Gedanken und Ratschläge gerne als Diskussionsbeitrag einbringen.

Innere Zufriedenheit bedeutet nach Bloom, im Frieden mit sich selbst und seinem Leben zu sein. Perfektionismus, Einsamkeit oder fehlendes Vertrauen in die eigenen Fähigkeiten verhindern innere Zufriedenheit. Wirkungsvolle Strategien für mehr innere Zufriedenheit sind Dankbarkeitsbriefe, tägliche Achtsamkeits- und Selbstliebepraxis, das Auflösen von Glaubensgrundsätzen und das Stoppen von Selbstdemontage. Innere Zufriedenheit führt zu einer positiven Grundstimmung im Alltag, die man an folgenden Verhaltensmustern erkennen kann: Wenn man sich im Spiegel anschaut, dann findet man sich gut genug, so wie man ist. Gleichzeitig weiß man, dass man sich noch weiterentwickeln kann. Man geht gelassen, nachsichtig und liebevoll mit sich selbst um. Man mag sein Leben, so wie es ist. Anstatt von Neid, ist das Erleben von Großzügigkeit geprägt. Zudem kann einen nichts so schnell aus der inneren Ruhe bringen. Man wird resilienter gegen äußere Umstände. Und damit ist man dem Glücklich-sein ein großes Stück nähergekommen. Danke, Herr Bloom!

*Das altmodische Wort Zufriedenheit mit sich und der Welt ist, trotz allem
Fortschrittsglauben, ob wir es wahrhaben wollen oder nicht, der Schlüssel
zum Geheimnis des Glücks.*
Nicolas Chamfort

Innere Zufriedenheit aktiv beeinflussen

Innerlich zufriedene Menschen wirken anziehend auf andere, scheinen ihre
innere Mitte gefunden zu haben und sind weniger gestresst. Wie also kommt
man zu innerer Zufriedenheit? Die gute Nachricht ist: Wir können den Zustand
der inneren Zufriedenheit aktiv beeinflussen. Das geschieht jedoch nicht ohne
eigenen Einsatz - und auch nicht über Nacht.

Im Folgenden findet man Tipps und mögliche Wege zu mehr innerer
Zufriedenheit:

- Dankbarkeit üben

In der Psychologie ist es schon lange kein Geheimnis mehr, dass Dankbarkeit
das Gefühl von innerer Zufriedenheit und Glück stärken kann. Eine mögliche
Hilfe: Man zieht täglich Bilanz, wofür man jeweils dankbar ist. Die einfachste
Aktion ist die: Am Abend vor dem Schlafengehen überlegt man sich, wofür
man an diesem Tag dankbar ist. Man sollte nicht nach den großen Aktivitäten
suchen, die kleinen sind oft wichtiger. Eine andere sinnvolle Art, Dankbarkeit
zu üben, ist es, für einige Zeit ein Dankbarkeitstagebuch zu führen.

In der sogenannten ‚Positiven Psychologie' wird empfohlen, das zu kräftigen,
was man gut kann. Die Menschen sollten sich primär auf ihre Stärken
fokussieren. Der Ausbau solcher Fähigkeiten macht Sinn, hilft zu großer
Zufriedenheit und kann glücklich machen. Die meisten Menschen wissen im
Grunde, was sie gut können und was sie zufrieden macht. Wichtig ist es
indessen, sich das auch konsequent bewusst zu machen. Positive Ereignisse
müssen aktiv gesammelt werden. Und da kommen wir wieder zu dem bereits
erwähnten Dankbarkeitstagebuch. Möglicherweise werden bei einer solchen
Bilanz auch schöne Momente bewusst gemacht und deutlich vor Augen
geführt. Das kann glücklich machen.

Dankbarkeit ist das Gedächtnis des Herzens.
Jean Baptiste Massieu

Zudem gibt es renommierte Studien, die zeigen: Wenn man seine Dankbarkeit anderen Menschen gegenüber ausdrückt, macht das beide - Sender und Empfänger - glücklicher und zufriedener. Wann hat man jemandem das letzte Mal gesagt, wofür man ihm oder ihr dankbar ist? Deshalb sollte man den Partner oder die Partnerin wissen lassen, dass man dankbar ist. Wie wäre es zum Beispiel, einen ‚Dankbarkeitsbrief' zu schreiben und ihn persönlich zu übergeben? Man wird erstaunt feststellen, welchen starken Effekt diese Aktion auf das Gegenüber und infolgedessen auf die eigene (innere) Zufriedenheit haben kann.

- Großzügigkeit zeigen

Man neigt manchmal dazu, neue Anschaffungen eines Freundes neidisch zu beäugen, anstatt sich aus ganzem Herzen mit ihm zu freuen. Sich aktiv im Gegenteil zu üben, also in Großzügigkeit, wirkt sich laut wissenschaftlichen Untersuchungen positiv auf die innere Zufriedenheit aus. Zudem soll man ja auch nicht vergleichen. Stattdessen sollte man den Freund oder die Freundin zum Beispiel für die neue Anschaffung beglückwünschen.

Die Kleinigkeit spaltet, Großzügigkeit verbindet.
Emma Goldman

- Achtsamkeit entwickeln

Achtsamkeitstraining bringt nachweislich mehr innere Zufriedenheit in das Leben. Viele klinische Studien, die nach wissenschaftlichen Standards erstellt wurden, zeigen die positiven Effekte von Achtsamkeitsübungen auf die mentale Gesundheit. Ähnliche positive Effekte lassen sich für die Meditation beschreiben. Bereits 2004 wurde in ‚Psychologie Heute' das Thema ‚Achtsamkeit' behandelt. Danach ist Achtsamkeit weitaus mehr als nur Konzentration: Konzentration heißt, sich auf einen Gedanken oder ein Objekt zu fokussieren. Sie wird zum Beispiel beim Lösen von Rechenaufgaben gebraucht. Achtsamkeit dagegen brauchen wir bei neuen oder kreativen Aufgaben, wenn wir uns also nicht auf Bekanntes beziehen können. Achtsam sind wir nicht, wenn wir mehrere Dinge gleichzeitig oder automatisch erledigen, wenn eingeschliffene Gewohnheiten uns steuern oder wir Lösungswege nur aus einer Quelle beziehen. Das Stichwort ‚Achtsamkeit' werde ich in der Folge noch aufnehmen und ausführlich bearbeiten.

- Selbstliebe entfalten

Sich selbst zu lieben bedeutet, mit seinem ganzen Wesen zu erkennen, dass man gut genug ist. Innere Zufriedenheit lernen heißt, Selbstliebe lernen. Psychologen betonen: Wer eine innere Zufriedenheit spüren möchte, sollte einen nachsichtigen und liebevollen Umgang mit sich selbst pflegen. Eine nicht ganz leichte Aufgabe ist: Man muss Selbstliebe lernen, um mehr innere Zufriedenheit zu verspüren.

Wer sich selbst nicht auf die rechte Art liebt, kann auch andere nicht lieben. Denn die rechte Liebe zu sich ist auch das natürliche Gutsein zu anderen. Selbstliebe ist also nicht Ichsucht, sondern Gutsein.
Robert Musil

- Selbstsabotage stoppen

Man macht immer wieder A, obwohl man eigentlich weiß, dass man lieber B machen sollte. Infolgedessen schwindet das Gefühl der Zufriedenheit. Man sabotiert sich und einen glücklicheren Weg womöglich selbst. Ein weiteres Beispiel für Selbstsabotage: Man beginnt immer wieder neue Projekte, sogar mehrere gleichzeitig und beendet keines. Daraus resultiert, dass man unzufrieden ist, weil man den eigenen Ansprüchen nicht genügt.

Eine besonders weit verbreitete Form von Selbstsabotage ist auch die Unfähigkeit, Nein zu sagen oder Grenzen zu setzen. Es gibt viele Gründe dafür, warum es Menschen schwerfällt, Grenzen zu ziehen. Oftmals sind mangelnde Grenzen Ausdruck einer Angst vor Ablehnung. Stellen Menschen regelmäßig eigene Bedürfnisse hinten an, weil sie diese Angst vor Ablehnung in Beziehungen oder im Beruf haben, wirkt sich das negativ auf die mentale Gesundheit aus.

- Selbstbewusstsein stärken

In der psychologischen Forschung ist gut untersucht: Je selbstbewusster und überzeugter man von sich ist, desto zufriedener und in der Folge glücklicher kann man sein. Die Grundlage ist, dass man sich wirklich ‚seiner selbst bewusst ist'. Man weiß um seine Stärken und Schwächen und kennt seine Qualitäten. Dabei ist die gute Nachricht, dass man an seinem Selbstbewusstsein aktiv arbeiten kann.

Selbstbewusstsein gewinnt man dadurch, dass man genau das tut, wovor man Angst hat, und auf diese Weise eine Reihe von erfolgreichen Erfahrungen sammelt.
Dale Carnegie

Wir halten vereinfacht fest: Wer innere Zufriedenheit, inneren Frieden empfindet, hat das Gefühl, auf dem richtigen Weg zu sein.

auf dem richtigen Weg

Wie ist das mit der Unzufriedenheit?

Aktuelle Studien zu Auswirkungen der Covid-19-Pandemie zeigen beispielsweise, dass die negativen psychischen Folgen der Pandemie durch innere Zufriedenheit, Harmonie, Akzeptanz und Ruhe abgeschwächt wurden. Da war deutlich weniger Unzufriedenheit, als man vermutet hätte. Experten meinen, dass chronische Unzufriedenheit der Überzeugung eines Menschen entspringt, dass etwas an den Lebensumständen grundsätzlich nicht stimmt. Dass also die Art und Weise, wie man in Beziehung zur Welt und den Menschen lebt, nicht richtig ist. Man lebt im Widerspruch zu seinen Werten und/oder Bedürfnissen und findet sich in Lebensumständen wieder - beispielsweise einem Job oder einer Beziehung -, die einengen. Man erlebt vielleicht nicht das, was man in einer Beziehung eigentlich für wichtig hält. Diese Kluft zwischen Wunsch (was man leben möchte) und Wirklichkeit (was man wirklich lebt) kann zu Unzufriedenheit führen. Es gibt einige Qualitäten, die zu innerer Unzufriedenheit führen können: Das sind Perfektionismus, fehlende Selbstwirksamkeit und Einsamkeit. Gegen diese Wege zu innerer Unzufriedenheit hilft nur, sich die Situation bewusst zu machen und dann etwas dagegen zu unternehmen. Ich verweise auf einschlägige Literatur.

Hemmnisse

Konzentrieren wir uns jetzt kurz auf Hemmnisse, die einem im Weg zu mehr Zufriedenheit stehen: Angst vor Neuem, Angst vor Ablehnung und Angst vor Fehlern. **Die Angst vor Neuem** ist weit verbreitet und wohl ein Grundübel, wenn es um mangelnde Zufriedenheit geht. Bei der Angst vor Neuem geht es meist um ‚vermeintlich schwierige Veränderungen'. Die Menschen sind Gewohnheitstiere und wollen keine Experimente. Oft kommt auch eine gewisse

Angst vor Kontrollverlust hinzu. Die gewohnten Wege scheinen bequemer und vor allem auch sicherer. Allerdings bringt das die Menschen nicht weiter, im Gegenteil, man steht sich oft im Weg für Entwicklungen und Perspektiven. Man sollte stattdessen mit Offenheit auf Neues zugehen. Vielleicht probiert man erst einmal nach und nach in kleinen Dosen neue Dinge aus. Und nicht selten erkennt man im Anwenden Vorteile und Verbesserungen. Meine sehr gescheite Großmutter hatte einen Wahlspruch für ihr langes und inhaltsstarkes Leben, den ich mit Respekt und hohem Einverständnis übernommen habe. Bis in das hohe Alter hat sie sich erfolgreich an den Wahlspruch gehalten und ist mein Vorbild. Hier ist der Wahlspruch:

> *Immer bereit, zu lernen.*
> **Dina Haag**

Kommen wir zur **Angst vor Ablehnung**. Ein Grundbedürfnis ist das Anerkennungsstreben. Wir brauchen die Anerkennung anderer und machen uns dabei oft von der Gunst anderer abhängig. Besonders in jungen Jahren ist der positive Zuspruch anderer, gleichgesinnter Menschen wichtig. Allerdings werden da sehr häufig Grenzen überschritten, und so manche ‚Freundschaft' geht wegen mangelnder Anerkennung aus Neid, Eifersucht oder einfach Unreife zu Bruch. Angst vor Ablehnung zeugt von wenig Selbstbewusstsein und Selbstwert. Aber wer sich selbst nicht wertschätzt oder mag, kann auch andere nicht wertschätzen und mögen. Am Selbstbewusstsein und am Selbstwertgefühl kann, nein, muss man intensiv arbeiten. Das ist ein wichtiger Prozess, der zu einem Mehr an Unabhängigkeit und Souveränität führen kann. Und durch intensive Arbeit am Selbstbewusstsein kann Achtung anderer, Anerkennung und sogar Zuneigung sowie Nähe entstehen.

> *Das ganze Glück des Menschen besteht darin, bei anderen Achtung zu genießen.*
> **Blaise Pascal**

Die dritte Angst ist die **Angst vor Fehlern**. Dabei sollte man sich erlauben, Fehler zu machen. Wichtig ist, dass man die Fehler erkennt und aktiv angeht. Entscheidend aber ist vor allem, aus Fehlern zu lernen.

Ganz offensichtlich geht es bei all den Überlegungen zu den Hemmnissen für Zufriedenheit um die Stärkung des Selbstbewusstseins und Befriedigung von

Bedürfnissen und Prägungen. Damit muss man sich konsequent auseinandersetzen. Es gibt eine Fülle von Literatur zur Stärkung des Selbstbewusstseins, zum Umgang mit Prägungen und zur Befriedigung von Bedürfnissen. Darauf sei verwiesen.

Zur Suche nach Zufriedenheit

Kommen wir wieder zurück zu unserem Stichwort ‚Zufriedenheit' und den Folgen. Der amerikanische Psychologe Todd B. Kashdan ist überzeugt, dass wir Menschen bei der intensiven Suche nach dem Geheimnis eines glücklichen Lebens in der falschen Ecke nachschauen. Für ihn ist Glück mehr als eine Ansammlung intensiver positiver Gefühle. Glücklich ist nach seiner Meinung, wer das Gefühl der Zufriedenheit kennt und auslebt. Und diese Zufriedenheit hänge in hohem Maße von unseren alltäglichen Verhaltensweisen ab.

Der Hamburger Psychologe Rainer Tschechne hat es einmal so formuliert: „Nur wenn wir unseren Blick schärfen für die Glücksbausteine, die bereits jetzt in unserem Leben zu finden sind, können wir Wege finden, in Zukunft von Tag zu Tag etwas glücklicher zu werden."

> *Die wahre Lebensweisheit besteht darin, im Alltäglichen das Wunderbare zu sehen.*
> **Pearl S. Buck**

Zur Zufriedenheit gibt es eine schöne Geschichte, die sich immer wieder in der Literatur findet. Es ist jene Geschichte über den alten Zen-Meister. Seine Schüler haben ihn gefragt, was er tue, um glücklich und zufrieden zu sein. Was hat der alte Zen-Meister seinen Schützlingen geraten? Er hat auf das Leben im Augenblick verwiesen und darauf, unbedingt im Hier und Jetzt zu sein: „So sind Eure Gedanken ständig woanders und nicht da, wo Ihr gerade seid. In dem Schnittpunkt zwischen Vergangenheit und Zukunft findet das eigentliche Leben statt. Lasst Euch auf diesen Augenblick ganz ein und Ihr habt die Chance, wirklich zufrieden und glücklich zu sein".

Zufriedenheit im Alter

Auf einen Zusammenhang möchte ich noch kurz eingehen: Zufriedenheit im Alter. Es scheint eine klare Sache zu sein, dass sich das eigentlich ausschließt. Ich werde in einem eigenen Stichwort später auf das Thema ‚Alter' eingehen. Jetzt im Zusammenhang mit der Zufriedenheit sei so viel festgehalten. Viele meinen: Alter bedeutet Verlust und ist kontraproduktiv für Zufriedenheit. Dem ist nicht so, sagt Tobias Esch, Neuro- und Gesundheitswissenschaftler von der Universität Witten/Herdecke. In einem Beitrag der ‚Zeit Akademie' macht er deutlich, dass das Glück mehrere Phasen und die hinlänglich bekannte U-Form hat. Es gibt danach drei wesentliche Phasen des Glücks (A, B und C). In der A-Phase kann man vom Wollen-Glück und eher einem jugendlichen oder euphorischen Glück sprechen und damit von einer Hochphase. In der B-Phase im mittleren Alter erreicht die Glückskurve eine Talsohle. Es geht um Nicht-Wollen und um Erleichterung. Erreichtes soll verteidigt werden. Neues scheint schwerer erreichbar. In der C-Phase im fortgeschrittenen Alter von 60 plus findet sich plötzlich wieder mehr Glück im Dasein - trotz Krankheit und Verlusten. Man entwickelte Reife im Umgang mit den Herausforderungen des Lebens und Freude am Leben so, wie es ist. Man versteht, das Beste aus jeder Situation zu machen, und erkennt den Wert des Genusses. Man genießt schöne Augenblicke und wertvolle Momente.

Schöne Augenblicke lassen den Alltag nicht mehr als etwas Alltägliches erscheinen.
Monika Kühn-Görg

Nach Esch geht es im Alter darum, Anker zu setzen, die Verbundenheit mit nahestehenden Menschen auszuleben und gemeinsam Glückseligkeit sowie Zufriedenheit zu spüren. Es ist das Glücks-Momentum der Älteren. Oft spricht man auch vom **Zufriedenheitsparadoxon,** weil die Zufriedenheit mit zunehmendem Alter zunimmt. Geld und Wohlstand haben kaum einen Einfluss auf die Lebenszufriedenheit, sobald Grundbedürfnisse befriedigt sind. Wichtiger sind Zufriedenheitsfaktoren wie in guten Beziehungen zu leben, dankbar zu sein und etwas zu geben ohne Gegenleistung. „Wenn wir dann noch genug schlafen, Freundschaften pflegen und die Freude im Alltag kultivieren, tun wir sehr viel für unsere Zufriedenheitskompetenz", so Esch. Richtig gut für Gesundheit und Zufriedenheit sind nach seinen Untersuchungen übrigens auch Musik, Tanz und Gartenarbeit. Ich empfehle, vieles auszuprobieren, um den passenden Weg zu mehr Zufriedenheit zu finden. Und die Zufriedenheit ist eine der entscheidenden Grundlagen für das Glücklich-sein.

Was nehme ich mit aus diesem Stichwort?

Zufriedenheit wurzelt in der Persönlichkeit eines Menschen. Sie ist Ausdruck seines Wesens und zudem das Resultat einer grundsätzlichen Haltung dem Leben gegenüber und daher eher langanhaltend. Die Zufriedenheit ist nicht nur langlebiger und grundlegender, sie tritt oft unabhängig von äußeren Ereignissen auf, die wir oft nicht beeinflussen können. Zufriedenheit ist ein Ausdruck unserer inneren Haltung und Grundstimmung. Im Begriff ‚Zufriedenheit' steckt das Wort ‚Friede', und an einem solchen inneren Frieden, verstanden als ‚Seelenfrieden' kann man arbeiten.

> Im Begriff ‚Zufriedenheit' das Wort ‚Friede' und an einem inneren Frieden verstanden als ‚Seelenruhe' oder ‚Seelenfrieden' kann man arbeiten.

Die Zufriedenheit hängt in hohem Maße auch von unseren alltäglichen Verhaltensweisen ab. Es gilt, den Blick zu schärfen für die Zufriedenheits-Bausteine, die wir in der aktuellen Situation bereits in unserem Leben finden.

Zufriedenheit ist ein stiller Garten, in dem man sich ausruhen kann.
Ernst Ferstl

Zur inneren Zufriedenheit sollte man sich merken: Innerlich zufriedene Menschen wirken anziehend auf andere, scheinen ihre innere Mitte gefunden zu haben und sind weniger gestresst. Wie also kommt man zu innerer Zufriedenheit? Die gute Nachricht ist: Wir können den Zustand der inneren Zufriedenheit aktiv beeinflussen. Das geschieht jedoch nicht über Nacht. Zur inneren Zufriedenheit führen gewisse Voraussetzungen, an denen man intensiv arbeiten sollte: Dankbarkeit üben, Großzügigkeit zeigen, Achtsamkeit entwickeln, Selbstliebe aufbauen und Selbstbewusstsein stärken.

Zufriedenheit ist der Stein der Weisen. Zufriedenheit verwandelt in Gold, was immer sie berührt.
Benjamin Franklin

Zugleich gilt, dass die Zufriedenheit auf den aktuellen Moment gerichtet ist. Wir sind aufgefordert, im Hier und Jetzt zu sein. Weder der Blick zurück, noch der Blick in die Glaskugel der Zukunft bringt uns der Zufriedenheit näher. Ganz im

Gegenteil: Nur im Hier und Jetzt, im Augenblick kann ich innerlich ausgeglichen sein und nichts anderes erwarten oder anstreben als das, was ich habe. Und ich bin einverstanden mit den gegebenen Lebensbedingungen, Leistungen und dem Befinden, habe nichts auszusetzen und lebe im Seelenfrieden. Auf einer solchen Grundlage der Zufriedenheit werden sich dann in der Folge Wege eröffnen, in Zukunft von Tag zu Tag etwas glücklicher zu werden. Das bedeutet nichts anderes, als dass Menschen mit einer bejahenden Grundeinstellung mit den gegebenen Bedingungen und dem Vorhandenen einverstanden und zufrieden sind. Und die Idee mit dem Dankbarkeitstagebuch oder mit der abendlichen, kurzen Bilanz zur Frage für welche drei Ereignisse und guten Momente bin ich heute dankbar'? Scheint eine hilfreiche Aktion, um die Aufmerksamkeit auf die glücklich-machenden Kleinigkeiten zu lenken, die jeden Tag zu finden sind.

Schau kritisch drauf, du hast so viel. Dann ist Zufriedenheit am Ziel.
Detlev Geiger

Stichwort: Dankbarkeit

Neben der Zufriedenheit scheint mir ehrliche Dankbarkeit eine sehr wichtige Voraussetzung für das Glücklich-sein. Überhaupt bin ich der Auffassung, dass die Dankbarkeit in aller Regel einfach zu kurz kommt. Deshalb sollte ich mit der Aufforderung beginnen: „Lasst uns bitte mehr Dankbarkeit üben!" Mit Dankbarkeit ist auch gemeint, dankbar zu sein für das Leben, wie es aktuell ist. Dankbarkeit bedeutet, die Aufmerksamkeit auf die mehr oder minder großen und vor allem kleinen, positiven Aspekte des Lebens zu richten. Dankbarkeit gewährt einen besseren Zugang zu den positiven Erinnerungen, wodurch die Wahrnehmungen im Allgemeinen ebenfalls positiver werden.

Gesundheitliche Implikationen

Es ist in der Psychologie klar belegt, dass dankbare Menschen zufriedener sind und seltener an Depressionen, einer Sucht oder einem Burn-out leiden. Laut neueren Studien-Ergebnissen von Paul J. Mills von der University of California in San Diego schützt Dankbarkeit sogar das Herz. Zudem hat er gefunden, dass Herzkranke, die das Schöne in ihrem Leben sehr zu schätzen wissen, weniger depressiv sind, besser schlafen und weniger Entzündungsmarker im Blut haben.

Zudem sind sie überzeugter, ihre Krankheit in den Griff zu bekommen. Die Befunde sprechen dafür, dass Dankbarkeit dabei nicht bloß die Folge besserer Lebensumstände ist, sondern vielmehr die Ursache für Zufriedenheit und die damit verbundenen gesundheitlichen Vorteile. Mills schreibt: „Wir entdeckten, dass Herz-Patienten ihre Gesundheit verbessern können, wenn sie häufiger und intensiver Dankbarkeit empfanden."

Dankbarkeit ist das Gedächtnis des Herzens.
Jean Baptiste Massieu

Dankbarkeit hilft in vielen Bereichen

Dankbarkeit ist ein probates Gegenmittel gegen negative Emotionen wie Geiz, Neid und Ärger. Wer dankbar ist, dem kochen die negativen Emotionen deutlich weniger hoch. Nach Expertenmeinung macht Dankbarkeit letztendlich sogar glücklich. Glücksforscher Ed Diener stellt fest, dass dankbare Menschen zudem häufiger positive Ereignisse erleben. Zudem scheint es für ein zufriedenes Leben besser zu sein, sich als dankbar für viele kleine Momente zu zeigen und sie zu genießen. Zwischen Arbeitsstress, Termindruck und Umweltdruck verlieren wir schnell diese wesentlichen Momente aus den Augen. Dabei hätten die meisten von uns selbst an einem miesen Tag viel, wofür sie dankbar sein könnten.

Nicht die Glücklichen sind dankbar. Es sind die Dankbaren, die glücklich sind.
Francis Bacon

Dass der Mensch überhaupt dankbar sein kann, liegt vermutlich an einem evolutionären Nutzen dieser Regung. Wer dankbar für einen Gefallen war, erwiderte ihn eher. Solche Sachzusammenhänge stärkten womöglich schon bei unseren Vorfahren soziale Bande. Auch heute noch fördert Dankbarkeit Uneigennützigkeit oder Altruismus. Darüber hinaus reduziert sie Aggressivität, schafft ein Gefühl der Verbundenheit und hilft damit, zwischenmenschliche Beziehungen aufzubauen und zu vertiefen. Im Gegensatz zu Schuldgefühlen, die meist nur dafür sorgen, dass man etwa so viel zurückgibt, wie man bekommen hat, scheint Dankbarkeit die allgemeine Bereitschaft zu erhöhen, anderen Gutes zu tun.

> Es gibt Hinweise, wonach Menschen, die ihren Sinn für Dankbarkeit schulen, zufriedener sind, erfülltere Beziehungen führen, offener für andere sind, seltener an Depressionen, Sucht oder Burn-out leiden und besser mit Schicksalsschlägen umgehen können.

Die Psychologin Corinna Hartmann hat in Ihrem Artikel ‚Sei dankbar' deutlich gemacht, dass Dankbarkeit uns auch die Augen für die schönen Seiten des Lebens öffnet und in vielen Situationen hilft. Dankbarkeit ist somit ein Motivator für eine positive Grundeinstellung und eine bejahende Betrachtungsweise.

Das mit der Einstellung auf zukünftige Ereignisse

Es kommt auch darauf an, wie man sich einstellt auf zukünftige Ereignisse. Die Stoiker, eine griechisch-römische Philosophenschar, haben vor fast 2000 Jahren ein sehr hilfreiches Vorgehen bei der Begegnung mit zukünftige ‚Geschehnissen' vorgeschlagen, das noch heute in der Krisenvorbereitung erfolgreich angewendet wird: Man gehe bei der Vorbereitung auf ein nächstes Ereignis vom sogenannten Worst Case Szenario aus und bereite sich sorgfältig darauf vor. Tritt es ein, ist man gut vorbereitet, kann damit umgehen und wird nicht ‚auf dem linken Fuß' erwischt. Kommt es besser, ist man erleichtert, froh und hat sich perspektivische Einblicke verschafft. Das ist ein Vorgehen, das zudem deutliche Grundlagen für Dankbarkeit schaffen kann. Und zudem gilt, dass wir zwischen Bürostress, Einkaufszwischenspurt und Berufsverkehr schnell mal dankbare Gefühle aus den Augen verlieren. Dabei haben wir **immer** Grund, dankbar zu sein.

Du sollst dankbar sein für das Geringste, und du wirst würdig sein, Größeres zu empfangen.
Thomas von Kempen

Dankbarkeit und die psychische Gesundheit

Vielleicht sollte man an dieser Stelle die Frage stellen: Hat sich denn die Wissenschaft mit der Dankbarkeit beschäftigt? Hat sie - allerdings erst in jüngerer Zeit. Die ersten Untersuchungen zur Wirkung von Dankbarkeit auf die psychische Gesundheit erschienen etwa zeitgleich mit dem Aufstieg der ‚Positiven Psychologie'. Ein Meilenstein war die 2003 veröffentlichte Studie von

Robert Emmons von der University of California und Davis und Michael McCullough von der University of Miami. Sie teilten Studierende per Zufall in drei Gruppen. Die Teilnehmer der ersten Gruppe sollten zehn Wochen lang einmal pro Woche fünf Dinge aufschreiben, für die sie dankbar waren. Die zweite Gruppe sollte einmal wöchentlich fünf Dinge notieren, über die sie sich geärgert hatten. Die dritte Gruppe bekam die Aufgabe, Erlebnisse aufzuschreiben, die sie in irgendeiner Form beeinflusst hatten - egal ob positiv oder negativ. Zusätzlich beantworteten alle wöchentlich Fragen zu ihrer Stimmung, ihrem körperlichen Wohlbefinden und ihrer Lebenszufriedenheit. Das Ergebnis: Die Probanden der Dankbarkeitsgruppe waren im Vergleich zu den restlichen Teilnehmern zufriedener mit ihrem Leben. Sie schauten zudem optimistischer in die Zukunft, hatten weniger körperliche Beschwerden und trieben mehr Sport.

Ehrliche Dankbarkeit hat erhebliche Auswirkungen.

In einem zweiten Experiment erhöhten die Psychologen das Ausmaß der gezielten Dankbarkeit. Ein Teil der Versuchspersonen sollte nun täglich ein **Dankbarkeitstagebuch** führen und das eigene Wohlbefinden einschätzen. Die andere Gruppe hatte die Aufgabe, Ärgernisse aufzuschreiben. Nach zwei Wochen berichtete die Dankbarkeitsgruppe von den meisten positiven Gefühlen, wobei sich weiterhin keine Unterschiede im Ausmaß negativer Gefühle zeigten. Sie hatten zudem während der letzten Wochen andere Menschen häufiger emotional unterstützt und praktische Hilfe geleistet als jene der anderen Gruppe.

Sogar Kranke profitieren von Dankbarkeit

Da die Studienteilnehmer allesamt junge, gesunde Studenten waren, wollten McCullough und Emmons wissen: Hilft Dankbarkeit auch Menschen, die stärker mit Leid konfrontiert sind? Daher rekrutierten sie für ein drittes Experiment Patienten mit chronischen neuromuskulären Erkrankungen. Sie baten die Hälfte von ihnen, drei Wochen allabendlich ein Dankbarkeitstagebuch zu führen. Die übrigen sollten lediglich ihr Wohlbefinden bewerten. Die Erkrankten, die ihre Dankbarkeit deutlich machten, empfanden mehr positive und weniger negative Gefühle als die Kontrollgruppe. Außerdem waren sie zufriedener mit ihrem

Leben, zuversichtlicher, fühlten sich stärker mit anderen verbunden und schliefen besser.

Kontrollierte Studien

Nun sollten kontrollierte Studien die ersten Ergebnisse bestätigen. Daher testeten Wissenschaftler die Wirkung der Dankbarkeit mit randomisierten, placebo-kontrollierten Studien. Die Psychologin Leah Dickens von der Northeastern University in Boston analysierte 38 Studien zum Thema, die zwischen 2003 und 2016 erschienen und an denen insgesamt mehr als 5000 Menschen teilgenommen hatten. Sie fand in einer Meta-Analyse kleine bis mittlere Effekte von Dankbarkeitstrainings durch Dankbarkeitstagebuch oder Dankesbrief auf verschiedene Parameter des Wohlbefindens, der Zufriedenheit, der Stimmung und der Depressivität. Erstaunlich ist, dass diese positiven Effekte zum Teil bis zu einer erneuten Erhebung Monate später anhielten. Die Wirkung sei gerade für Aktivitäten, die so einfach und quasi kostenlos seien, durchaus beachtlich, stellt die Forscherin fest.

nachhaltige Wirkung

An dieser Stelle möchte ich mich ebenfalls für eine institutionalisierte Dankbarkeit stark machen. Ein Dankbarkeitstagebuch hat unbestritten unerwartete Auswirkungen. Es gibt eine bereits erwähnte Alternative nicht nur für Schreibfaule: Ein abendliches Dankbarkeitsritual. Man kann ganz einfach vor dem Einschlafen den Tag kurz Revue passieren lassen und dankbar sein. Diese Aktion macht zufrieden, und man schläft besser. Ich weiß, wovon ich schreibe.

> *Mögest Du Ruhe finden, wenn der Tag sich neigt und Deine Gedanken noch einmal die Orte aufsuchen, an denen Du heute Gutes erfahren hast. Auf dass die Erinnerung Dich wärmt und gute Tage Deinen Schlaf begleiten.*
> **Irisches Sprichwort**

Dankbarkeit und psychische Störungen

Es war klar, dass die Dankbarkeitsforschung einen Schritt weiter gehen würde, um einen echten Beitrag zur Psychologie zu leisten. Sie musste sich an Störungen herantrauen. Forscher um Hanna Heckendorf und Dirk Lehr von der Leuphana Universität Lüneburg untersuchten 2019 den Nutzen einer Dankbarkeits-App für Menschen mit psychischen Störungen. In einem fünfwöchigen Onlineprogramm trainierten die 260 Teilnehmer ihrer Studie, positive Erlebnisse bewusst wahrzunehmen. Sie sollten regelmäßig schöne Erfahrungen notieren und besonders glückliche Momente in einem Foto festhalten. Jeden Abend sollten sie sich noch einmal ganz auf das Gefühl der Dankbarkeit einlassen, indem sie die Einträge erneut lasen und die Bilder betrachteten. Im Vergleich zu einer Kontrollgruppe, die zunächst das Online-Programm nicht nutzte, reduzierten sich die psychischen Symptome durch die App merklich. Selbst ein halbes Jahr später war der Effekt noch messbar. Ängste und Depressionen hatten abgenommen, die Teilnehmer grübelten seltener über Vergangenes nach und die individuellen Zukunftsperspektiven verbesserten sich. Dirk Lehr, einer der Initiatoren der Studie, ist vom Nutzen der Dankbarkeit vor allem über die Veränderung von negativen Denkmustern überzeugt: »Dankbarkeitsprogramme haben das Potenzial, ähnlich erfolgreich zu sein wie etablierte Selbsthilfeverfahren. Übungen zur Dankbarkeit sind vergleichsweise einfach umsetzbar und lassen sich gut in eine Psychotherapie integrieren.«

> Dankbarkeitsprogramme haben ein ähnlich erfolgreiches Potenzial wie etablierte Selbsthilfeverfahren.

Dankbarkeit als Selbsthilfetool

Das Potenzial von Dankbarkeit als Selbsthilfetool testete ein Team um den Psychologen Adam Geraghty von der University of Southampton. Das Onlineprogramm richtete sich an Menschen, die sehr unzufrieden mit dem eigenen Körper waren. Um die Beziehung zum eigenen Körper zu verbessern, führten sie entweder ein Dankbarkeits- oder ein Selbsthilfetagebuch, wie es in der kognitiven Verhaltenstherapie üblich ist. Die Probanden sollten problematische Gedanken festhalten und gleichzeitig eine hilfreichere Sichtweise bezüglich ihres Aussehens entwickeln. Eine Kontrollgruppe erhielt keine Aufgabe.

unerwartete Ergebnisse

Es zeigte sich: Den größtenteils weiblichen Versuchspersonen half die Dankbarkeit genauso gut, ihren Körper anzunehmen, wie Verhaltenstherapie. Wer das Dankbarkeitsprotokoll geführt hatte, blieb zudem doppelt so häufig bis zum Ende des Programms dabei. Möglicherweise machen die Übungen vielen Teilnehmern mehr Spaß als klassische Verfahren oder fallen ihnen leichter.

Erfahrungen mit Schlafstörungen

Auch bei Schlafstörungen scheinen Dankbarkeitsübungen ein gutes Mittel, um abendliches Grübeln zu verringen. Die Probanden einer kanadischen Studie sollten vor dem Zubettgehen Sorgen aufschreiben und Lösungen entwickeln, um das Gedankenkarussell zum Stillstand zu bringen. Andere versuchten es mit einer Imaginationsübung, bei der sie sich vorstellten, an einem besonders schönen Ort zu sein. Die restlichen Teilnehmer hielten schriftlich fest, wofür sie an diesem Tag dankbar waren. Nach einer Woche hatte sich die Schlafqualität aller drei Gruppen verbessert. Das abendliche Gedankenkarussell nahm ab und die Probanden konnten sogar länger schlafen. Allerdings muss festgehalten werden, dass Dankbarkeit kein Allheilmittel ist, das sich für jeden und jede Gelegenheit eignet.

Da wird es hell in unserem Leben, wo man für das Kleinste danken lernt.
Friedrich von Bodelschwingh

Das mit den Dankesbriefen

Jeder freut sich über ein Dankeschön. Vielleicht sollte man es bei Menschen, denen man besonders dankbar ist, mit einem Dankesbrief versuchen. Die Befunde von Amit Kumar und Nicholas Epley aus dem Jahr 2018 ermutigen dazu. Die Psychologen ließen Studenten einen solchen Dankesbrief schreiben und absenden. Anschließend sollten die Teilnehmer einschätzen, wie es ihnen beim Verfassen ergangen war, und zugleich einschätzen, wie sich der Empfänger fühlen würde. Auch die Empfänger wurden kontaktiert und nach ihren Gefühlen bei Erhalt des Briefs gefragt. Die Probanden fühlten sich nach dem Versenden des Briefs deutlich besser als zuvor. Doch sie unterschätzten die Freude und Überraschung des Empfängers. Sie befürchteten häufig, der Empfänger des Dankesbriefes könnte sich nicht über die Selbstoffenbarung freuen oder sogar peinlich berührt sein. Dies traf in keiner Weise zu.

Unterschätzte Reaktion

Aktuelle Betrachtungen

Neurowissenschaftler von der University of Southern California in Los Angeles gingen der Frage nach, welche Hirnareale für das Gefühl der Dankbarkeit entscheidend sind. Insbesondere die Aktivität im medialen präfrontalen Kortex hing mit dem Ausmaß der Dankbarkeit zusammen. Die Region ist Teil des Belohnungssystems im Gehirn und immer dann involviert, wenn wir die Perspektive unserer Mitmenschen einnehmen. Deshalb wird durch Dankbarkeit die Rolle eines anderen gewürdigt und oftmals eine Beziehung gefestigt. Und zugleich wird man selbst zufriedener und glücklicher. Dankbarkeit ist eine wichtige und oft unterschätzte Hilfe zu einem Mehr an Lebensfreude, zu besserer Gesundheit, sozialem Miteinander und auf dem Weg zum Glücklich-sein.

> *Dankbarkeit macht das Leben erst reich.*
> **Dietrich Bonhoeffer**

Was nehme ich mit aus diesem Stichwort?

Bei der Suche nach dem Glück scheine ich ein ganz wichtiges Stichwort aufgegriffen zu haben: Dankbarkeit. Sie tut - und das schreibe ich nach etlichen Recherchen aus voller Überzeugung - der eigenen Seele gut, festigt unsere Beziehungen zu anderen und macht zufriedener. Bei der Lektüre der verschiedenen Untersuchungen und Studien ist mir klar geworden: Dankbarkeit kann unser Leben verändern und verbessern. Sogar bei Kranken hat die Dankbarkeit positive Effekte. Zudem ebnet sie den Weg zu mehr Gelassenheit und eröffnet die Chance für mehr Lächeln im Leben. Und sie kann in der Folge auch glücklicher machen. Dafür sollte man allerdings jeden Tag dankbar sein. Grund genug hat man auf jeden Fall. Es gibt so vieles, für das man dankbar sein kann und sein sollte. Cicero macht klar:

> *Dankbarkeit ist nicht nur die größte aller Tugenden, sondern auch die Mutter von allem.*
> **Marcus Tullius Cicero**

Seit einigen Jahren ist Dankbarkeit Gegenstand wissenschaftlicher Forschung. Psychologen und Mediziner haben belegt: Dankbarkeit trägt zu physischer und psychischer Gesundheit bei. Sie macht offen und froh, trägt auch zu größerem Wohlbefinden und besseren Beziehungen bei. Wer dankbar ist, das zeigen Studien, leidet weniger unter Angst, Ärger, Stress, Schlafstörungen und körperlichen Krankheitssymptomen.

Warum hat Dankbarkeit so viele positive Auswirkungen?

Ein Grund dafür, so nehmen die Psychologen an, ist die Tatsache, dass eine angenehme Emotion wie Dankbarkeit nicht gleichzeitig mit negativen Gefühlen wie Angst oder Ärger gefühlt werden kann. Ein anderer Grund kann darin liegen, dass Dankbarkeit das soziale Miteinander unterstützt. Denn Dankbarkeit heißt auch Orientierung auf einen anderen und auf die Beziehung zu ihm. Studien zeigen: Jemand anderem zu danken, tut nicht nur demjenigen gut, dem man dankt, sondern einem selbst auch. Unser Dank bedeutet soziale Anerkennung - ein äußerst wirksames Mittel, um Beziehungen zu stärken. Und der Dank wirkt sogar auf den Dankenden. Denn wer dankt, fühlt sich anschließend verbundener mit dem, dem er gedankt hat. Das Zusammenleben wird angenehmer. Und die Wirkung potenziert sich: Wer mit dankbaren Menschen zusammen ist, entwickelt ebenfalls mehr Dankbarkeit.

Dankbarkeit und Weizen gedeihen nur auf gutem Boden.
Deutsches Sprichwort

Leah Dickens fand, dass Dankbarkeitsinterventionen durchaus einen Effekt auf Wohlbefinden und Lebenszufriedenheit haben. Zudem zeigten sich positive Wirkungen auf körperliche Gesundheit, Schlaf und prosoziales Verhalten. Sogar das Selbstwertgefühl konnte gesteigert werden.

Dankbar zu sein, ist einfach und man kann es lernen: Zum Beispiel Dankbarkeit zeigen mit einem Dankbarkeits-Tagebuch oder mit kurzem Innehalten vor dem Einschlafen. Man erinnert sich an Ereignisse und Erfahrungen, für die man an diesem Tag dankbar sein sollte. Das muss gar nichts Großes sein. Vieles, was wir für selbstverständlich halten, kann Anlass für Dankbarkeit sein: Ein schöner Moment, eine nette Geste eines anderen, ein Lächeln, das unerwartet war, dass man gesund ist oder gerade keine Schmerzen hat. Oder die Tatsache, dass ein Essen sehr selbstverständlich auf den Tisch gestellt wird. Es gibt so viele Gründe, dankbar zu sein. Man sollte sie sich jeweils am Tagesende vor Augen führen und bewusst machen. Ich kann das aus eigener Erfahrung nur wärmstens empfehlen.

Zudem gilt, dass dankbare Menschen zufriedener sind, erfülltere Beziehungen führen, offener für andere sind, seltener an Depressionen, Sucht oder Burn-out leiden und besser mit Schicksalsschlägen umgehen können. Sogar Kranke profitieren von der Dankbarkeit. Es gibt diverse Studien, unter anderem mit Herzpatienten oder mit Patienten, die unter psychischen Störungen leiden, bei denen sich durch Dankbarkeitsaktivitäten deutliche Besserungen der Grunderkrankung ergeben haben. Sogar das Einschlafen verbessert sich. Dankbarkeitsprogramme haben dabei ein ähnlich erfolgreiches Potenzial wie etablierte Selbsthilfeverfahren.

Es geht also für jeden darum, dankbar zu anderen zu sein und im besonderen Maß dankbar für das, was man hat. Und dabei sind vor allem auch die Kleinigkeiten im Alltag gemeint, für die man bewusst dankbar sein soll.

> Man soll dankbar sein zu anderen und dankbar für das, was man hat.

Und Dankbarkeit öffnet uns auch die Augen für die schönen Seiten des Lebens und hilft in vielen Situationen. Dankbarkeit ist somit ein Motivator für eine positive Grundeinstellung und bejahende Betrachtungsweise. Zudem ist ehrliche Dankbarkeit eine wesentliche Voraussetzung für das Glücklich-sein.

Dankbare Menschen sind wie fruchtbare Felder. Sie geben das Empfangene zehnfach zurück.
August von Kotzebue

Stichwort: Zur Chemie des Glücklich-seins

Wir haben jetzt bereits einige wichtige Voraussetzungen für das Glücklich-sein wie Zufriedenheit und Dankbarkeit näher betrachtet. Und immer hieß es, ‚sind solche Voraussetzungen erfüllt, kann sich das Glücklich-sein einstellen‘. Da muss aber doch etwas passieren. Wer stellt da also welche Weichen? Wie funktioniert das mit unserem Fühlen und Denken? Ganz offensichtlich müssen da irgendwelche Botenstoffe des Glücks unterwegs sein. Und es wird Zeit, sich damit zu beschäftigen.

Um die Sachzusammenhänge zu erhellen, stellen wir zunächst einmal eine Behauptung in den Raum: Glücklich-sein kann man lernen. Davon ist die bereits erwähnte Forscherin Michaela Brohm-Badry überzeugt. Eine wichtige Hilfe dazu sei, immer wieder aktiv Situationen zu schaffen, die sich erfolgreich abschließen lassen. Beispiele können im Sport, im Beruf, im Haushalt oder in der Freizeit zu finden sein. Wie befriedigend kann die Erledigung einer unangenehmen Aufgabe sein! Ein gutes Beispiel aus dem Haushalt: der erfolgreich abgeschlossene Großputz bringt ein hohes Maß an Befriedigung. Von den Hirnforschern wissen wir, dass in solchen Fällen das Belohnungssystem im (meso)limbischen System des Gehirns anspringt. Brohm-Badry sagt, dass Neurotransmitter wie Dopamin ausgeschüttet und Glücksgefühle ausgelöst werden.

> Aktiv Situationen schaffen, die sich erfolgreich abschließen lassen. Das bringt ein hohes Maß an Befriedigung, und das Belohnungssystem springt an.

Das limbische System

Das limbische System ist sehr wichtig für Perspektiven, Vorstellungen, Werte und generell für die emotionale Verarbeitung. Es ist - vereinfacht gesagt - der Hauptsitz für alles **Emotionale**. Heute wissen wir aus der Hirnforschung, dass das limbische System ein Sammelsurium von Strukturen enthält und kein einheitliches Areal darstellt. Viele Details sind noch nicht endgültig erforscht. Zudem ist das limbische System nicht alleine für die Steuerung von Emotionen zuständig. Auch andere Hirnareale sind mit an der Ausbildung von Gefühlen, von Motivation und bei der Entstehung von Einstellungen beteiligt. Wir konzentrieren uns für diese Betrachtung auf das limbische System als den zentralen Sitz des Emotionalen. Entscheidend ist, dass es autonom und nicht durch den Willen beeinflussbar ist. Es steuert in einem erheblichen Maß unser Verhalten über Bilder, Vorstellungen und Erinnerungen. Das sollte man sich merken: das limbische System ist autonom. Die Emotio ist nicht durch die Ratio dirigierbar.

Deshalb erschließt sich dann vielleicht auch ein Satz wie: „Er kann vor lauter Angst keinen klaren Gedanken fassen." Unser Leben wird durch die Dominanz der Emotio bestimmt. Und unsere Ratio kann die Gefühle nicht beeinflussen. Gedanken und Bilder, im Unterbewusstsein gelagert, sind für unser Handeln verantwortlich. Da passt der Gedanke Buddhas wunderbar:

Wir sind, was wir denken. Alles was wir sind, entsteht in unseren Gedanken. Mit unseren Gedanken machen wir die Welt.
Buddha

Entdeckt wurde das Belohnungssystem bzw. limbische System bereits im Jahr 1954, und zwar durch puren Zufall. Die US-Forscher James Olds und Peter Milner vom California Institute of Technology untersuchten das Verhalten von Laborratten - eigentlich, um neue Erkenntnisse über Lernprozesse zu gewinnen - und entdeckten ein Belohnungssystem. In den letzten Jahren wurde es mit Hilfe zahlreicher Untersuchungen möglich, eine detaillierte Karte des Belohnungssystems im Gehirn zu erstellen. Es besteht aus einer Reihe von Arealen, Knoten und Nervenverbindungen. Hauptakteur im System ist der ‚Glücksbotenstoff' Dopamin. Wissenschaftler sprechen korrekt vom **mesocortikolimbischen dopaminergen Belohnungssystem**. Das Ganze funktioniert wie ein komplexer Schaltkreis: ein Auslöser von außen, etwa der Anblick oder der Duft des leckeren Stückchens Schokotorte, lässt das limbische System reagieren. Es generiert einen Drang, ein Bedürfnis, den die Großhirnrinde als bewusstes Verlangen erfasst. Sie gibt dem Körper daraufhin die Anweisung, dieses Verlangen zu stillen. Ist der erste Happen im Mund und später der Magen gefüllt, treten das Tegmentum und die Substantia nigra im ventralen Teil des Mittelhirns in Aktion. Die Neuronen produzieren affekt- oder lustbetonte Empfindungen über Striatum und limbischem System und dort im **Nucleus accumbens**, in dem ein Glücksgefühl entsteht, und in der Amygdala, die die Erregung verarbeitet, indem dort Dopamin ausgeschüttet wird. Außerdem gelangt der Botenstoff in den Hippocampus. Der Hippocampus ist das Zentrum für das Lernen und die Erfahrungen. Der Vorgang wird dort als Erfahrung gespeichert.

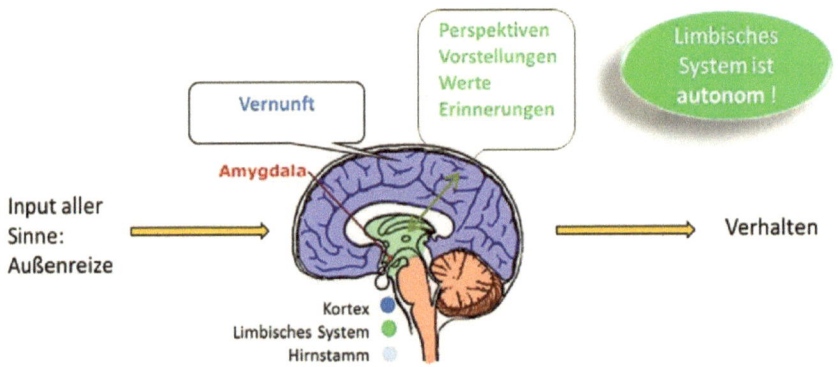

Wir treffen emotional dominierte Entscheidungen

Aus der Hirnforschung wissen wir: unser Verstand hat deutlich einen unter-
geordneten Einfluss auf das, was wir sind und tun. Unser Gehirn fällt
emotional dominierte Entscheidungen, bereits bevor sie uns bewusst werden.
Das konnte mit Hilfe tiefenpsychologischer Experimente gezeigt werden.
Experten stellen dazu fest, dass über 90 Prozent von allem, was wir täglich tun,
erledigt unser Gehirn quasi ohne unser rationales Zutun. Wie sehr wir von
unbewussten Mustern im Kopf gesteuert werden, ist schon fast unheimlich. Die
gute Nachricht: auf unseren ‚inneren Autopiloten' ist meistens Verlass. Für die
Hirnforscher ist klar: unser Verstand zieht oft den Kürzeren gegen unser
Unterbewusstsein. Denn Nachdenken ‚strengt unser Gehirn an'. Es ist deshalb
auf wenige Rechenzentren in der Großhirnrinde begrenzt. Unsere ‚bewusste
Intelligenz' ist bereits mit einem Gedanken oder fünf Informationseinheiten
gleichzeitig voll ausgelastet. Doch unterhalb der Großhirnrinde arbeitet eine
andere Form von Informationsverarbeitung. Hier hat der Hippocampus all
unsere Erfahrungen abgespeichert. Und unsere Erfahrungen und Erinnerungen
bestimmen in erheblichem Maß, was wir tun.

> *Jeder Mensch muss nach seiner Weise denken; denn er findet auf seinem*
> *Wege immer ein Wahres oder eine Art von Wahrem, die ihm durchs*
> *Leben hilft.*
> **Goethe**

Neuere Forschungsergebnisse zeigen, dass

- das Unterbewusstsein intelligent ist (Silverman and Weinberger 1995, Bornstein 1990).
- das Unterbewusstsein äußere Eindrücke und Stimuli verarbeitet und schneller darauf reagiert als das Bewusstsein (siehe der erste Eindruck).
- das Unterbewusstsein eine Entscheidung trifft Sekunden bevor wir meinen, eine Entscheidung getroffen zu haben. Dass wir Entscheidungen treffen, ist eine falsche Wahrnehmung, und dass wir einen freien Willen haben eine Illusion.
- das Unterbewusstsein agiert aufgrund seiner Programmierung, Entscheidungen können nur mit viel Mühe und subliminal verändert werden kann. Dabei gilt: Subliminale Botschaften (die direkt auf das Unterbewusstsein einwirken) können unsere Einstellungen verändern. Diese Tatsache wird therapeutisch genutzt.

Zu den Schaltstellen im Gehirn

Entscheidende Schaltstellen für das Unterbewusstsein sind das Angst- und Panikzentrum und ihre Gegenspieler, die Glücks- und Belohnungszentren mit dem limbischen System. Beide Bereiche entziehen sich unserer bewussten Kontrolle. Diese Schalt-Stationen in unseren Gehirnen analysieren jedes Signal von außen, bevor es uns bewusst wird. Die Großhirnrinde, als Zentrum unserer Vernunft, empfängt die Kurzmitteilung, kann sie aber nicht zurückverfolgen. Wir sind offenbar so verdrahtet, dass unser Bewusstsein alle unbewussten Einflüsse leugnet. Es ist uns nur limitiert wissentlich zugänglich, womit sich unser Hirn tatsächlich beschäftigt. Der australische Hirn-Forscher Allan Snyder geht sogar so weit, dass er feststellt: **der Mensch ist ein Diener seiner Emotionen.** Ein wunderbarer Satz erläutert die Konsequenzen seiner Ergebnisse:

> *Das Bewusstsein ist wie ein Nachklang, wenn alles schon entschieden ist. Manche sagen, es ist eine PR-Aktion ihres Gehirns, damit Sie denken, sie hätten auch noch was zu sagen.*
> *Allan Snyder*

Als Konsequenz könne man deshalb niemals einen Menschen sehen, wie er wirklich ist, weil stetig im Gehirn individuelle Filter- und Entschlüsselungsroutinen aktiv seien. Und weil uns viele emotionale Prozesse einfach nicht zugänglich sind, müssen wir festhalten, dass es wohl auch keine absolute Wahrheit und zu über 90% keine wirklich rationalen Entscheidungen gibt. Zudem hat man in Experimenten in Australien zeigen können, dass Entscheidungen in anderer Umgebung, auf anderen Stühlen und an einem anderen Tag anders ausfallen können. Sind die Entscheidungen aber unter anderen Gegebenheiten gleich, dann sind sie in aller Regel auch sinnvoll und gut für uns. Wir scheinen dann auch zufrieden zu sein. Nach meinen letzten Zeilen und ganz grundsätzliche pflichte ich Dostojewski bei:

Man kann vieles unbewusst wissen, indem man es nur fühlt, aber nicht weiß.
Dostojewski

Von der Arbeit der Botenstoffe

Neuere Forschungsergebnisse zur biochemischen Grundlage der Freude legen den Schluss nahe, dass Dopamin Verlangen erzeugt und dem Körper ein Bedürfnis signalisiert. Freude können dann Opioide, wie z.B. Endorphine, auslösen. Rezeptoren für Opioide sind über das ganze Gehirn verteilt. Zwei Bereiche scheinen identifiziert für die Freude an Süßem und an Düften: ventrales Pallidum und orbitofrontaler Cortex. In neueren Publikationen liest es sich so: „Endogene Opiatsysteme stehen in enger funktioneller Verbindung mit dopaminergen positiven Verstärkerstrukturen." Zudem gilt: Wenn etwas geschieht, das besser ist als erwartet, oder wenn wir positiv überrascht werden, werden die Neuronen im Mittelhirn aktiv. Sie stoßen den Glücksstoff Dopamin aus und leiten ihn ins untere Vorderhirn und ins Frontalhirn. Im Vorderhirn treibt Dopamin die dortigen Neuronen an, opiumähnliche Stoffe zu produzieren. Die machen uns dann euphorisch. Im Frontalhirn führt das Dopamin zugleich zu einer Verbesserung der Aufmerksamkeit. Wir merken uns die glücklich-machenden Ereignisse und lernen damit, was uns guttut. Die Wirkung der Glücksstoffe hält indessen nicht besonders lang an. Die Euphorie ebbt ab.

Glück ist wie ein Schmetterling. Will man es einfangen, so entwischt es einem immer wieder. Doch wenn du geduldig abwartest, lässt es sich vielleicht von selbst auf deiner Hand nieder.
Nathaniel Hawthorne

Zu den Neurotransmittern

Wenn es um die ‚Botenstoffe des Glücks' geht, sind es die vier Neurotransmitter: Serotonin, Dopamin, Noradrenalin und Endorphin. Betrachten wir die Neurotransmitter in ihrer Arbeit etwas genauer:

- Serotonin sorgt für eine positive Psyche

Serotonin hat die Bezeichnung 5-Hydroxy-Tryptamin. Der Neurotransmitter ist für die Weitergabe von Informationen zwischen den Nervenzellen verantwortlich und kommt im peripheren sowie zentralen Nervensystem vor. Serotonin findet sich außerdem im Magen-Darm-Trakt und in den Thrombozyten.

Die Wirkung wird sehr häufig unterschätzt, zahlreiche Rezeptoren der menschlichen Körperzellen arbeiten durch und mit Serotonin. Das Glückshormon kann nicht nur stimmungsaufhellend und entspannend wirken, sondern auch antidepressiv, schlaf- und motivationsfördernd. Selbst die Intensität von empfundenen Schmerzen wird durch Serotonin beeinflusst.

Liegt ein Mangel vor, kann das unterschiedliche psychische Erkrankungen zur Folge haben. Zwangsstörungen, Angst- und Panikstörungen sowie Depressionen werden damit assoziiert. Therapeutisch zum Einsatz kommen dann Serotonin-Wiederaufnahmehemmer, die den Serotoninspiegel anreichern sollen. Schokolade und Bananen haben einen annähernd ähnlichen Effekt, denn die Bildung von Serotonin wird durch die Kohlenhydrate angeregt.

- Antrieb durch Dopamin

Dem Dopamin werden antriebssteigernde Effekte zugeschrieben, sodass ein Mangel zum Gegenteil (Antriebslosigkeit, Apathie, Unlust) führen kann. Wie stark unsere Interessen ausgeprägt sind, wie intensiv wir Tatendrang verspüren, all das hängt vom Dopamin ab. Der Botenstoff zeigt uns die schönen Dinge der Welt. Herrscht ein Mangel vor, verlieren wir das Auge dafür. Aber auch zu viel Dopamin ist kontraproduktiv und mit diversen psychologischen Erkrankungen assoziiert. Dopamin ist vor allem als der Haupt-Botenstoff des Glücks bekannt.

In einer Mitteilung der Medizinischen Universität Wien wird festgestellt: Dopamin ist dafür verantwortlich, dass wir Glücksgefühle empfinden können. „Außerdem ist die Dopaminausschüttung daran schuld, dass Menschen süchtig werden, dass sie auf der Suche nach Lustgewinn immer neue Levels erreichen wollen. Dopamin kann manche Menschen dazu bringen, ständig auf der Suche nach der Befriedigung von Süchten zu sein." Psychosen beispielsweise gehen mit einer extrem hohen Dopamin-Konzentration einher. Erste Anzeichen für einen Überschuss sind impulsives Verhalten und stark ausgeprägte Extrovertiertheit. Zu viel Dopamin bringt Menschen zu riskanterem Verhalten, sie nehmen Drogen, haben wahllos Sex und neigen dazu, große Mengen an Geld auszugeben.

> Dopamin zeigt uns das Schöne im Leben, zu viel Dopamin löst Sucht und übermäßig extrovertiertes Verhalten aus.

- Noradrenalin bekämpft den Stress

Noradrenalin ist dafür verantwortlich, die Stresshormone des Körpers unter Kontrolle zu behalten. Bei Belastungssituationen wird eine Reaktionskette aktiviert, um die Körperfunktionen an die besonderen Umstände anzupassen. Wenn zu viel Stress auftritt, hat das negative Folgen für den Körper. Noradrenalin wird in großen Mengen ausgeschüttet, was wiederum zu einem Mangel an Serotonin führt.

Stress ist wie ein Gewürz - die richtige Menge bereichert den Geschmack eines Gerichts. Zu wenig lässt das Essen fade schmecken, zu viel schnürt einem den Hals zu.
Donald Tubesing

Der Neurotransmitter Noradrenalin ist nicht nur für die Stimmung verantwortlich, sondern auch für zahlreiche Funktionen des menschlichen Organismus. Im Sympathikus des menschlichen Gehirns sind die meisten Rezeptoren für den Botenstoff angelegt. Noradrenalin ist für die Regulation des Blutdrucks verantwortlich, für Wachheit und Konzentration, aber auch für die Steuerung der Motivation eines Menschen. Ein Mangel kann Gedächtnis- und Konzentrationsstörungen zur Folge haben, auch ein

Motivationsabfall ist denkbar. Es deutet vieles darauf hin, dass ein Mangel an Noradrenalin einen erheblichen Einfluss auf die Entstehung von Depressionen hat.

- Endorphine, die Schmerzstiller

Die Hirnanhangdrüse produziert Endorphine, die wiederum für unser Gefühlsleben verantwortlich sind. Sie gelten als Schmerzstiller und kommen vor allem in extremen Situationen zum Einsatz. Wenn eine Frau ein Kind zur Welt bringt, reguliert der Körper die Schmerzen mit der Ausschüttung von Endorphinen. Gleiches passiert auch bei schweren Unfällen. So lässt sich der Effekt erklären, dass schwer verletzte Personen manchmal keinerlei Schmerz empfinden. Sie stehen einerseits unter Schock und andererseits verhindern Endorphine, dass der vernichtende Schmerz einsetzt.

Mit Nervenkitzel-Erlebnissen kann die Endorphin-Ausschüttung angeregt werden. Wer mit dem Fallschirm aus dem Flugzeug springt, kann den Botenstoff durch die Adern rauschen fühlen. Auch bei einem Waldlauf können Endorphine ausgeschüttet werden; daher macht Sport auch so glücklich. Und dann ist da noch der Effekt des Lachens! Allein 20 Sekunden reichen aus, um große Mengen Endorphine im Körper freizusetzen. Es heißt nicht umsonst, Lachen ist gesund.

> 20 Sekunden Lachen setzt Endorphine frei, auch deshalb ist Lachen gesund.

Tatsächlich können Endorphinen dem Körper auch überdrüssig werden. Sind sie im Dauerzustand vorhanden, verlieren sie ihre Wirkung. Folglich werden die Experimente immer waghalsiger, der Absprungpunkt mit dem Fallschirm wird immer höher. Wenn die Extremsituationen ausbleiben, drohen depressive Emotionen. Es ist daher wichtig, den Endorphin-Kick als Stimmungskanone zu sehen, aber keine Sucht nach ihm zu entwickeln.

Zum Set-Point

Gerade jüngst haben Glücksforscher auf die **besondere Bedeutung der Serotonin-Bindung** hingewiesen. Das Gen SLC6A4 leitet das Hormon Serotonin in die Zellen weiter. Das macht uns entspannt und gut gelaunt. Wer eine bestimmte Form des Gens besitzt, bekommt mehr Serotonin ab und sieht in seinem Leben eher das Positive. Nach Meinung der Glückforscher ist Serotonin auch dafür verantwortlich, dass beim Glücklich-sein zu 50 Prozent die Gene eine Rolle spielen. Die Wissenschaftler gehen von einem fixierten Glücklichkeits-Niveau aus. Sie sprechen von einem ‚Set-point'. Allerdings sehen sie auch die Möglichkeit, das Glücklichkeits-Niveau aktiv zu beeinflussen. Ein Weg ist die Ausbildung von Resilienz, also der seelischen Widerstandskraft (besonders in schwierigen Lebenssituationen).

Was mich nicht umbringt, macht mich stärker.
Friedrich Nietzsche

Einfluss durch glücklich-machende Aktivitäten

Äußerst faszinierend ist, dass rund hundert Milliarden Nervenzellen in unserem Gehirn mittels elektrischer Impulse bzw. durch Botenstoffe miteinander kommunizieren. Durch bestimmte glücklich-machende Aktivitäten und Erlebnisse können wir ganz offensichtlich in gewissem Ausmaß Einfluss nehmen auf deren Wirkungen. So verschieden, wie wir Menschen sind, so unterschiedlich sind auch die Belohnungswerte, d.h. sie sind interindividuell subjektiv unterschiedlich. Deswegen spricht man in der Hirnforschung auch von **subjektiven Belohnungswerten**. Sie sind ein maßgeblicher Motor für unsere Entscheidungen. Hat jemand in der Vergangenheit beispielsweise sehr oft erlebt, dass das Laufen oder das Power Walken zu positiven Gefühlen führt, so hat er höchstwahrscheinlich einen hohen subjektiven Belohnungswert in Bezug auf körperliche Anstrengung, zum Beispiel durch Laufen oder andere Bewegungs-Sportarten. Die Neurobiologie hat also einen klaren Zusammenhang mit unserem Verhalten. Also wissen wir jetzt, wer die Weichen stellt, wer die Überträgerfunktion hat und wer am Ende die Wege zum Glücklich-sein bereitet.

Was nehme ich mit aus diesem Stichwort?

Vier Botenstoffe entscheiden maßgeblich über unseren Gefühlszustand, und wir können sie zu einem gewissen Teil beeinflussen. Aber was steckt wirklich dahinter, wenn wir Glück empfinden? Tatsächlich handelt es sich dabei um einen chemischen Cocktail, der vom Gehirn produziert wird. Einen Einfluss auf diese

Produktion hat der Mensch aber schon. Immerhin lässt sich die Ausschüttung bestimmter Botenstoffe anregen.

Serotonin:

Dieser Stoff sorgt für gute Laune, Stimmung, Konzentration und Optimismus. Niedrige Serotoninspiegel können zu Schlafstörungen, Reizbarkeit, mangelnder Konzentration und Depressionen führen. Dieses Hormon wird vom Gehirn gebildet und hält das Gefühlsleben im Gleichgewicht. Folgende Lebensmittel können helfen, den Serotonin-Spiegel zu heben: Bananen, brauner Reis, Fenchel, Feigen, Kartoffeln, Spinat und Tomaten.

Dopamin:

Dieses Hormon ist für Aufmerksamkeit, Freude und geistige Klarheit verantwortlich. Wenn Dopamin-Mangel entsteht, kann sich Teilnahmslosigkeit, mangelnde Erregbarkeit, mangelnde Liebesfähigkeit sowie Interessenlosigkeit bemerkbar machen. Diese Lebensmittel können helfen, den Dopaminspiegel zu erhöhen: Schaltentiere, Geflügel und Sojaprodukte.

Noradrenalin:

Dieser Botenstoff steuert Motivation, Antrieb und Appetitkontrolle. Bei niedrigem Noradrenalin-Spiegel kann es zu Übergewicht sowie Mangel an Antrieb und Ehrgeiz kommen. Diese Lebensmittel können unterstützend wirken: Mageres Rindfleisch, Fisch, Geflügel, blaugrüne Algen, Sojaprodukte, Käse, Hafer, Äpfel und Ananas.

Endorphine:

Das sind die bekanntesten Neurotransmitter für euphorische Stimmung, die auch Schmerzen auf natürliche Weise hemmen. Frauen, die unter dem prämenstruellen Syndrom (PMS) leiden, haben oft einen Endorphin-Mangel. Regelmäßige sportliche Betätigung wie z. B. Nordic Walking, Jogging, aber auch Musik und gesunde Ernährung können hier ebenso helfen wie sinnlich-liebevoller Sex.

Faszinierend ist es schon, das Wissen über die Funktionalität des Gehirns. Mehrere Milliarden Nervenzellen sind permanent miteinander in Verbindung, durch Neurotransmitter. Diese wiederum sind verantwortlich dafür, ob wir gut oder schlecht gelaunt sind. Die mittlerweile zur Volkskrankheit gewordene

Erkrankung Depression basiert beispielsweise sehr häufig auf einem Serotonin-Mangel.

Die gute Nachricht: Die Glückshormone kann man selbst beeinflussen. Auch wenn unsere Stimmung zu einem großen Teil von einem Chemiecocktail im Gehirn abhängig ist, haben wir Einfluss darauf. Gesunde Ernährung, regelmäßiger Sport, frische Luft, Musik und gute Gespräche mit Freunden können helfen auf dem Weg zum Glücklich-sein. Die Ausschüttung von Serotonin ist außerdem vom Licht abhängig. Tageslicht macht glücklich, daher leiden so viele Menschen unter einer Winterdepression. Alles in allem ist es ein hochkomplexes Zusammenspiel, mit dem unser emotionales Erleben gesteuert wird.

> Die Glückshormone kann man selbst beeinflussen.

Zum Belohnungssystem

Wichtig ist unser Belohnungssystems im Gehirn. Es besteht aus einer Reihe von Arealen und Nervenverbindungen. Hauptakteur im System ist der ,Glücksbotenstoff' Dopamin. Wissenschaftler sprechen daher korrekt vom **mesocortikolimbischen dopaminergen Belohnungssystem**. So verschieden, wie wir Menschen sind, so unterschiedlich sind auch die Belohnungswerte. Damit sind sie subjektiv unterschiedlich. Deswegen spricht man in der Hirnforschung auch von subjektiven Belohnungswerten. Sie sind ein maßgeblicher Motor für unsere Entscheidungen. Hat jemand in der Vergangenheit beispielsweise sehr oft erlebt, dass das Laufen oder das Walken zu positiven Gefühlen führt, so hat er höchstwahrscheinlich einen hohen subjektiven Belohnungswert in Bezug auf körperliche Anstrengung, zum Beispiel durch Laufen oder andere Bewegungs-Sportarten.

Sport und Bewegung

Amerikanische Forscher haben zudem gefunden, dass das Gehirn von Menschen mit einem **hohen sozialen Status mehr Rezeptoren für Glück** entwickelt. Dabei gibt es nicht nur Belohnung von außen, sondern auch von innen. Es wurde ein Zusammenhang zwischen einem hohen sozialen Status, starkem sozialem Rückhalt und einer hohen Dichte an Dopamin-D2/D3-Rezeptoren im Striatum gefunden. Tomographie-Untersuchungen zeigten, dass Menschen mit einem hohen sozialen Status über mehr Rezeptormoleküle im Striatum verfügen. Deshalb können mehr Dopamin-Moleküle gebunden werden und ihre Wirkung entfalten. Neuere Untersuchungen zeigen: eine hohe Anzahl von Rezeptoren ist nicht nur mit einem hohen sozialen Status, sondern auch mit einer starken sozialen Verankerung bei Freunden oder Familie korreliert. Zudem engagieren sich solche Menschen sozial sehr stark und sind gern in engen sozialen Bindungen. Die Neurobiologie wird damit in einen sozialen Kontext gestellt, und das hat Auswirkungen auf das Glücklich-sein.

Stichwort: Vom gelingenden Leben

Wir haben uns gerade mit der Neurobiologie beschäftigt. Da drängt sich sofort ein neues Stichwort auf, das mich immer wieder beschäftigt und zugleich fasziniert: die Positive Psychologie oder die Lehre vom gelingenden Leben. Und damit sind wir bei einem Lieblingsthema von mir.

Wenn es um die positive Psychologie geht, kann die Bezeichnung ‚Positiv‘ zu Missverständnissen führen. Das werden wir aber in der Folge aufklären. Der Begriff ‚Positive Psychologie‘ wurde 1954 von dem US-amerikanischen Psychologen Abraham Maslow eingeführt und vor allem in den 1990er Jahren von dem US-amerikanischen Psychologen **Martin Seligman** wieder aufgegriffen. Seligman war zunächst vor allem für seine Forschung zur ‚erlernten Hilflosigkeit‘ bekannt geworden. Damit ist eine erworbene Form der Passivität gemeint: Wer mehrfach die Erfahrung macht, dass er schlimmen Situationen nicht entrinnen kann, hört irgendwann auf, es zu versuchen, selbst wenn er nun etwas ausrichten könnte. Dieser Lernmechanismus kann an der Entstehung von Depressionen beteiligt sein.

1997 wurde Seligman zum Präsidenten der amerikanischen Psychologen-Vereinigung gewählt. Zwei Jahre später hielt er in dieser Funktion einen Aufsehen erregenden Vortrag, in dem er dafür plädierte, dass sich die Psychologie statt mit den Defekten der Seele besser mit den positiven Seiten der menschlichen Psyche befassen sollte. Seligman beschreibt diesen Paradigmen-Wechsel zur sogenannten ‚Positiven Psychologie‘ so: "Einfach nur als eine

Verlagerung des Brennpunktes in der Psychologie: von der Erforschung schlimmster Krankheits-Erscheinungen im Leben zur Forschung darüber, was ein Leben lebenswert macht." Man spricht in Fachkreisen auch von der ‚Lehre vom gelingenden Leben‘. Martin Selimans Kernsatz zur ‚Positiven Psychologie‘:

> *It is not about correcting what's wrong - it is about building what's right.*
> **Martin Seligman**

Eine Bemerkung seiner Tochter soll Seligman auf die entscheidende Idee gebracht haben: Sie hatte damals wegen jeder Kleinigkeit geweint. An ihrem Geburtstag habe sie beschlossen sie, von nun an nicht mehr zu weinen. Wenn sie mit dem Weinen aufhören könne, könne er (Seligman) auch aufhören so miesepetrig zu ihr zu sein. Und es gab noch eine zweite Begebenheit, die Seligman aktivierte. Es war auf einem Flug. Sein Sitznachbar fragte ihn, was er denn beruflich macht. Daraufhin antwortete Seligman, dass er Psychologe wäre. Sofort sprang sein Sitznachbar auf und rief: „Diese Wissenschaft will nur den Verrückten in mir erkennen." Das verhalf Seligman zur Erkenntnis, dass es zwar gut war, wie die Forschungen der Psychologie in den letzten Jahrzehnten gelaufen waren, aber dass eine große Komponente fehlte.

Wie wäre es, fragte er sich daraufhin, wenn wir unsere natürlichen Stärken kultivierten, statt an vermeintlichen Schwächen zu korrigieren? Gemeinsam mit seinem Kollegen Mihaly Csikszentmihalyi arbeitete er das Konzept der Positiven Psychologie aus. Sie entwickelten Tests und Fragebogen zur Messung positiver Persönlichkeitseigenschaften, Interventionsansätze zum Fördern von Tugenden und erforschten deren Entwicklung im Lauf des Lebens. Damit wollten sie der Psychologie eine neue Richtung geben. Seligman und seine Kollegen analysierten neben den heiligen Schriften der Weltreligionen zentrale Werke der Philosophie. Dabei kristallisierten sich 24 Charakterstärken heraus, die sie sechs Tugenden zuordneten: Weisheit, Mut, Menschlichkeit, Gerechtigkeit, Mäßigung und Transzendenz. Letztere umfasst Wertschätzung, Hoffnung, Humor, Spiritualität und vor allem Dankbarkeit. So ist die Förderung von Dankbarkeit bis heute ein fester Bestandteil positiv-psychologischer Glückstrainings. Die große Bedeutung der Dankbarkeit für das Glücklich-sein haben wir bereits kennengelernt.

Der Dank ist für kleine Seelen eine drückende Last, für edle Herzen ein Bedürfnis.
Georg Christoph Lichtenberg

Kritik und Zuspruch

Dieser Ansatz wurde in Fachkreisen allerdings teilweise auch belächelt. Manche zweifelten daran, dass die Fragebogen den wissenschaftlichen Gütekriterien genügen und kritisierten in der Folge die Forschungsmethoden der Positiven Psychologie. Andere sahen gar sektenartige Züge: »Dieses Vorgehen, Alltagsmenschen zu psychologischen Persönlichkeitstests zu überreden und dann psychologische Schriften anzubieten, die ihnen helfen könnten, zu einem besseren Leben zu gelangen, erinnert fatal an die Praktiken der Scientology Church«, meint etwa der emeritierte Psychologieprofessor der Universität Klagenfurt Philipp Mayring. „Ich sehe die Positive Psychologie nicht als Konkurrenz zur Klinischen Psychologie, die sich mit der Behandlung von Störungen befasst, sondern vielmehr als sinnvolle Ergänzung. Wo sie wissenschaftlich betrieben wird, hat sie ihre Berechtigung", hält Anton-Rupert Laireiter dagegen. Er ist Professor für Klinische Psychologie, Psychotherapie und Gesundheitspsychologie an den Universitäten Salzburg und Wien. Als Ergebnis der Diskussionen folgten viele in der Psychologie dem Paradigmen-Wechsel und wandten sich mit Begeisterung der ‚Positiven Psychologie' zu.

Seligman beschreibt die Aufgaben der ‚Positiven Psychologie' so: „Es geht nicht mehr nur darum, Schäden zu begrenzen und von minus acht auf minus zwei der Befindlichkeitsskala zu kommen, sondern wie wir uns von plus zwei auf plus fünf verbessern können." Willibald Ruch, Universität Zürich, ist ein Experte auf dem Gebiet der ‚Positiven Psychologie: "Wir erforschen genau das, was bislang vernachlässigt wurde: das Aufblühen der Menschen", sagt Ruch.

Aufblühen der Menschen

Statt die Defekte der Seelen zu thematisieren, setzt die ‚Positive Psychologie' an den Stärken an. Diese zu trainieren, so glauben die Anhänger der Lehre, führe zu weitaus mehr Lebenszufriedenheit als die ständige Korrektur der vermeintlichen Schwächen. Glück basiere auf einer Art optimistischer Selbstbeschreibung, und die sei für jedermann erlernbar. Glück ist also machbar?

Ja, sagt Ruch: "Glück hängt weniger von materiellen Verhältnissen ab als vom Charakter. Man kann sich Glück erarbeiten, es ist keine Frage des Schicksals."

Mut steht am Anfang des Handelns, Glück am Ende.
Demokrit

Warum kam Zuspruch?

Es ist vielleicht kein Zufall, dass dieser daseinsfreudige Zweig der Psychologie in Zeiten höchsten Wohlstands erfunden wurde. Die New Economy war auf ihrem Höhepunkt, als der Depressionsforscher Martin Seligman 1999 seinen aufsehenerregenden Vortrag hielt. Wie befreit schienen die Kollegen von der Idee, sich neben all den Abgründen auch mal mit der **freudigen Seite der menschlichen Psyche** zu befassen. Nicht das Unbewusste nach Sigmund Freud ist hierbei entscheidend, sondern das Bewusste. Der Zeitgeist war getroffen. Auf der einen Seite gab es eine Gesellschaft, der trotz Reichtum das Glück abhandengekommen war. Auf der anderen Seite fand sich eine Wissenschaft, die zu lange schon zu einseitig forschte. Seit dem Ende des Zweiten Weltkriegs nämlich hatte sich die Psychologie der Seelenkranken angenommen. Es sollte für die Patienten zukünftig nicht mehr darum gehen, schwierige Lebenssituationen in Gesprächen immer wieder zu durchleiden. Die positive Seite der Psychologie sollte jetzt eine Rolle spielen.

Stärken verstärken

Positive Gefühle sollten erzeugt und Stärken verstärkt werden. Seligman erprobte entsprechende Übungen sogar an depressiven Patienten - mit achtbaren Erfolgen. Nun endlich würde sich die Psychologie auch um die Gesunden und ihre Situation kümmern. Denn obwohl 70 Prozent der Menschen nie unter einer psychischen Krankheit leiden, sind sie nicht automatisch zufrieden. „Die Abwesenheit von Depression ist nicht Glück, sondern Leere", sagt Seligman.

Diese Leere mit etwas Positivem zu füllen, ist eine der Aufgaben der Positiven Psychologie. Sollte es dem Menschen möglich sein, aus seiner vermeintlichen Vorbestimmung auszubrechen? Ist Glück erlernbar? Was überhaupt ist ‚guter Charakter'? "Das neue Feld der Positiven Psychologie hat den Begriff ‚Charakter' wieder in den Mittelpunkt gestellt, ihn ungeniert zu einer der

Grundsäulen der neuen Lehre erhoben und ihm eine zentrale Bedeutung für das Verständnis des psychologisch guten Lebens gegeben", sagt Seligmans Kollege Christopher Peterson. Seine Definition: "Charakter bezieht sich auf jene Aspekte der Persönlichkeit, die moralisch geschätzt werden. Der Positiven Psychologie geht es um die Charaktereigenschaften, die im Zusammenhang mit Lebenszufriedenheit stehen." Deshalb benannten Experten der Positiven Psychologie drei Kriterien, die für Glück entscheidend sind: **Engagement, Lebenssinn** und **lustvolles Erleben.**

> Am glücklichsten sind demnach jene Menschen, die ihr Leben aktiv gestalten, die Lebensfreude kultivieren und einen höheren Sinn in ihrem Dasein finden.

Zudem fanden die Experten, dass das subjektive Wohlbefinden besonders ausgeprägt war bei extrovertierten Menschen. Ergänzend sind weitere Eigenschaften wichtig, wie Gewissenhaftigkeit, Durchhaltevermögen, Jetzt-Orientierung und ein positives Selbstbild.

Das Glück beruht oft nur auf dem Entschluss, glücklich zu sein.
Lawrence Durrell

Das mit den Kernqualitäten

Eine wichtige Rolle in der Forschung zur ‚Positiven Psychologie' im US-amerikanischen und angelsächsischen Raum spielen deshalb die sogenannten Kernqualitäten, im Sinne von Stärken. Insbesondere die Wissenschaftler Park, Peterson und Seligman führten zahlreiche empirische Studien in Verbindung mit der Identifikation menschlicher Charakterstärken durch und untersuchten unter anderem das Verhältnis zur allgemeinen Lebenszufriedenheit, zum Geschlecht und Lebensalter von Menschen und diskutierten die Bedeutung traumatischer Erfahrungen.

Auch in der kontinental-europäischen Forschung zur Positiven Psychologie nehmen Kernqualitäten einen besonderen Stellenwert ein, so z.B. in Untersuchungen zur Förderung der persönlichen Fähigkeiten von Menschen durch positive Aktivitäten. Im Rahmen ihrer Studie zur Bewusstwerdung und

Förderung von Kernqualitäten bei Grundschulkindern belegen Peter Ruit und Fred Korthagen die positiven Auswirkungen und illustrieren die Bedeutung der Förderung von Kernqualitäten insbesondere bei Kindern. Sie berichten von Verbesserungen des Selbstwertgefühls und damit einhergehend auch von stärkeren schulischen Leistungen.

Nichts kann den Menschen mehr stärken als das Vertrauen, das man ihm entgegenbringt.
Paul Claudel

Die grundsätzliche Annahme, dass jeder Mensch positive Eigenschaften besitzt, ist eine Sichtweise, die 1999 von Martin Seligman und Mihály Csíkszentmihályi im Zusammenhang mit der Positiven Psychologie beschrieben wurde. war ein Vordenker der positiven Psychologie. Csíkszentmihályi beobachtete bereits 1975, wann intensive Glücksgefühle entstehen: wenn ein Mensch mit seiner Tätigkeit verschmilzt, dabei die Zeit und sich selbst vergisst und ein Gleichgewicht zwischen der äußeren Anforderung und seinen persönlichen Fähigkeiten besteht, befindet er sich im sogenannten ‚Flow'. Dazu später mehr. Deshalb forderte der Psychologe, die Lebenswelt müsse neu strukturiert werden und zwar so, dass Menschen nicht überfordert werden. Viel wichtiger sei, die Kernqualitäten eines Menschen zu entwickeln. Eine der zentralen Erkenntnisse und Forderungen der Positiven Psychologie ist deshalb: "Build, what's strong" - kräftige, was gut ist.

Build, what's strong

Was nehme ich mit aus diesem Stichwort?

Während sich die klassische Psychotherapie mit den Ursachen von negativen Emotionen sowie mit der Vergangenheitsaufarbeitung beschäftigt, legt die Positive Psychologie ihren Fokus auf die Stärken, Sinnstiftung und Lebensfreude. Diese junge, boomende Fachrichtung, die sich mit den guten Seiten der menschlichen Psyche befasst, hat als Ziel die Erweckung positiver Gefühle. Damit eröffnen sich Wege in Richtung Glücklich-sein.

Martin Seligman beschreibt den von ihm eingeleiteten Paradigmen-Wechsel durch die sogenannte ‚Positive Psychologie' so: "Einfach nur als eine

Verlagerung des Brennpunktes in der Psychologie von der Erforschung schlimmster Krankheits-Erscheinungen im Leben hin zur Forschung darüber, was ein Leben lebenswert macht." Man spricht in Fachkreisen auch über die ‚Lehre vom gelingenden Leben'.

Wir können den Wind nicht ändern, aber die Segel anders setzen.
Aristoteles

Wissenschaft vom gelingenden Leben

Die ‚Positive Psychologie' wurde zur Wissenschaft dessen, was Individuen, Organisationen und Gesellschaften dazu befähigt, sich bestmöglich zu entwickeln und aufzublühen. Positive Psychologie ist daher die Wissenschaft des gelingenden Lebens. Im Zentrum steht die empirische Erforschung von menschlichen Ressourcen, Stärken und Potenzialen sowie des Wohlbefindens. Die Forschungsfelder sind weitreichend: Sie führen von den Auswirkungen positiver Emotionen auf Psyche und Physis, über Flow-Erfahrungen, unterstützende soziale Beziehungen bis hin zu Fragen der Motivation, Achtsamkeit, Leidenschaft und des Sinn-Erlebens.

Ein entscheidender Satz der ‚Positiven Psychologie' ist: ‚Build, what's strong.' Anstatt sich auf Schwächen und Fehler zu konzentrieren - wie es in Schulen, beruflichen Feedback-Gesprächen und in der privaten Kommunikation häufig geschieht - sollten Kernqualitäten, positive Eigenschaften und Entwicklungspotenziale eines Menschen in den Vordergrund gerückt werden.

Entwicklungspotenziale ausschöpfen

Mit dem Erkennen dieser Potenziale und den entsprechenden Herausforderungen können Ziele formuliert und Pläne entwickelt werden, diese zu verwirklichen. Hiermit wird ein größerer Konsens erreicht und die Chance vergrößert, dass Menschen sich tatsächlich weiterentwickeln, anstatt sich darauf zu fokussieren, Fehler zu vermeiden.

Monique Dankers-van der Spek betont die Bedeutung der Beschäftigung mit Kernqualitäten für die Zusammenarbeit im Team, da dies den Teilnehmern bewusst mache, welchen Einfluss jeder Einzelne mit seinen besonderen Fähigkeiten innerhalb der Gruppe habe. Auf dieser

Grundlage könne man viel besser entscheiden, was man für gut und wichtig halte und was man gerne ändern möchte.

Bezogen auf Schule, Arbeit und Beruf definiert die ‚Positive Psychologie' drei **Eckpfeiler für Spitzenleistungen**, die in ihrer Kombination ein Höchstmaß an persönlicher Zufriedenheit und Wohlbefinden bewirken können.

Diese drei Säulen für Spitzenleistungen sind: Stärkenorientierung, Flow und Sinn.

- Stärkenorientierung:
  Nur wer seine Stärken kennt und sie optimal einsetzt, kann Spitzenleistungen erbringen.
- Flow:
  Wenn die Aufgaben an die Fähigkeiten der Menschen angepasst bzw. die Menschen von einer Arbeit voll erfüllt sind, erreichen sie sehr häufig den Zustand der Selbstvergessenheit und gleiten in den sogenannten ‚Flow'.
- Sinn:
  Nur wenn es gelingt, die unternehmerischen Ziele und Visionen mit den Wünschen und Motiven der Mitarbeiter in Einklang zu bringen, erhält die Arbeit ein Höchstmaß an Sinn.

Wenn die ‚Positive Psychologie' hilft, das Leben lebenswerter zu machen und zu einem gelingenden Leben zu führen, haben wir damit einen starken Helfer auf dem Weg zu mehr Glücklich-sein gefunden.

Stichwort: Mit Flow auf den Weg zum Glücklich-sein

Im vergangenen Kapitel war öfters die Rede vom Flow. Ich möchte jetzt gleich näher darauf eingehen, weil ich dieses Gefühl des völligen Eintauchens während des Schreibens oft erlebe. Ich empfinde es als freudvolles Qualitätskriterium für meine Konzentration und als Schlüssel zu meiner Zufriedenheit. Dieses Eintauchen hat allerdings ‚Nebenwirkungen', denn ich vergesse öfters die Zeit. Dies wäre eigentlich noch gut zu tolerieren. Wenn ich aber dadurch in Zeitdruck gerate oder sogar Termine verpasse, stört mich das dann doch.

Zur Definition

Über die Definition ist zu lesen: Als Flow bezeichnet man das beglückend erlebte Gefühl eines mentalen Zustandes völliger Vertiefung und des völligen Aufgehens in einer bestimmten Tätigkeit. Der Psychologe und Glücksforscher Mihály Csíkszentmihályi gilt als Schöpfer der Flow-Theorie, die er aus der Beobachtung verschiedener Lebensbereiche entwickelte, indem er zum Beispiel Chirurgen und Extremsportler beobachtete. Heute wird seine Entdeckung auch für rein geistige Aktivitäten in Anspruch genommen. Dabei kann Flow bei der Steuerung eines komplexen, vergleichsweise schnell ablaufenden Geschehens im Bereich zwischen Überforderung und Unterforderung entstehen. Das Flow-Erleben ist interindividuell unterschiedlich. Manche Wissenschaftler begreifen den Flow als eine Form der Trance.

> *Flow ist ein Zustand, in dem man auf natürliche Weise in einem Zustand der Konzentration und des Fokus arbeitet.*
> **Daniel Goleman**

Jeder hat ihn schon einmal erleben dürfen, diesen Flow, einen Zustand, in dem Raum und Zeit verschwinden, während sich die Sinne auf eine einzige Aufgabe konzentrieren, verbunden mit einem intensiven Gefühl von Glück, Freude und Euphorie. Die ‚Flow-Theorie' wird von Expertinnen und Experten der positiven Psychologie zugeordnet, die sich auf die Analyse von menschlichen Stärken, Wohlbefinden und Glück konzentriert. Es geht um die optimale Balance zwischen Anforderungen und Fähigkeiten. Entwickelt wurde das Konzept bereits 1975 von dem bereits erwähnten Mihály Csíkszentmihályi. Es beschreibt den Zustand, in dem eine Person vollständig in einer Aufgabe versinkt und dabei absolute Konzentration, Kontrolle und Freude empfindet. Nichts anderes zählt. Das Erleben während dieser Aktivität ist so erfüllend, dass man diese um ihrer selbst willen ausführen möchte, unabhängig von dem Aufwand. Es geht also weniger um das Erreichen eines speziellen Ziels, sondern vielmehr um den Weg dorthin. Im Flow-Zustand haben Menschen klare, herausfordernde und spezifische Ziele vor Augen. Sie wissen genau, was sie erreichen wollen und wie sie es erreichen können.

Das unmittelbare Feedback über den Fortschritt und die Qualität ihrer Leistung wirkt wie ein Booster. Es entsteht eine optimale Balance zwischen den Anforderungen der Aktivität und den eigenen Fähigkeiten. Weder Über- noch Unterforderung fördern den Flow, sondern das harmonische Zusammenspiel von Herausforderung und Können. Menschen fühlen sich erfüllt, energiegeladen und in Harmonie mit ihrer Tätigkeit; Selbstkritik und Zweifel werden abgeschaltet.

> Eine Person versinkt vollständig in einer so erfüllenden Aufgabe, dass man sie um ihrer selbst willen ausführen möchte, unabhängig vom Aufwand.

Wo tritt Flow auf?

Flow tritt besonders häufig im Leistungssport auf. Dieses Erleben wird oft als meditative Erfahrung beschrieben, in der das angenehme und belohnende Erleben im Vordergrund steht. Handelnde Personen zeichnen sich durch Neugier, Lebensmut, Beharrlichkeit und geringe Egozentrik aus. Klingt erstrebenswert. Der Flow tritt besonders häufig im Sport, insbesondere im Leistungssport, auf. Die Athletinnen und Athleten tauchen vollständig in ihre sportliche Leistung ein und nutzen ihre Fähigkeiten optimal. Der Flow-Zustand wird daher oft mit einer höheren Leistungsfähigkeit in Verbindung gebracht. Die Intensität des Gefühls kann sich bis zur Trance steigern.

Doch auch im Breitensport tritt Flow auf. Insbesondere im Ausdauertraining führen die sich wiederholenden, regelmäßigen Bewegungsabläufe zu einer Versunkenheit und vollkommenen Aufmerksamkeit. Das ‚Runner's High' beschreibt das besondere Gefühl, getragen zu werden. Gleiches gilt für Tanzen, Skilaufen, Schwimmen und viele andere Aktivitäten. Man hat das Gefühl, eine Bewegungsform oder Sportart vollkommen zu beherrschen, und kann dies in vollen Zügen genießen.

Obwohl das Erleben des Flows von vielen individuellen sowie äußeren Faktoren abhängt, haben Studien gezeigt, dass eine gute Vorbereitung auf bevorstehende Herausforderungen, positive Gedanken und Emotionen, Selbstsicherheit, positives Feedback und soziale Interaktionen das Flow-Erleben fördern können. Daraus resultieren ein höheres Maß an Leistung, Kreativität, persönlichem Wachstum und vor allem Erfüllung und Gesundheit. Flow kann man bei vielen Gelegenheiten entwickeln. Also los: Nichts wie rein in den Flow!

Im Flow zu sein bedeutet, dass man seine Stärken und Fähigkeiten voll ausschöpft und in einer positiven Weise einbringt.
Mihály Csíkszentmihályi

Von den Merkmalen des Flow-Erlebens

Der Begriff ‚Flow' (englisch für ‚Fließen') beschreibt ein als beglückend erlebtes Gefühl mentaler Vertiefung oder das restlose Aufgehen in einer Tätigkeit, eine Art Tätigkeitsrausch oder auch Schaffenslust, bei der die Arbeit scheinbar wie von selbst von der Hand geht. Wie bei einem spielenden Kind, das sich dem Spiel völlig hingibt und seine Umwelt kaum noch wahrnimmt.

In einem Buch untersucht 2010 der Glücksforscher Mihály Csíkszentmihályi das Flow-Phänomen in vier völlig verschiedenen Bereichen menschlicher Tätigkeit: beim Schachspielen, beim Klettern, beim Tanzen und bei der Arbeit. Er beschreibt anschaulich Motivationsprobleme im Alltag und Probleme der intrinsischen Motivation. Als Flow bezeichnet er einen Zustand des Glücksgefühls, in den Menschen geraten, wenn sie gänzlich in einer Beschäftigung ‚aufgehen'. Entgegen ersten Erwartungen erreichen wir diesen Zustand nahezu euphorischer Stimmung meistens nicht beim Nichtstun oder im Urlaub, sondern wenn wir uns intensiv der Arbeit oder einer schwierigen Aufgabe widmen. Auf der Basis qualitativer Interviews beschrieb Csíkszentmihályi verschiedene Merkmale des Flow-Erlebens:

- Klarheit der Ziele
  Diese Voraussetzung stammt primär aus den sportlichen Aktivitäten und den künstlerischen Betätigungen. Sie waren und sind die ‚klassischen' Flow-Erlebnisfelder. Der Erfolg und der Misserfolg einer jeden Handlung werden unmittelbar erlebt. Diese Klarheit sollte aber auch im alltäglichen Tun bei konzentriertem Arbeiten herrschen und stellt sich als Conditio sine qua non heraus, wenn es um die Balance zwischen Anforderungen und Fähigkeiten geht.

  Sobald der Geist auf ein Ziel gerichtet ist, kommt ihm vieles entgegen.
  Johann Wolfgang von Goethe

- Eine hohe Konzentration auf eine bestimmte Aktivität
  Der Begriff ‚Deep Work' beschreibt einen Zustand von besonders hoher Konzentration. Im Gegensatz zu ‚Shallow Work' (oberflächliche Arbeit) eignet

sich ‚Deep Work' besonders gut für komplizierte und anspruchsvolle Arbeiten. Man konzentriert sich dabei ablenkungsfrei nur auf eine Aufgabe. In den oft widersprüchlichen Anforderungen des Alltags entsteht nur allzu häufig das Gefühl der Verwirrung, aus der Unzufriedenheit resultieren kann. Dem setzt man beim Flow tiefes Eintauchen in die Aktivität entgegen.

- Das Verhältnis zwischen Anforderung und Fähigkeit
  Der Schwierigkeitsgrad einer Aufgabe muss im richtigen Verhältnis von Unter- zu Überforderung stehen. Eine zu große Anforderung führt zu Anspannung, Frustration, und eine Unterforderung erzeugt Routine, Nachlässigkeit und Langeweile. Flow-Erleben ist genau in der Balance zwischen Unter- und Überforderung zu finden.

- Das Gefühl von Kontrolle
  Kennzeichnend für das Flow-Erleben ist ein deutliches Gefühl von Kontrolle über die aktuelle Aktivität. Allerdings ist Kontrolle nicht im Sinne von ‚scharfem Aufpassen' oder ‚zwanghafter Beobachtung' zu verstehen, sondern als Beherrschen der Aufgabe und als Gefühl, ihr gewachsen zu sein. Dieses Gefühl geht eher einher mit einer gewissen Selbstverständlichkeit und Gelöstheit.

- Die Leichtigkeit des Handlungsablaufs
  Der Begriff ‚Flow' spricht ja vom Fließen. Da ist eine gewisse Leichtigkeit bereits impliziert. Alles läuft harmonisch und scheinbar mühelos ab. Auch wenn die Tätigkeit einen beträchtlichen Energieeinsatz abverlangt, so empfindet der Handelnde nicht eine besondere Anstrengung, Mühsal oder Last. Stattdessen läuft die Aktivität für ihn als verhältnismäßig, stimmig, ausgewogen und sinnvoll.

- Die Veränderung des Zeiterlebens
  Im tiefen Flow geht das Zeitgefühl sehr häufig abhanden. Es kommt zu Zeitraffungen und -dehnungen. Eine Minute kann sich wie eine Stunde anfühlen. Häufiger indessen vergehen Stunden wie im Flug. Die Psychologen sprechen deshalb auch von einem ‚zeitfreien' Flow-Erleben.

> Psychologen sprechen von einem zeitfreien Flow-Erleben.

- Verschmelzen von Aktivität und Aufmerksamkeit
  Durch die vollkommene Konzentration auf eine Tätigkeit kann es zum Verschmelzen von Handlung und Bewusstsein kommen. Da ist kein Platz mehr für störende Gefühle wie Ängste, Sorgen oder kritische Überlegungen. Der Mensch im Flow ist in seinem Tun und Fühlen eins. Alles ist auf die aktuelle Tätigkeit fokussiert.
- Die autotelische Qualität des Flow-Erlebens
  Autotelie kommt aus dem Griechischen und bedeutet ‚selbst' und ‚Ziel'. Autotelisch könnte man als Selbstzweckhaftigkeit übersetzen. Die Psychologen nutzen diesen Begriff, um zu beschreiben, dass eine Handlung kein anderes Ziel hat als sich selbst. Die Handlung ist ‚final intrinsisch motiviert'. Nicht das Ergebnis einer Handlung ist entscheidend, sondern das Handeln selbst. Also ist das Ziel die Aktivität selbst. Da muss ich sofort an den Satz ‚der Weg ist das Ziel' denken, jenen Sinnspruch, der Konfuzius zugerechnet wird.

Man spricht oft auch davon, ‚im Flow zu sein'. Menschen kennen diesen Bewusstseinszustand, in dem sie Raum und Zeit vergessen, maximal zufrieden sind, motiviert und leistungsfähig. Sie sind ‚wie im Rausch'.

wie im Rausch

Beispiele von Flow-Erleben

Die Flow-Experten beschreiben einige praktische Beispiele. Sie mögen der Wiederholung und Festigung dienen: Kunst ist ohne Flow kaum vorstellbar. So berichten Musiker vom Flow-Erleben, wenn sie ein Instrument spielen. Tatsächlich wurde untersucht, dass die Leistung zunimmt, wenn Musiker in den Flow-Zustand geraten. Ihr Vortrag wird besser, zugleich sinkt die Herzfrequenz, der Blutdruck nimmt ab, und die Mimik entspannt sich. Sie erleben einen Zustand der inneren Ruhe bei äußerer Leistung. Diese Leistung scheint ohne große Anstrengung zu erfolgen und bei einem entspannten Körper. Oft erreichen sie einen meditativen Zustand. Auch im Sport kann ein Flow-Zustand erreicht werden. Dann können durch stärkeres Selbstbewusstsein und erweiterte Fähigkeiten bessere Leistungen erreicht werden. Sportler empfinden diesen Zustand dann als ‚mentalen Tunnel'. Der Formel 1-Pilot Ayrton Senna beschrieb in einem Interview einmal ganz genau dieses Vordringen in eine andere Dimension, das ihn zu immer größeren Leistungen führte. Er berichtete allerdings auch davon, dass plötzliche Störungen im Flow ihn zu Crashs oder Unfällen geführt haben.

Ein solches vollständiges Eintauchen in eine Aktivität kann jedem Menschen sogar bei seinen Freizeitaktivitäten widerfahren, vorausgesetzt er betreibt sie mit Begeisterung. Ich denke da zum Beispiel an die Bastler, die Freizeitköche oder die Hobby-Gärtner. Sie können sich in ihrer Tätigkeit verlieren sowie Zeit und Raum vergessen.

Erinnerungen

Warum habe ich in ein Stichwort ‚Flow' jetzt die Erinnerungen gepackt? Es geht jeweils darum, sich im Moment in einer Aktivität zu vergessen. Beim Flow ist man von einer Aufgabe fasziniert, taucht vollständig ein in das Tun und vergisst Zeit und Raum. Bei den Erinnerungen verliert man sich, ausgelöst durch Bilder, die Gefühle aufrufen, in schöne Erinnerungen von gestern. Das kann zu einem Eintauchen in die Szenen und sogar in die Gefühle von gestern führen und die aktuelle Umgebung ausblenden.

Erinnerungen sind meist multimedial: Sie enthalten bildhafte Elemente, Szenen, die wie ein Film ablaufen, Geräusche und Klangfarben, oft auch Gerüche und vor allem Gefühle. Dabei stammen die Erinnerungen aus dem sequenziellen Langzeitgedächtnis, dem episodischen Gedächtnis. Sie sind dort in komprimierter Form enthalten und müssen zur Aktivierung aufbereitet werden. Je nach Art der Erinnerung ist dies mit beinahe als fotografisch empfundener Schärfe möglich, oder man kann sich nur noch vage erinnern. Auf alle Fälle gilt:

> *Die Erinnerung ist das einzige Paradies, aus dem wir nicht vertrieben werden können.*
> **Jean Paul**

Erinnerungen sind nach Auffassung der Glücksforscher sehr wichtig. Sie prägen, wer wir sind und wie wir handeln. Sie beeinflussen unsere Stimmung und helfen uns, für unsere Zukunft Entscheidungen zu treffen. Selbstverständlich gibt es auch Erinnerungen im Zusammenhang mit Trauer. Von diesen Erinnerungen sagt man, dass sie kleine Sterne sind, die tröstend in das Dunkel unserer Trauer leuchten.

positive Kraft der Erinnerung

Es geht häufig um positive Erinnerungen an bestimmte Situationen im Leben. Ich denke da an den Speicher meiner Großmutter, in dem ich als kleiner Bub im Sommer unter dem Dachfenster in einer Blechwanne saß und mit meinem Schiff spielte. Ich war selig in meinem Paradies, umgeben von einem wunderbaren Duft von Anmach-Holz, getrockneten Pfefferminzblättern und Strohblumen.

Unseren Sinnen kommt in solchen Erinnerungsmomenten eine Schlüsselposition zu, denn gerade Gerüche, Geschmäcke und Geräusche, die mit Erinnerungen aus jenen Zeiten verknüpft sind, katapultieren uns verlässlich zurück in die Vergangenheit.

> *Man lebt zweimal: das erste Mal in der Wirklichkeit, das zweite Mal in der Erinnerung.*
> **Honoré de Balzac**

Zur Wirkung nostalgischer Erinnerungen

Die Wirkung nostalgischer Erinnerungen ist auch biologisch messbar. Unser Gehirn schüttet Glückshormone aus, wenn wir uns an schöne Erlebnisse erinnern. „Das führt interessanterweise tatsächlich dazu, dass sogar die Körperkerntemperatur angehoben wird. Das ist nicht nur ein Gefühl, sondern daraus ergeben sich harte biologische, körperliche, physiologische Veränderungen und Konsequenzen", sagt der Neurowissenschaftler Esch. Laut Esch ist dieses nostalgische Gefühl von Heimeligkeit und wehmütigem Beschütztsein mit der Ausschüttung von Neurotransmittern wie dem ‚Kuschelhormon' Oxytocin verbunden. Oxytocin spendet unter anderem wohlige Wärme. So kommt es zu dem wohlig-wehmütigen Gefühl der Nostalgie.

In diesem Zusammenhang kommt auch wieder das Dankbarkeits- oder Glückstagebuch in die Diskussion. Es macht für viele Menschen Sinn, egal auf welche Weise, schöne Ereignisse und Momente festzuhalten. Viele nutzen nach wie vor die Schriftform. Heute gibt es aber auch das Handy. Einige Menschen erstellen damit entsprechende Soundtracks von Geräuschen oder Musik, die sie in schönen Momenten hören. Andere machen Fotos von solchen wunderbaren

Augenblicken. Immer geht es den Menschen darum, sich an schöne Momente mit möglichst vielen Sinnen erinnern zu können.

Beim Flow und bei Erinnerungen geht es um ein vollständiges Eintauchen in die Tätigkeit. Man vergisst die Umgebung, verliert das Zeitgefühl und blendet die Gegenwart aus. Solche Momente sind wichtig, sie setzen Kräfte frei, machen zufrieden und schlussendlich glücklich.

Was nehme ich mit aus diesem Stichwort?

Dem Kapitel ‚Flow' habe ich einen breiten Raum gewidmet. Zum einen bin ich gerne ‚im Flow' und zum anderen ist das für mich ein Stück gelebtes und leicht zu erfahrendes Glücklich-sein.

Jeder hat ihn schon einmal erleben dürfen, diesen Flow, einen Zustand, in dem Raum und Zeit verschwinden, während sich die Sinne auf eine einzige Aufgabe konzentrieren, verbunden mit einem intensiven Gefühl von Glück, Freude und Euphorie. Die ‚Flow-Theorie' wird von Expertinnen und Experten der ‚positiven Psychologie' zugeordnet, die sich auf die Analyse von menschlichen Stärken, Wohlbefinden und Glück konzentriert. Es geht um die optimale Balance zwischen Anforderungen und Fähigkeiten.

Als Flow bezeichnen Experten wie Mihály Csíkszentmihályi einen Zustand des Glücksgefühls, in den Menschen geraten, wenn sie gänzlich in einer Beschäftigung ‚aufgehen'. Entgegen ersten Erwartungen erreichen sie diesen Zustand nahezu euphorischer Stimmung meistens nicht beim Nichtstun oder im Urlaub, sondern wenn sie sich intensiv der Arbeit oder einer schwierigen Aufgabe widmen.

Wie wirkt der Flow?

Im Flow-Zustand haben Menschen klare, herausfordernde und spezifische Ziele vor Augen. Sie wissen genau, was sie erreichen wollen und wie sie es erreichen können. Das unmittelbare Feedback über den Fortschritt und die Qualität ihrer Leistung wirkt wie ein Booster. Es entsteht eine optimale Balance zwischen den Anforderungen der Aktivität und den eigenen Fähigkeiten. Weder Über- noch Unterforderung fördern den Flow, sondern das harmonische Zusammenspiel von Herausforderung und Können. Menschen fühlen sich erfüllt, energiegeladen und in Harmonie mit ihrer Tätigkeit. Selbstkritik und Zweifel werden abgeschaltet. Man spricht oft auch davon, ‚im Flow zu sein'. Menschen kennen diesen Bewusstseinszustand, in dem sie Raum und Zeit vergessen, maximal zufrieden sind, motiviert und leistungsfähig. Sie sind ‚wie im Rausch'.

Mihály Csíkszentmihályi beschreibt die Situation so: „Wenn man lernt - egal, was man gerade tut -, in der Tätigkeit selbst die Belohnung zu entdecken, dann muss man nicht gewinnen, um sich gut zu fühlen. Wenn man verliert, verliert man eben, aber man hat das, was man getan hat, genossen und man fühlt sich genauso belohnt wie der, der gewonnen hat, man fühlt sich keinen Deut schlechter."

Merkmale

Psychologen beschreiben die Merkmale des Flow-Erlebens so: Die Klarheit der Ziele, eine hohe Konzentration auf eine bestimmte Tätigkeit, ein ausgewogenes Verhältnis zwischen Anforderung und Fähigkeit, das Gefühl der Aufgabe gewachsen zu sein, die Leichtigkeit des Handlungsablaufes, eine Veränderung des Zeit-Erlebens, ein Verschmelzen von Aktivität und Aufmerksamkeit und autotelische Qualität (Selbstzweck) des Flow-Erlebens.

Dieser Bewusstseinszustand, in dem man Raum und Zeit vergisst, maximal vertieft ist, bei dem man zufrieden ist, oft fast beschwingt arbeitet und leistungsfähig ist, kann wunderbar glücklich machen.

Erinnerungen

So wie beim Flow kann man sich auch in Erinnerungen vergessen. Erinnerungen sind nach Auffassung der Glücksforscher sehr wichtig. Sie prägen, wer wir sind und wie wir handeln. Sie beeinflussen unsere Stimmung und helfen uns, für unsere Zukunft Entscheidungen zu treffen. Dabei sind aber positive Erinnerungen an bestimmte Situationen im Leben gemeint.

Erinnerungen sind meist multimedial: Sie enthalten bildhafte Elemente, Szenen, die wie ein Film ablaufen, Geräusche und Klangfarben, oft auch Gerüche und vor allem Gefühle. Dabei stammen die Erinnerungen aus dem sequenziellen Langzeitgedächtnis, dem episodischen Gedächtnis. Sie sind dort in komprimierter Form enthalten und müssen zur Aktivierung aufbereitet werden.

Je nach Art der Erinnerung ist dies mit beinahe als fotografisch empfundener Schärfe möglich, oder man kann sich nur noch vage erinnern.

> *Man lebt zweimal: das erste Mal in der Wirklichkeit, das zweite Mal in der Erinnerung.*
> **Honoré de Balzac**

Die Wirkung nostalgischer Erinnerungen ist auch biologisch messbar. Unser Gehirn schüttet Glückshormone aus, wenn wir uns an schöne Erlebnisse erinnern. Laut Neurowissenschaftler Esch ist dieses nostalgische Gefühl von Heimeligkeit und wehmütigem Beschütztsein mit der Ausschüttung von Neurotransmittern wie dem ‚Kuschelhormon‘ Oxytocin verbunden. Oxytocin spendet unter anderem wohlige Wärme. So kommt es zu dem wohlig-wehmütigen Gefühl der Nostalgie.

Beim Flow und bei Erinnerungen vergessen wir uns für wesentliche Momente und blenden die Gegenwart aus. Diese Momente sind für uns wichtig, sie setzen Kräfte frei, machen uns zufrieden und glücklich.

Stichwort: Wohlbefinden

Ich habe jetzt das wunderbare Stichwort ‚Flow‘ bearbeitet. Das Stichwort hat mir viel gegeben und mich auf eine positive Spur gesetzt. Bleiben wir bei positiven Stichworten, die sich mir im Zusammenhang mit dem Glücklich-sein aufdrängen. Da wäre der Begriff ‚Wohlbefinden‘. Synonym verwende ich auch Wohlergehen. Das wünsche ich Menschen aus meiner Umgebung besonders gern und habe dabei immer eine sehr situationsbezogene, wandlungsfähige Auffassung von diesem Begriff. Also beschäftige ich mich jetzt damit.

Wohlbefinden ist im allgemeinen Sprachgebrauch ein gutes körperliches und/oder seelisches Befinden, also ein Zustand, ‚in dem es jemandem gut geht‘. Das Wohlbefinden hängt eng mit der Lebensqualität zusammen. Man kann sein Wohlbefinden in jedem einzelnen Moment steigern, in dem man ihn bewusst lebt, indem man achtsam ist. Gleichzeitig ist Achtsamkeit der Schlüssel, um noch besser zu verstehen und herauszufinden, was einem persönlich guttut und wie man sein individuelles Wohlbefinden steigern kann.

Über unser Wohlbefinden entscheiden nicht die objektiven Umstände, sondern was wir darüber denken. Sollten wir nicht ebenso viel Aufmerksamkeit auf unsere Gedanken verwenden wie auf unsere Lebensumstände?
Peter Hohl

Differenzierung

Karlheinz Ruckriegel versuchte 2016 in seinem Artikel ,Glücksforschung auf den Punkt gebracht' Glück zu beschreiben und stellte die Frage: „Was ist Glück, vielleicht subjektives Wohlbefinden?" Eine spannende Frage. Deshalb beschäftigt sich die Glücksforschung intensiv mit dem subjektiven Wohlbefinden. Die Experten unterscheiden zwei Ausprägungen des subjektiven Wohlbefindens:

- ,Emotionales Wohlbefinden': Damit ist die Gefühlslage im Moment gemeint, wobei es im Wesentlichen auf das Verhältnis zwischen positiven und negativen Empfindungen im Tagesdurchschnitt ankommt. Die emotionale Bilanz wird dann wichtig. Es sollte ein Verhältnis von positiven zu negativen Gefühlen von 3:1 im Tagesdurchschnitt erreicht werden.

$$3:1$$

- ,Kognitives Wohlbefinden': Damit ist der Grad der ,Zufriedenheit' mit dem Leben gemeint im Sinne einer Bewertung. Hier findet eine Abwägung zwischen dem statt, was man will (den Zielen, Erwartungen, Wünschen), und dem, was man hat. Es geht also um das Urteil, das Menschen fällen, wenn sie ihr Leben bewerten, wobei es dabei entscheidend auf die Ziele ankommt, die Menschen sich selbst setzen. Beim kognitiven Wohlbefinden sollte der Zufriedenheitswert von 8 und mehr auf einer Skala von 0 - 10 erreicht werden.

Faktoren für Wohlbefinden

Damit drängt sich die Frage auf: Was führt zu subjektivem Wohlbefinden? Die interdisziplinäre Glücksforschung hat sich mit den Faktoren auseinandergesetzt. Folgende wesentliche Faktoren wurden identifiziert:

- Wohlmeinende oder sogar liebevolle soziale Beziehungen: Partnerschaft, Familie, Freunde, Kollegen, Nachbarn
- Physische und psychische Gesundheit
- Befriedigende Erwerbs- und/oder Nichterwerbs-Arbeit und Engagement
- Persönliche Freiheit
- Innere Haltung im Hinblick auf Dankbarkeit, Lebensziele, Optimismus, Vermeidung von sozialen Vergleichen, Emotionsmanagement und Lebensphilosophie, z.B. eine persönliche Definition zum Sinn des Lebens
- Mittel zur Befriedigung der materiellen Grund-Bedürfnisse und finanzielle Sicherheit

Nichts ist so wichtig, dass sich dafür eine Beeinträchtigung meines Wohlbefindens lohnen würde.
Peter Hohl

Soziale Kontakte

Die größte Bedeutung für das Wohlbefinden haben nach Auffassung der Experten die sozialen Kontakte. Erinnern wir uns an die Bedürfnis-Pyramide von Maslow. Wir wollen eingebunden sein und brauchen den wohlmeinenden Austausch, bevorzugt mit nahestehenden Menschen. Aber auch die Arbeit an sich stellt einen wichtigen Faktor für das Wohlbefinden dar. Wir brauchen Arbeit, da wir etwas Sinnvolles mit unserer Zeit anfangen wollen. Zudem brauchen wir sie aber auch, um Einkommen zu erwirtschaften. Gleichzeitig schafft Arbeit Möglichkeiten zur geistigen Weiterentwicklung. Arbeit vermittelt das Gefühl, gebraucht zu werden, schafft Identität, stärkt unser Selbstvertrauen, ermöglicht Anerkennung und bietet darüber hinaus die bereits erwähnten wichtigen sozialen Kontaktmöglichkeiten. Wichtige Bedürfnisse werden also befriedigt.

Es sind Begegnungen mit Menschen, die das Leben lebenswert machen.
Guy de Maupassant

Psychologie des Wohlbefindens

Ed Diener von der University of Illinois schrieb 1984 den Artikel ‚Subjective Well-Being' im ‚Psychological Bulletin' und schuf damit eine Grundlage für die Psychologie des Wohlbefindens. Ed Diener, auch bekannt als ‚Dr. Happiness', ist ein führender Forscher in der ‚Positiven Psychologie'. Er war eine einflussreiche Persönlichkeit in der wissenschaftlichen Forschung über das Glück in den letzten fünfundzwanzig Jahren. Unter dem Begriff ‚subjektives Wohlbefinden' versteht er, wie Menschen ihr Leben beurteilen. Hierbei geht es sowohl um die Beurteilung der augenblicklichen Situation, als auch um die Bewertung des Lebens insgesamt.

> Es geht darum, wie Menschen ihr Leben beurteilen.

Warum lohnt es sich, zu rackern oder sogar zu kämpfen, um jenes Wohlbefinden zu verspüren und in der Folge vielleicht sogar glücklich zu sein beziehungsweise zu werden? Die uns bereits bekannte amerikanische Psychologin Sonja Lyubomirsky von der University of California Riverside spricht von ‚**der lohnendsten Anstrengung im Leben**'. Wer aktiv etwas für sein Wohlbefinden oder sogar Glücklich-sein tut, fühlt sich nicht nur subjektiv besser, sondern hat auch mehr Energie, ist kreativer, stärkt sein Immunsystem, arbeitet produktiver, festigt seine Beziehungen und erhöht seine Lebenserwartung. Glücklich-sein ist die Folge eines aktiven, gelingenden Lebens. Man kann ergänzend zum Ziel aller Anstrengungen sogar festhalten: Im Glücklich-sein spiegelt sich ein aktives, gelingendes, befriedigendes oder zufriedenstellendes Leben.

Nichts ist mühsam, was man willig tut.
Thomas Jefferson

Genetische Disposition

In jüngerer Zeit beschäftigen sich Psychologen und Glücksforscher mit dem Wohlbefinden und unterscheiden zwischen ‚aktuellem Wohlbefinden' und ‚habituellem Wohlbefinden'. Ein wesentlicher Faktor des Wohlbefindens ist dabei der individuelle ‚Set-Point', der Untersuchungen zufolge zu einem erheblichen Teil genetisch bedingt ist. Jüngere Studien belegen einen Wert von rund 50 Prozent. David Lykken und Auke Tellegen (University of Minnesota) fanden in Studien mit eineiigen, getrennt aufgewachsenen Zwillingen heraus, dass deren Lebenszufriedenheit relativ ähnlich war, auch wenn sie in vollkommen unterschiedlichen sozialen Umwelten aufgewachsen waren. Lykken stellt daraufhin die Frage: Wie kann man trotz des Set-Points sein Leben ein wenig zugunsten von mehr Zufriedenheit und Glücklich-sein verbessern? Sein Ratschlag ist, sich öfters kleine Freuden zu gönnen. Und er macht auch konkrete Angaben, wie ein gutes Essen, das Arbeiten im Garten oder Zeit mit wohlmeinenden Freunden zu verbringen. Da sind sie also wieder, die zu 40% beeinflussbaren Auslöser von Glücklich-sein. Das sind die Aktivitäten, die uns zu unseres Glückes Schmied machen. Am Ende bleiben schöne Momente, die es intensiv zu genießen gilt.

Wir brauchen viele Jahre, bis wir verstehen, wie kostbar Augenblicke sein können.
Ernst Ferstl

Mehr zu einschneidenden Ereignissen

Neuere Forschungsergebnisse zeigen, dass sich der ‚seelische Sollwert' im Laufe des Lebens auf Grund emotional einschneidender Ereignisse auch dauerhaft verändern kann. Durch schwere emotionale Krisen kann sich dieser Sollwert zum Beispiel dauerhaft in den Negativbereich verschieben. Maike Luhmann und Michael Eid von der FU Berlin zeigten in einer Studie, dass sich bei wiederholtem Auftreten von starken emotionalen Ereignissen, etwa mehrmaliger Arbeitslosigkeit oder gehäuften Schicksalsschlägen, der Level der Lebenszufriedenheit sehr stark ins Negative verschieben kann. In dieser Metastudie von Maike Luhmann und Michael Eid zu den einschneidenden Erlebnissen wurden insgesamt 188 Arbeiten analysiert, in denen über einen längeren Zeitraum kritische Lebensereignisse von über 65.000 Menschen verfolgt worden waren. Im Wesentlichen waren es vier familiäre Ereignisse (Heirat, Scheidung, Tod eines Angehörigen und Geburt eines Kindes) und vier berufliche Marksteine (Arbeitslosigkeit, Wiederbeschäftigung nach Arbeitslosigkeit, Ruhestand und berufsbedingter Umzug). Dabei wurden für jedes kritische Lebensereignis durchschnittliche Änderungsraten des Wohlbefindens für die Zeit nach dem Ereignis berechnet, wobei nach kognitivem und emotionalem Wohlbefinden aufgeschlüsselt wurde. Die Studie zeigt, dass die meisten Menschen gedanklich und gefühlsmäßig noch Jahre mit negativen Ereignissen zu kämpfen haben. Besonders gravierend waren die Folgen einer Arbeitslosigkeit: danach nahm das Wohlbefinden über Jahre hinweg deutlich ab. Auch der unvorbereitete Ruhestand hatte lang andauernde negative Gefühle zur Folge.

Ergänzend wurde aber auch gezeigt, dass die meisten Menschen nach nur einem eher kurzzeitig wirksamen positiven oder negativen Gefühlserleben sehr rasch wieder auf ihr ‚normales' Niveau der Wohlbefindlichkeit zurückkehren. Das Ausmaß der Veränderungen im Wohlbefinden ist interindividuell sehr unterschiedlich und sicherlich auch eine Frage der Einstellung und des eigenen Willens. Die Wissenschaft hat klar belegt, dass das Wohlbefinden zu 40 Prozent vom Einzelnen selbst beeinflusst wird.

Nicht wie die Dinge wirklich sind, sondern wie sie in unserer Einstellung und Vorstellung sind, macht uns zufrieden oder unzufrieden.
Epiktet

Strategien zur Steigerung des Wohlbefindens

Experten sind überzeugt, dass das eigene Wohlbefinden positiv zu beeinflussen ist. Danach kann man mit folgenden Strategien sein Wohlbefinden steigern:

- Ziele verfolgen, die man persönlich sehr wertschätzt
- sich positiven Aspekten des Lebens öffnen
- soziale Kontakte mit wohlmeinenden Menschen pflegen
- positive Gefühle anderer, vor allem nahestehenden Menschen, gegenüber ausdrücken und kultivieren
- sich aktiv für andere Menschen einsetzen und ihnen helfen

Sonja Lyubomirsky wies nach, dass glückliche Menschen mit hohem Wohlbefinden nicht nur länger leben, gesünder, kreativer, produktiver und beruflich erfolgreicher sind, sondern sich vor allem gesellschaftlich stärker engagieren und befriedigende soziale Beziehungen entwickeln.

Lerne jede Minute deines Lebens zu genießen. Sei jetzt glücklich. Warte nicht auf etwas anderes, was dich zukünftig glücklich machen könnte. Denke daran, wie wertvoll deine Zeit ist, egal ob bei der Arbeit oder mit der Familie. Jede Minute sollte genutzt und gewürdigt werden.
Lord Nightingale

Zudem legen die Experten nahe: für längerfristiges Wohlbefinden benötigt man positive Emotionen, eine Aufgabe, für die man brennt, stabile Beziehungen und einen Sinn im Leben, sei es privat oder beruflich. Allerdings kann zu viel Aktivität dieses Wohlbefinden aber auch stören, d. h. man benötigt durchaus auch Rückzugsorte und Zeiten der Stille, also Zeiten, in denen man ruhig werden, bei sich sein und intensiv reflektieren sollte.

Selbstreflexion

Zur Statusanalyse des Wohlbefindens sollte man sich in Selbstreflexion perspektivische Fragen stellen. Was zeichnet mich aus? Was sind meine größten Stärken und Schwächen? Was fehlt mir? Was ist in zwei, fünf oder zehn Jahren? Wie verbessere ich mein Wohlbefinden? Was macht mich wirklich glücklich und zufrieden?

An einem ruhigen Ort und mit ausreichend Zeit sollte man Papier zur Hand nehmen und vorbehaltlos die auftauchenden Gedanken niederschreiben. Erst dann sollte die Auseinandersetzung mit ihnen beginnen. Es kann durchaus sein, dass man Antworten auf Fragen erhält, die man sich womöglich noch nie gestellt hat oder vielleicht auch nie hätte stellen wollen. In manchen Fällen kann ein wohlmeinender Anderer hilfreich die Selbstreflexion unterstützen.

Einem Menschen zu helfen mag nicht die ganze Welt verändern, aber es kann die Welt für diesen einen Menschen verändern.
Unbekannter Autor

Experten empfehlen in diesem Zusammenhang auch zeitnahe Betrachtungen zum Alltag, die man sehr regelmäßig und besonders sehr ehrlich anstellen und am besten niederschreiben sollte. Die Alltagsbetrachtungen können mit folgenden Fragen eingeleitet werden: Was hat heute gut funktioniert? Was war heute schlecht? Wie habe ich mich heute gefühlt? Wie beurteile ich heute mein Wohlbefinden? Was habe ich heute gelernt? Solche Beurteilungen zum Wohlbefinden bzw. zu Alltagsbetrachtungen können, wenn sie über einen gewissen Zeitraum erfolgen, Entwicklungen aufzeigen und Handlungsbedarf offenbaren.

Handlungsbedarf erkennen

Sich aktiv mit den Säulen des Wohlbefindens auseinandersetzen

Carol Ryff stellte bereits 1989 sechs Säulen auf dem Weg zum Wohlbefinden heraus: Selbstakzeptanz, soziale Beziehungen, Autonomie, Lebenszweck, aktive Umweltgestaltung und persönliches Wachstum. Die Grundlage ist klar, schwierig umzusetzen, aber lohnend: man muss sich aktiv mit seinen Emotionen, den Einstellungen, den Bedürfnissen und wichtigen Zukunftsbildern auseinandersetzen. Danach muss man sich ehrlich mit den Säulen des eigenen Wohlbefindens auseinandersetzen. Wer meist passiv sei und sich nicht dieser Auseinandersetzung stelle, nehme sich die Chance auf ein emotionales Glücksempfinden, konstatiert Michaela Brohm-Badry von der Universität Trier.

Wer nichts aktiv angeht und nur dasitzt, sorgt nicht dafür, dass er Erfolgserlebnisse hat, und deshalb hat er auch kein Glücksempfinden.
Brohm-Badry

Von gesundheitlichen Auswirkungen

Wohlbefinden hat also auf alle Fälle mit positiven Emotionen zu tun. Diese positiven Emotionen können biochemische Vorgänge in unserem Körper beeinflussen. Aus Studien weiß man: Menschen, die regelmäßig Gefühle wie Wohlbefinden, Liebe und Freude erleben, zeigen im EKG einen besseren Herzrhythmus und haben ein geringeres Infarktrisiko. Auch das Immunsystem reagiert auf das Wohlbefinden. Neuere Ergebnisse zeigen zudem: die Veränderungen in der Psyche spiegeln sich sogar auf der Zellebene wider. Ein Fazit wird deshalb sein: positive Gefühle und ein subjektives Wohlbefinden können unsere Gesundheit schützen. Menschen, die zum Beispiel anderen halfen, waren langfristig glücklicher als etwa Menschen, die sich nur mit sich beschäftigten.

Da es sehr förderlich für die Gesundheit ist, habe ich beschlossen, glücklich zu sein.
Voltaire

In der Psychologie gibt es den Begriff des ‚Aufblühens'. Untersuchungen zeigen, dass ein solches Aufblühen, ein solcher verbesserter emotionaler Status sogar Erkältungen abwehren kann. Forscher setzten Probanden Erkältungsviren aus und unterstützten eine Gruppe gezielt mit positiven Bildern und Emotionen. Die Gruppe mit den positiven Emotionen erkrankte seltener an Schnupfen als jene ohne die emotionale Unterstützung.

Aufblühen

Auch die Genforschung hat sich mit dem Wohlbefinden beschäftigt. Steven Cole von der University of California in Los Angeles analysierte die Gene von Menschen, die angaben, glücklich zu sein. Diese verglich er mit den Genen von Menschen im emotionalen Tief. Ein Ergebnis: bei einsamen Menschen waren viele Entzündungs-Gene aktiviert. "Positive Beziehungen wirken offenbar wie Entzündungshemmer", stellt Cole als Fazit fest. Wir denken sofort an viele einsame Menschen in Altenheimen und an mögliche Hilfen.

Wie Entzündungshemmer

Auch der Psychoneuroimmunologe Michael Antoni aus Florida ist der Auffassung, dass Veränderungen in der Psyche sich parallel im Körper zeigen. Antoni entwickelte ein Stressmanagement-Programm für Patientinnen mit Brustkrebs. Die Patientinnen bekamen eine Schulung zum Abbau ihrer Ängste und Übungen zur Imaginationstechnik. Ein Ergebnis der Untersuchung war, dass sich die positiven Effekte der Stressreduktion auf zellulärer Ebene nachverfolgen ließen. Sogar nach Jahren waren bei den Probandinnen weniger Metastasen-Gene aktiv. Ihr Wohlbefinden war nachhaltig verbessert.

> *Es geht nicht darum, die Gefühle aus dem Kopf zu bekommen oder sie darin zu verstecken, sondern darum, sie mit Akzeptanz zu durchleben.*
> **Carl R. Rogers**

Die geistige Gesundheit

Die geistige Gesundheit wird als ein wichtiger Faktor bei der Lebensfreude erwähnt. Der für die Vereinten Nationen vom ‚Earth Institute' der renommierten Columbia Universität in New York federführend erstellte und bereits erwähnte ‚World Happiness Report' verbindet unter anderem Daten von Sozialsystemen und dem Arbeitsmarkt mit Befragungen über die Selbstwahrnehmung der Menschen. Ausschlaggebend für mögliches Glücklich-sein seien vor allem die

Lebenserwartung, das Bruttoinlandsprodukt pro Kopf und fehlende Korruption. Vor allem aber wurde festgehalten, wie wichtig sei es, verlässliche, wohlmeinende Menschen um sich herum zu haben, die Freiheit zu genießen, Entscheidungen über sein eigenes Leben zu haben, sowie eine gute ‚geistige Gesundheit'.

> *Ihre geistige Gesundheit ist alles - geben Sie ihr den Vorrang. Nehmen Sie*
> *sich die Zeit, als würde Ihr Leben davon abhängen, denn das tut es.*
> **Mel Robbins**

Die geistige Gesundheit (mental health) beschreibt alle emotionalen und psychologischen Vorgänge, welche sich auf unser Wohlbefinden auswirken. Ohne diese mentale Gesundheit leidet die Lebensqualität und wir sind unter Umständen nicht in der Lage, die gewünschte oder erwartete Leistung zu erbringen. Wichtige Frage:

Wie kann man die geistige Gesundheit unterstützen?

Kleine **Pausen** zu machen über den Tag verteilt, aber auch längere Pausen am Wochenende sind notwendig, damit Kopf und Körper sich erholen können. Durch **Sport** finden nicht nur chemische Veränderungen statt, sondern negative Gedanken werden vertrieben, da die Aktivität im Kopf, genauer im präfrontalen Cortex, gesenkt wird. Sport und Bewegung sind also super, um negative Gedanken zu vertreiben und die körperliche und mentale Gesundheit zu steigern.

Zudem wirkt sich die **Ernährung** nicht nur auf das Wohlbefinden, sondern auch auf die mentale Gesundheit aus. Die Rede ist von einer gesunden, ausgewogenen Ernährung. Neben vielen Vitaminen aus Obst, Gemüse und vollwertigen Getreideprodukten sollte man zudem ausreichend Omega-3-Fettsäuren zu sich nehmen.

Umgib dich mit Menschen, die dir guttun und die Optimismus ausstrahlen. **Zeit mit nahestehenden Menschen** zu verbringen wirkt sich als Stimmungsaufheller aus. Eine Studie von 2011 belegt, dass Aktivitäten mit Freunden und Familie helfen, Stress abzubauen, die geistige Gesundheit zu fördern, das Selbstwertgefühl zu verbessern und somit das Wohlbefinden zu stärken.

Ergänzend muss der **digitale Konsum** eingeschränkt werden. Der ständige Konsum von digitalen Medien und die damit verbundene Erreichbarkeit führen zu Stress. Dieser kann sich wiederum negativ auf die mentale Gesundheit auswirken. Man sollte den digitalen Konsum herunterfahren, indem man Zeiten einführt, in denen man nicht erreichbar ist. So sollte man, wenn das aus der Situation heraus möglich ist, nicht mit dem Smartphone neben dem Bett schlafen. Und morgens sollte man sich von einem analogen Wecker wecken lassen. So startet der Tag ohne stressige Nachrichten.

Zudem gilt, dass **ausreichender Schlaf** wichtig ist für die geistige Gesundheit. Während des Schlafens erholt sich nicht nur der Körper, sondern auch die Psyche tankt neue Energie für den nächsten Tag. Schläft man nicht ausreichend, sind Körper und Psyche nicht belastbar und anfälliger für Krankheiten. In der Regel sind ungefähr acht Stunden Schlaf ausreichend. Allerdings kann das individuelle Schlafbedürfnis stark variieren.

Eine gute und starke geistige Gesundheit kann dazu beitragen, dass das Leben erfüllend und eine gute Balance zwischen den Herausforderungen des Lebens und einer starken psychologischen Belastbarkeit gegeben ist. Das Wohlbefinden wird dadurch deutlich gefördert.

> *Wenn wir Freude am Leben haben, kommen die Glücksmomente von selber.*
> **Ernst Ferstl**

Die Rolle der Musik

Zum Abschluss dieses Kapitels sei noch ein Hinweis auf die Rolle der Musik beim Wohlbefinden erlaubt. Ist es nicht so, dass uns ein bestimmtes Lied, eine bestimmte Melodie oder ein gewisses Musikstück in eine besondere Stimmung versetzen und sogar zu Tränen rühren kann? Viele Menschen haben ein Lieblingslied, einen Song oder ein Orchesterstück, das Erinnerungen weckt und Bilder produziert, die starke Gefühle hervorrufen. Da gibt es unzählige Beispiele: Weihnachtslieder, der Kennenlern-Song, die besondere Opern-Arie oder der Lieblings-Sänger mit einem bekannten Lied. Die Musik berührt uns stark. Oft macht sie uns wehmütig, aber irgendwie auch stets glücklich.

Fasst man die vielen Publikationen zusammen, ist das Resümee: Musik ist ein gewaltiger Stimulus für das Gehirn. Sie führt zur Ausschüttung von

Glückshormonen, stärkt das Immunsystem, verbessert kognitive Fähigkeiten und kann sogar - bei Berufsmusikern - die Gehirnaktivitäten verändern. Musik kann offensichtlich viel bewirken.

"Musik ist das Faszinierendste, was die Menschheit je hervorgebracht hat", sagt der Musikneurologe Stefan Koelsch. Es ist das für Gefühle zuständige limbische System im Gehirn, das durch Musik angeregt wird. Musik kann deshalb Emotionen auslösen, kann beim Zuhörer Gänsehaut verursachen. Besonders stark reagieren wir auf Filmmusik, wenn sie spannende Szenen begleitet. Unser Unterbewusstsein antizipiert dramatische Verläufe.

Außerdem verbindet sich Musik manchmal mit persönlichen Ereignissen. Wird sie gehört, kommen konkrete Erinnerungen an erlebte Situationen zurück, oft sogar die dabei empfundenen Emotionen selbst. Experten zeigen, dass Musik wie eine Art Sprache funktioniert, in der bestimmte Erlebnisse kodiert sind. So reicht ein Weihnachtslied oft aus, um jemanden in Weihnachtsstimmung zu versetzen. Ein romantischer Song erinnert an ein ganz besonderes Treffen mit einem anderen Menschen.

> *Wenn Musik mein Herz erfüllt, scheint sich das Leben mühelos und ohne Probleme zu gestalten.*
> **George Eliot**

Fazit

Auf dem Weg zu einem subjektiven Wohlbefinden müssen wir sehr sorgfältig mit unseren emotionalen Gegebenheiten umgehen und sehr ehrlich zu uns selbst sein. Deshalb brauchen wir eine regelmäßige und rückhaltlose Analyse unserer Emotionen, Einstellungen, Bedürfnisse und eine Bewertung der augenblicklichen emotionalen Situation wie auch eine Bewertung des Lebens insgesamt. Für ein verbessertes Wohlbefinden ist es wichtig, Ziele zu verfolgen, die man persönlich sehr wertschätzt. Zudem sollte man soziale Kontakte mit nahestehenden Menschen pflegen und den Austausch kultivieren. Das Wohlbefinden kann sogar gesundheitliche Effekte auslösen. Positive Beziehungen wirken offenbar als Entzündungshemmer. Die Auswirkungen von gezielter Stressreduktion sowie der Angstabbau können sogar auf zellulärer Ebene nachverfolgt werden. Für das Wohlbefinden ist es auch wichtig, sich intensiv mit der geistigen Gesundheit zu beschäftigen.

Der Münchner Psychologe Stephan Lermer hat eine wunderbare Formulierung zum Wohlbefinden, die ich an den Schluss stellen möchte: „Ein Zustand, in dem Denken, Fühlen und Handeln eins sind. Wo man das Gefühl hat, angekommen, echt und richtig zu sein". Auf alle Fälle gilt, dass Dankbarkeit, Zufriedenheit und vielleicht auch heitere Gelassenheit wesentliche Hilfen zu subjektivem Wohlbefinden und letztlich für das Glücklich-sein sind. Und es lohnt sich immer, danach zu streben oder vielleicht sogar dafür zu kämpfen.

Ohne seelisch-geistige Gesundheit gibt es kein wirkliches Wohlbefinden.
Art Ulene

Was nehme ich mit aus diesem Stichwort?

Man definiert subjektives Wohlbefinden als das selbst wahrgenommene Gefühl der Zufriedenheit im Leben oder der Zufriedenheit mit dem Leben. Wohlbefinden ist also ein persönliches Befinden oder ein Zustand, der als gut bewertet wird. Wer jedoch bewertet diesen Zustand? Nur man selbst kann das. Wenn man darüber entscheidet, ob und wie wohl man sich fühlt, dann ist Wohlbefinden etwas Subjektives und eben auch Individuelles. Die Frage lautet also: Was bedeutet Wohlbefinden für jeden einzelnen? Oder genauer: Wovon ist Wohlbefinden bei mir abhängig? Für den einen ist möglichst viel Zeit für Familie und Freunde zu verbringen ein wichtiger Aspekt des eigenen Wohlbefindens, für den anderen ist eine erfüllende Tätigkeit essenziell. Der nächste sagt sich, Wohlbefinden ist ein innerer Zustand von Zufriedenheit. Manch einem ist vor allem eine gesunde Ernährung oder auch Bewegung wichtig, um sich wohl in der eigenen Haut zu fühlen. Wahrscheinlich ist das individuelle Wohlbefinden am Ende ein Potpourri verschiedenster Dinge, wobei die Gewichtung einzelner Aspekte bei jedem anders ist. Bei all dem, was zum Wohlbefinden beiträgt, möchte ich für mich die Aspekte der Zufriedenheit und der Dankbarkeit hervorheben. Denn Wohlbefinden, Zufriedenheit und Dankbarkeit sind für mich eng miteinander verbunden.

Ein angenehmes und heiteres Leben kommt nie von äußeren Dingen, sondern der Mensch bringt aus seinem Inneren, wie aus einer Quelle, Zufriedenheit in sein Leben.
Plutarch

Wohlbefinden im Hier und Jetzt

Ein großer Gegenspieler des individuellen Wohlbefindens ist das Leben in der Vergangenheit und der Zukunft. Sind wir gedanklich in der Vergangenheit oder der Zukunft, geht es meist um Probleme, Sorgen, Ängste und Unsicherheiten. Wir grübeln vielleicht über Vergangenes, lehnen die Gegenwart ab, indem wir hoffen, dass in der Zukunft alles besser wird, wir einen besseren Job, mehr Geld, ein schöneres Haus, mehr Freunde, weniger Gewicht oder sonst etwas haben werden. Zufriedenheit als Aspekt von Wohlbefinden ist allerdings nur im Hier und Jetzt möglich. Träumst du davon, in der Zukunft Zufriedenheit und Wohlbefinden zu erlangen, dann werden diese Träume auch immer genau dort bleiben: in der Zukunft. Steigere dein Wohlbefinden also, indem du hier und jetzt den Moment er- und durchlebst; zum Beispiel, indem du dich über das, was du gerade tust, freust bzw. es annimmst, auch wenn es vielleicht gerade nicht deine Lieblingsaufgabe ist; indem du die Menschen, die dich umgeben, wahrnimmst und wertschätzt; indem du deinem Körper gegenüber hier und jetzt Dankbarkeit empfindest für all das, was er für dich tut; indem du dein Essen achtsam und mit allen Sinnen isst. Du kannst dein Wohlbefinden in jedem einzelnen Moment steigern, indem du ihn bewusst lebst, indem du achtsam bist. Gleichzeitig ist Achtsamkeit der Schlüssel, um noch besser zu verstehen und herauszufinden, was dir persönlich guttut und wie du dein individuelles Wohlbefinden steigern kannst.

Man ist selbst der Meister des Wohlbefindens. Jeder Mensch ist anders, und beim Wohlbefinden dominiert bei jedem Menschen etwas anderes. Nur man selbst weiß am besten, was einem persönlich guttut. Man muss es sehr sorgfältig herausfinden und systematisch daran arbeiten, um die Chance zu haben, das individuelle, subjektive Wohlbefinden zu steigern.

> Es gilt herauszufinden, wie jeder einzelne sein individuelles Wohlbefinden steigern kann, um daran intensiv zu arbeiten.

Wie fasse ich zusammen?

Wichtig ist die geistige Gesundheit. Die geistige Gesundheit (mental health) beschreibt alle emotionalen und psychologischen Vorgänge, welche sich auf unser Wohlbefinden auswirken. Ohne diese mentale Gesundheit leidet die Lebensqualität und wir sind unter Umständen nicht in der Lage, die gewünschte oder erwartete Leistung zu erbringen.

Auf alle Fälle gilt, dass Dankbarkeit und Zufriedenheit wesentliche Bausteine für subjektives Wohlbefinden und letztlich für das Glücklich-sein sind. Und es lohnt sich immer, danach zu streben oder vielleicht sogar dafür zu kämpfen. Auf alle Fälle brauchen wir eine regelmäßige und rückhaltlose Analyse unserer Emotionen, Einstellungen, Bedürfnisse und eine Bewertung der augenblicklichen emotionalen Situation wie auch eine Bewertung des Lebens insgesamt. Positive Beziehungen wirken offenbar als Entzündungshemmer. Und Effekte von gezielter Stressreduktion sowie der Angstabbau können auf zellulärer Ebene nachverfolgt werden.

Sonja Lyubomirsky wies nach, dass glückliche Menschen **mit hohem Wohlbefinden** nicht nur länger leben, gesünder, kreativer, produktiver und beruflich erfolgreicher sind, sondern sich vor allem gesellschaftlich stärker engagieren und befriedigende soziale Beziehungen entwickeln. Gerne wiederhole ich zum Schluss, was der Münchner Psychologe Stephan Lermer zum Wohlbefinden formuliert: „Ein Zustand, in dem Denken, Fühlen und Handeln eins sind. Wo man das Gefühl hat, angekommen, echt und richtig zu sein".

Stichwort: Entspannung und Entschleunigung

Wir wollen uns das Glücklich-sein ins Leben holen und suchen nach Wegen dahin. Auf diesen Wegen wird es wichtig, dass wir dankbar und zufrieden sind und ein subjektives Wohlbefinden erreichen. Genauso wichtig wird es aber auch, uns mit dem Alltagsstress bewusst auseinanderzusetzen. Was ich selbst immer wieder feststellen musste: wenn ich im Stress war und mir dennoch etwas Gutes gelungen war, konnte ich mich gar nicht ausreichend freuen. Es fehlte oft die ausreichende Gelassenheit und die Entspannung.

Nichts bringt uns auf unserem Weg besser voran als eine Pause.
Elizabeth Barrett Browning

Bedeutung von Entspannung

Von den beispielgebenden nordischen Ländern können wir auch die Bedeutung gezielter Entspannung und Entschleunigung übernehmen. Ohne Stress geht vieles besser und ist vieles für uns letztlich auch gesünder. Aber der Gedanke geht noch weiter und ruft weitere Qualitäten auf, wie zum Beispiel die Gelassenheit. Studien belegen: Gelassenheit ist ein wesentlicher Schlüssel zum Glücklich-sein. Ich werde in der Folge noch auf dieses wichtige Stichwort eingehen. Innere Ruhe und ein ausgewogenes Binnengefühl helfen, jede Situation zu meistern und zu glücklich-machenden Momenten zu kommen. Oft sind schwierige, stressige Situationen auch lediglich eine Frage der Perspektive, und ein Perspektiv-Wechsel hilft aus diesen vermeintlich unlösbaren Situationen. Ich erinnere an den amerikanischen Ratschlag: love it, change it or leave it. Und Morgenstern gibt ergänzend einen wunderbaren Ratschlag:

> *Man sollte von Zeit zu Zeit von sich zurücktreten, wie ein Maler von seinem Bild.*
> **Christian Morgenstern**

Mit Stress umgehen

Bevor wir uns also intensiver mit der Entspannung beschäftigen, sollten wir kurz auf das Thema ‚Stress‘ eingehen. Ich weiß, dass es viele Daten und Ratschläge zu diesem Thema gibt. Das ist gut so. Ich will deshalb nur kurz auf die Stress-Intervention oder idealerweise sogar -Prävention eingehen. Damit ich nämlich zum Thema ‚Entspannung‘ kommen kann, muss es erst zum Stressabbau durch Energieabbau kommen. Und dabei hilft: **Aktion gegen Stress**. Die WHO hat zehn ‚Ersthelfer gegen Stress‘ formuliert. Die möchte ich in Kurzfassung anreißen. Es ist gut, wenn man sich diese ‚Ersthelfer‘ (wieder) vergegenwärtigt:

Stress-Abbau und -Prophylaxe

- **Man setze Prioritäten und vermeide Zeitdruck**
  Man soll sich jeweils auf die aktuelle Aufgabe konzentrieren und sich nicht verzetteln. Zuerst müssen die Aktivitäten erledigt werden, die wichtig und dringend sind. Als hilfreich hat sich immer wieder eine klare **Prioritätenliste** erwiesen, die diszipliniert abgearbeitet werden sollte. Mir hilft es ungemein, unangenehme Aufgaben zuerst zu erledigen. Das nimmt

‚viel Druck aus dem Kessel'. Zudem hat es sich als hilfreich erwiesen, im Alltag, aber auch in der Freizeit gegen den Zeitdruck vorzugehen. Zeitdruck bringt Stress und Unzufriedenheit. Eine entscheidende Hilfe kommt durch eine **realistische Zeiteinteilung** und durch einen ökonomischen Umgang mit der Ressource Zeit.

Der Versuch, ein Perfektionist zu sein, erhöht den Stress und behindert die Leistung.
Theodore Whitmore

- Man lerne, ‚Nein' zu sagen
  Wer nicht Nein sagen lernt, wird immer zu viele Aufgaben auf dem Tisch haben. Es gibt Menschen, die gebraucht werden wollen. Sie müssen stetig beweisen, dass es ohne sie nicht geht. Leider ist eine Überforderung sehr häufig die Folge. Die notwendige Konzentration auf Wesentliches ist nicht möglich.

- Man sollte tief durchatmen
  Durch tiefes Atmen kann nicht nur der Kreislauf beruhigt werden. Es kann viel Druck und Stress abgebaut werden, wenn man langsam und tief durchatmet und sich auf das Atmen konzentriert. Sogar Ärger kann dadurch rascher eingedämmt werden. Es gilt grundsätzlich:

Es ist und bleibt ein Glück, vielleicht das Höchste, frei atmen zu können.
Theodor Fontane

- Man braucht Ruhepausen
  Wer nur unter Druck steht, und das den ganzen Tag, muss in Stress geraten. Auf Phasen mit intensivem Einsatz und viel Stress müssen jeweils kurze Pausen folgen, damit sich einiges ordnen kann und die Batterien wieder aufgeladen werden können.

- Man achte auf seine Worte
  Erst denken, dann sprechen, kann eine sehr hilfreiche Regel sein. Dabei ist nicht nur das sinnvolle Abwägen einer Antwort oder

einer Stellungnahme gemeint. Es geht auch um die Art der Worte. Wichtig wird in diesem Zusammenhang die Grundeinstellung zu sich selbst. Wer mit sich positiv umgeht, kann auch mit anderen positiv umgehen. Vor allem, wenn Stress herrscht, muss man umso mehr auf die positive Grundeinstellung achten. Deshalb gilt es auch, die Wortwahl abzuwägen. Wenn man unter Druck stand, sollte man sehr zeitnah eine Gelegenheit finden, die Einstellung und die gesprochenen Worte noch einmal mit Abstand zu reflektieren.

- Man achte auf seine Gedanken
  Marc Aurel fand: „Unser Leben ist das Produkt unserer Gedanken." Mit den Gedanken kann man sich ‚positiv denken'. Stressige Situationen werden oftmals ausschließlich negativ und auch überbewertet. Anstatt sich darauf zu konzentrieren, was im schlimmsten Fall alles passieren könnte, sollte man sich mit machbaren Lösungen beschäftigen. Wie ist man erfolgreich aus einer zurückliegenden Situation herausgekommen? So kann man es schaffen, sich besser und nicht mehr so gestresst zu fühlen.

Fokussiere dich auf die Lösung, nicht auf das Problem.
Jim Rohn

Durch Gedanken an etwas Schönes kann man zugleich gute Gedanken sammeln, um schlechte auszugleichen. Es geht um die Gesamtbilanz der Gedanken. Wir haben das Bild von dem wichtigen Ausgleich bereits erfolgreich angesprochen.

- Man lächele Probleme weg
  Die Kraft des Lächelns wird deutlich unterschätzt. Gerade in Stress-Situationen kann gezieltes Lächeln helfen, Stress abzubauen. Wer ernsthaft lächelt, kann sich sogar in einer schwierigen Situation positiv einstimmen. Ein Lächeln wird zum Schlüssel für einen Stress-Abbau. Und zudem sagte Charlie Chaplin einst: „Jeder Tag ohne Lächeln ist ein verlorener Tag!" Und ein lächeln kann erwiesenermaßen Balsam für die Seele sein. Auf das Lächeln werde ich noch einmal zurückkommen.

- Man achte auf die Ernährung

  Viele gestresste Personen nehmen beispielsweise kein Frühstück zu sich. Dabei ist gerade das Frühstück enorm wichtig, um seinen Körper zum Start in den Tag mit ausreichend Energie zu versorgen. Außerdem ist es sinnvoll, regelmäßige Mahlzeiten einzuführen. Diese bringen eine gewisse Tagesstruktur mit sich und dienen gleichzeitig als kleine Erholungspausen. Klar sollte auch sein, auf eine ausgewogene Ernährung Wert zu legen. Einfache Kohlehydrate, vor allem Weizenmehl-Produkte sollte man meiden. Gemüse, Obst und Seefisch sowie Olivenöl werden empfohlen. Ebenso wird die Reduktion von Zucker und zuckerhaltigen Speisen als hilfreich beschrieben.

- Man sichere ausreichende Bewegung

  Beim Sport oder bei viel Bewegung kann Stress abgebaut werden. Experten empfehlen, dass sich der Mensch an drei Tagen in der Woche anstrengen sollte, was z.B. auch Gartenarbeit oder Tanzen sein kann. Allerdings sollte man darauf achten, sich nicht zu überfordern, denn sonst ist keine wirkliche Entspannung möglich. Gerade in stressigen Zeiten neigt man dazu, keinen Sport zu machen, da man sowieso schon keine Zeit hat und dabei vergibt man sich eine Chance auf Stress-Bewältigung. Ich folge Blaise Pascal:

  Zu unserer Natur gehört die Bewegung, die vollkommene Ruhe ist der Tod.
  Blaise Pascal

- Man sollte ausreichend schlafen

  Nicht die Dauer ist entscheidend, sondern die Qualität. Deshalb muss der Mensch auf die Schlaf-Vorbereitung, Temperatur, Lage und die Lagerstatt achten. Eine gute Schlafroutine hilft beim Stressabbau und zu erholsamer Ruhe.

Hilfreiche Aktivitäten zur Entspannung

Das waren die gut zu beherzigenden Tipps gegen den Stress von der WHO. Ich möchte ergänzend auf einige Punkte eingehen, die mir wichtig und hilfreich erscheinen. Die Entspannung ist das Allheilmittel gegen negative Gedanken, Stress und besonders Ärger. Nach einer solchen Anspannung ist die Entspannung durch Atemtechnik ideal. Die richtige **Übung** nach dem Motto ‚erst mal tief durchatmen!' ist ein erster Schritt dazu. Die meisten Menschen neigen unter Stress und Ärger dazu, nicht richtig zu atmen. Sie atmen nur in die oberen Teile der Lungen. Meist heben sich dabei die Schultern und der Bauchraum bleibt ungenutzt. Bei Stress ist es jedoch wichtig, ‚in den Bauch' hinein zu atmen. Dies hat eine entspannende Wirkung. Oftmals genügen 5-6 tiefe Atemzüge, um sich etwas vom Stress zu entfernen und sich etwas zu entspannen. Wichtig ist dabei, dass Sie sich auf die Atmung konzentrieren und alle profanen Gedanken beiseiteschieben: die sind wie Wolken, die vorüberziehen. In Ergänzung kann man auch mit der Atembremse arbeiten, d.h. den Atem kurz einzuhalten. Und Morgenstern hat Recht:

Ruhe im Innern, Ruhe im Äußern. Wieder Atem holen lernen, das
ist es.
Christian Morgenstern

Bei den meisten Entspannungsverfahren spielt die Atmung ebenfalls eine wichtige Rolle. Dass der Atem messbare Auswirkungen auf die Abläufe im Körper hat, ist wissenschaftlich belegt. Wenn wir tiefer und langsamer atmen, sinkt die Herz-frequenz, die Muskeln werden schlaffer und der Blutdruck fällt. Dahinter stecken der Sympathikus und der Parasympathikus, zwei Nervensysteme, die bestimmte Abläufe im Körper steuern. Wenn wir schnell atmen und aufgeregt sind, ist der Sympathikus aktiviert. Sind wir entspannt und atmen langsamer, kommt der Parasympathikus zum Zuge. Er ist der beruhigende Teil des vegetativen Nervensystems und sorgt dafür, dass sich die Muskeln entspannen und der Herzschlag heruntergeht.

Ich möchte noch einmal auf die gezielte Entspannung durch **sportliche Aktivitäten** oder auch durch einfache Bewegungs-Übungen eingehen. Immer geht es darum, in regelmäßigen Abständen über ein individuell festzulegendes Maß aktiv zu werden. Idealerweise hilft Ausdauersport - vor allem in der Natur - zu mehr Kondition, baut Stress und Spannungen ab und macht glücklich. Vor allem nach dem Ausdauersport werden zudem Glückshormone ausgeschüttet. Menschen, die regelmäßig Sport treiben, klagen außerdem weniger über beruflich bedingte Belastungen, fühlen sich wohler, und auch ihr Abwehrsystem ist aktiver. Es ist durchaus verständlich, dass sich eine gewisse Süchtigkeit nach den Glückshormonen entwickeln kann. Ich finde es besonders hilfreich, wenn die sportlichen Aktivitäten durch einen Gang in die Sauna ergänzt werden. Ganz grundsätzlich möchte ich Sauna-Gänge empfehlen. Sie wirken ebenfalls entspannend, druckabbauend und sind äußerst gesundheitsförderlich.

Das Leben ist wie Fahrrad fahren, um die Balance zu halten, musst du in Bewegung bleiben.
Albert Einstein

Entspannung kann auch mit Hilfe von **gezielten Entspannungsübungen** erreicht werden. Sie sind leicht zu erlernen. Dabei können neben dem autogenen Training die progressive Muskelrelaxation nach Jacobson oder gezielte Meditationsübungen sehr hilfreich sein, wenn sie regelmäßig angewendet werden. „Wer zu meditieren gelernt hat, kann mit belastenden Gedanken und Gefühlen besser umgehen", sagt die Hirnforscherin Britta Hölzel. Der Wegbereiter des autogenen Trainings ist Johannes Heinrich Schultz. Er hat erkannt, dass der Mensch durch bestimmte, leicht zu erlernende Übungen zu einer tiefen Entspannung geführt werden bzw. sich selbst in einen entspannten Zustand bringen kann. Ziel ist die seelisch-geistige Beruhigung und Ausgeglichenheit. Als Folge können Ärger und Stress-Situationen besser bewältigt werden. Zudem ist nachgewiesen, dass das Abwehrsystem verstärkt wird. Wichtige Voraussetzungen beim Erlernen sind Zeit, Ruhe und Geduld.

Die progressive Muskelentspannung nach Jacobson ist ein Verfahren, das an den willkürlichen Muskeln ansetzt und mit Hilfe einer initialen systematischen Anspannung von bestimmten Muskelpartien zu einer Entspannung des ganzen Körpers führen kann. Ich persönlich nutze das autogene Training sowie die progressive Muskelrelaxation erfolgreich und mit großer Freude. Ich kann diese ergänzenden Entspannungshilfen nur wärmstens empfehlen. Es gibt noch eine Fülle weiterer Entspannungs-Maßnahmen. Ich verweise auf die einschlägige Literatur und ergänze eine Einsicht von William James:

Anspannung ist eine Gewohnheit. Entspannen ist eine Gewohnheit. Schlechte Gewohnheiten kann man ablegen, gute Gewohnheiten bilden.
William James

Entspannung durch Freizeitaktivitäten

In einer Studie der Universität Heidelberg wurde jüngst gezeigt, dass bereits die Erwartung von Stress diesen auslöst. Dabei ist es nicht erheblich, ob es sich um eine echte oder nur um einen angenommene Stress-Situation (!) handelt.

> Zur Erwartung von Stress: Auch angenommener Stress löst Stress aus!

Das zeigt, wie wichtig frühzeitige und umfassende Stress-Intervention ist. Dabei gibt es gute und einfache Aktivitäten gegen dieses Übermaß an Energie und die körperlichen wie seelischen Belastungen dadurch. Durch Aktion können gefährliche Konsequenzen des Stresses aufgefangen und abgebaut werden.

Bei diesem Thema müssen wir auch auf **Freizeitaktivitäten** eingehen. Bei unseren Freizeitaktivitäten sind wir unser eigener Herr und können entscheiden, was wir machen oder lassen. Auch das Ausmaß unserer Aktivitäten ist individuell verschieden, wie auch die resultierende Entspannung oder die Befriedigung von Bedürfnissen.

Nicht lange, sondern genug zu leben, sei unsere Sorge.
Lucius Annaeus Seneca

In Befragungen zeigt sich, dass manche Freizeitaktivitäten beglückender sind als andere. Absoluter Spitzenreiter bei den beglückenden Anti-Stress-Aktivitäten ist Tanzen, vermutlich durch die Kombination von Bewegung und Körperkontakt. Weitere Aktivitäten, die häufig Glücksgefühle hervorrufen, sind: ehrenamtliche Tätigkeiten, Musik machen, religiös oder spirituell aktiv sein, kochen und sich mit Freunden treffen. Bei einigen der aufgezählten Freizeitaktivitäten drängt sich die Erinnerung an die Glücksmomente der Finnen und Dänen auf, von denen wir gelesen haben. Bei den entspannenden und beglückenden Freizeitaktivitäten sind auch die Ausdauersportarten zu nennen, die hervorragende Effekte erzielen und jede Menge Glückshormone freisetzen. Eine oft vergessene und dabei intensiv glücklich machende Aktivität ist das ‚Gärtnern'. Man muss nur einmal mit einem passionierten Hobby-Gärtner sprechen, um dessen Begeisterung zu hören und die positive Wirkung seiner ‚Arbeit' zu erkennen. Nicht vergessen sollte man bei den Freizeitvergnügungen das einfache Draußen-sein und das Genießen der Sonne. Für einige Menschen kann diese Aktivität völlig ausreichend sein, um sie zu beglücken.

Wenn ich im Freien bin, fühle ich mich frei und inspiriert. Die frische Luft ist wie ein Elixier für meine Seele.
John Muir

Die Befragungen haben aber auch gezeigt, welche Freizeitaktivitäten **nicht glücklich machen**. Obwohl Fernsehen eine der häufigsten Freizeitaktivitäten unserer Zeit ist, macht es nicht besonders glücklich. Am schlechtesten schneiden bei Freizeitbeschäftigungen wie ‚Politik betreiben, Radio hören und auf dem Sofa liegen' ab. Fazit der Befragungen: intrinsisch (aus sich heraus) motiviert etwas zu tun, macht Spaß und macht glücklich, besonders, wenn es dazu dient, die eigenen Möglichkeiten zu entfalten.

Ganz persönlich möchte ich eine Trias ansprechen, die zu meinen glücklich-machenden Favoriten bei der Entspannung gehört: **Sommer, Meer und Musik.** Ich betätige mich an der Nordsee im Sommer gerne sportlich, und danach genieße ich jene wunderbaren Aktivitäten: in der Sonne sitzen, Musik hören und auf das Meer schauen. Das macht mich glücklich. Da passt auch Emerson:

Lebe in der Sonne. Schwimme im Meer. Trinke die wilde Luft.
Ralph Waldo Emerson

Professor Ruut Veenhoven sammelt seit mehr als zwanzig Jahren an der Erasmus-Universität in Rotterdam alle weltweiten Glücksstudien in der ‚World Database of Happiness'. Dabei hat er einen erstaunlichen Sachzusammenhang entdeckt. Glückliche Menschen sind insgesamt aktivere Menschen, deren Selbstwertgefühl steigt, wenn sie sich gefordert fühlen. Und das macht sie in der Folge kreativer. Veenhoven stellt dazu fest: "Glückliche Menschen sind weniger ängstlich und kreativ. Weil sie sich glücklich fühlen, denken sie: 'ich kann das', und dieses Selbstbewusstsein braucht man, um kreativ zu sein."

Entschleunigung

Kommen wir von der Entspannung zur Entschleunigung. Gezielte Entschleunigung ist die gezielte Verlangsamung des Lebens oder auch einer Tätigkeit. Es ist die direkte Gegenbewegung zu dem heutigen Alltag, der immer schnelllebiger und stressiger wird. Für nichts bleibt mehr Zeit, alles muss am besten schon gestern erledigt sein und der ohnehin volle Terminkalender wird immer weiter überladen. Dieses Regime der Deadlines lässt Lebensentwürfe scheitern und führt zu einem sich immer stärker ausbreitenden Gefühl der Entfremdung.

Wir leben in einem Hamsterrad und überfordern uns stetig selbst. Durch Entschleunigung trifft man die bewusste Entscheidung, deutlich einen Gang runterzuschalten. Man zieht sich damit zeitweise aus dem täglichen Trubel zurück, konzentriert sich auf sich selbst und nimmt die Geschwindigkeit aus dem eigenen Leben. Oft erkennt man dabei, welche schneller werdenden Anforderungen und Abläufe schaden und kann diese gezielt reduzieren oder verändern. Es ist eine bewusste Verlangsamung oder Abbremsung des täglichen Lebens.

Es gibt Wichtigeres im Leben, als beständig dessen Geschwindigkeit zu erhöhen.
Mahatma Gandhi

Zur Wirkung von Entschleunigung

Entschleunigung wird oft belächelt oder gar abgelehnt. Kritiker bezeichnen sie als Zeichen von Schwäche oder mangelnder Leistungsfähigkeit. Vermutet wird von den Kritikern oft eine ‚esoterische Entgleisung'. Genau das ist es aber nicht. Vielmehr scheint es in dieser hektischen Zeit absolut sinnvoll, das eigene Leben zumindest zeitweise zu entschleunigen, da sonst früher oder später schlimme Folgen drohen können. Wer sich ständig überfordert und einem Tempo hinterherläuft, das er nicht mitzuhalten vermag, kann in eine Burn-out-Situation geraten.

Entschleunigung kann auf verschiedenen Ebenen hilfreich sein:

- Lebensqualität
Zur Ruhe kommen, tief durchatmen, den Stress und die Hektik gezielt abbauen. Entschleunigung steigert die Lebensqualität enorm. Man fühlt sich nicht ständig gehetzt und rennt nicht von einem Termin zum anderen. Das führt zu deutlich mehr Zufriedenheit mit dem eigenen Leben.

- Gesundheit
Ein zu hohes Tempo macht krank. Man verlangt oft zu viel von sich, geht über die eigenen Grenzen hinaus und muss die Konsequenzen spüren. Anfangs ist man unausgeglichen, erschöpft und müde. Dauert der Zustand an, drohen ernsthafte psychische Konsequenzen wie ein Burnout oder Depressionen.

- Motivation
Für kurze Zeit kann man einen Sprint mitmachen, doch irgendwann ist die Energie aufgebraucht. Will man langfristig die Motivation aufrecht-erhalten, muss man Phasen der Entschleunigung finden.

- Beziehungen
Bei den unzähligen Verpflichtungen und wachsenden Belastungen bleiben weder Zeit noch Energie für die Menschen, die wirklich wichtig sind. Freunde werden vernachlässigt, der Partner oder die Partnerin bekommt zu wenig Aufmerksamkeit, und irgendwann schadet das den wesentlichen Sozialkontakten. Durch mehr Zeit für sich, haben Sie auch mehr Zeit für die Personen in Ihrem Umfeld.

- Befreiung
Das Gefühl der Entschleunigung ist für viele eine regelrechte Befreiung. Es fällt Druck von den Schultern ab, die unzähligen Aufgaben rücken etwas in den Hintergrund, und man muss nicht ständig darüber nachdenken, was noch alles zu tun ist.

Wichtig scheint mir, man entkommt der Angst, etwas zu verpassen. Wer entschleunigt, vergleicht sich nicht dauerhaft mit anderen und rennt nicht jedem Trend hinterher. Das führt zu mehr Zufriedenheit und dadurch zu mehr

Dankbarkeit. Fakt ist jedenfalls: Entschleunigung ist eine aktive und gute Entscheidung.

Entschleunigung ist eine aktive Entscheidung.

Mehr zur Entschleunigung

Detox bedeutet Entgiftung und ist gleich mehrfach wichtig für die Entschleunigung. Zum einen geht es um die Ernährung. Zu oft essen wir schnell und ungesund. Wir sollten uns Zeit nehmen für die Mahlzeiten. Slow Food heißt die Gegenbewegung zum überall erhältlichen Fast Food. Zudem sollte man sich auch die Zeit nehmen für ein gemütliches Kochen und entsprechende Essensvorbereitung.

Zur Entschleunigung gehört auch Digital Detox, also die digitale Entgiftung. Man sollte Zeiten haben, in denen man gezielt auf Smartphone, Laptop oder Tablet verzichtet. Schluss mit ständiger Erreichbarkeit und dem dauerhaften Konsum der sozialen Medien. Man sollte bewusst und entschieden die Geräte einfach einmal ausschalten und sich von Anrufen oder Push-Benachrichtigungen nicht den Takt des Lebens vorgeben lassen.

Meditation ist kein esoterischer Quatsch, sondern eine gute Möglichkeit zur Entschleunigung. Man nehme sich Zeit und arbeite an innerer Ruhe, um dem stressigen Alltag zu entfliehen. Bei den zahlreichen Arten der Meditation ist für jeden etwas dabei. Letztlich ist der erste Schritt bereits getan, wenn man sich bei der Meditation entspannen und einen Gegenpol zum hektischen Alltag finden kann.

Entspannung und Entschleunigung sind aber wichtige Schritte zu weniger Stress im Leben, zu mehr innerer Ruhe und zu bewusstem Leben. Mit weniger ,Dampf im Kessel' lebt es sich leichter, man wird zufriedener, dankbarer, und damit eröffnen sich Wege zum Glücklich-sein.

Was nehme ich mit aus diesem Stichwort?

Bevor man zum Thema ‚Entspannung' kommen kann, muss es erst um Stressabbau bzw. Stress-Prophylaxe gehen. Dabei bedeutet Stressabbau immer Energieabbau. Es gilt: Aktion gegen Stress.

Stressabbau

Von der WHO wurden Stress-Ersthelfer und damit wesentliche Aktionen formuliert: Im Alltag geht es darum, Prioritäten zu setzen und Zeitdruck abzubauen. Man muss lernen, Nein zu sagen. Man braucht Ruhepausen und sollte lernen, richtig zu atmen. Zudem sollte man auf Gedanken und Worte sowie auf die Ernährung und Bewegung achten. Ergänzend darf man das Lächeln nie vergessen.

In einer Studie der Universität Heidelberg wurde jüngst gezeigt, dass bereits die Erwartung von Stress diesen auslöst. Dabei ist es nicht erheblich, ob es sich um eine echte oder um eine nur angenommene Stress-Situation handelt. Das zeigt, wie wichtig frühzeitige und umfassende Stress-Intervention ist.

Zur Entspannung kommen

Wesentliche Intervention und Aktion zu mehr Entspannung ist die richtige Atmung. Man sagt ja nach einem Stresserlebnis auch gerne: „Erst einmal richtig durchatmen!" Da steckt schon viel Hilfe drin. Entscheidend ist, dass die meisten Menschen, die gestresst oder verärgert sind, falsch und viel zu flach atmen. Die Bauchatmung ist wichtig, um zur Entspannung zu kommen. Ebenso wichtig sind für die Entspannung sportliche Aktivitäten wie zum Beispiel Ausdauersportarten. Ich finde sportliche Aktivitäten und anschließende Sauna-Gänge ein wunderbares Mittel zur Entspannung. Zudem sind Entspannungsübungen wie autogenes Training oder Jacobsen-Relaxation hervorragende Hilfen. Aber auch gezielte Freizeitaktivitäten, die für einen Menschen erfüllend sind, ihm Freude bereiten und ihn fest einbinden, helfen bei der Entspannung.

In neueren neurowissenschaftlichen Studien zum sogenannten Resting State (Ruhezustand) zeigt sich, dass unser Gehirn auch in Ruhephasen hochaktiv ist. Die Aktivierungsmuster ähneln dabei denen, die auch während sogenannter Task States zu finden sind, also in Zuständen, in denen wir mit der Lösung von Aufgaben beschäftigt sind, wie etwa bei der Arbeit. Viele Teile unseres Gehirns unterscheiden also nicht zwischen Ruhe- und Aktionsphasen. Kein Wunder, dass das Abschalten manchmal schwerfällt. Umso wichtiger wird es, Maßnahmen zu ergreifen, die zu echter und nachhaltiger Entspannung führen.

Nichts bringt uns auf unserem Weg besser voran als eine Pause.
Elizabeth Barrett Browning

Entschleunigung

Wirkliche Entschleunigung ist die gezielte Verlangsamung des Lebens oder auch einer Tätigkeit. Es ist die direkte Gegenbewegung zum Alltag, der immer schnelllebiger und stressiger wird. Für nichts bleibt mehr Zeit, alles muss am besten schon gestern erledigt sein und der ohnehin volle Terminkalender wird immer weiter überladen. Dieses Regime der Deadlines lässt Lebensentwürfe scheitern und führt zu einem sich immer stärker ausbreitenden Gefühl der Entfremdung.

Es gibt Wichtigeres im Leben, als beständig dessen Geschwindigkeit zu erhöhen.
Mahatma Gandhi

Wir leben in einem Hamsterrad und überfordern uns stetig selbst. Durch Entschleunigung trifft man die bewusste Entscheidung, deutlich einen Gang runterzuschalten. Man zieht sich damit zeitweise aus dem täglichen Trubel zurück, konzentriert sich auf sich selbst und nimmt die Geschwindigkeit aus dem eigenen Leben. Oft erkennt man dabei, welche schneller werdenden Anforderungen und Abläufe schaden, und kann diese gezielt reduzieren oder verändern. Es ist eine bewusste Verlangsamung oder Abbremsung des täglichen Lebens. Die Entschleunigung kann sich auf die Gesundheit, Motivation und auf die sozialen Beziehungen auswirken. Sie ist eine bewusste Entscheidung, die in vielen Bereichen des alltäglichen Lebens hilfreich eingreift und auf den Weg zum Glücklich-sein führt.

Stichwort: Gelassenheit

Beim Stichwort ,Entspannung und Entschleunigung' hat sich mir das Stichwort ,Gelassenheit' aufgedrängt. Schaut man in die Wortfamilie ,Gelassenheit', ergeben sich einige verwandte Begriffe, die uns in den richtigen

Sachzusammenhang führen und die es wert sind, dass man sich damit auseinandersetzt: Gemütsruhe, Gleichmut, Seelenruhe, Besonnenheit, stoische Ruhe, innere Ruhe, Unerschütterlichkeit, unerschütterlicher Gleichmut.

Gelassenheit ist die angenehmste Form des Selbstbewusstseins.
Marie Freifrau von Ebner-Eschenbach

Zur Begriffsbestimmung

Gelassenheit im Sinne von Gleichmut, Gemütsruhe oder innerer Ruhe ist primär eine innere Einstellung. Zudem ist sie die Fähigkeit, vor allem in schwierigen Situationen die Fassung oder eine unvoreingenommene Haltung zu bewahren. Sie ist das Gegenteil von Unruhe, Aufgeregtheit, Nervosität und Stress. Gelassenheit betont dabei den emotionalen Aspekt, Besonnenheit bezeichnet die überlegte, selbstbeherrschte Gelassenheit, die besonders auch in schwierigen oder heiklen Situationen den Verstand die Oberhand behalten lässt. Auch der Begriff ‚innere Ruhe' erfasst eher den rationalen Aspekt.

Es kann allerdings durchaus die Gefahr bestehen, dass Gelassenheit von manchen Menschen mit Stumpfheit, Trägheit, Gleichgültigkeit oder Fatalismus gleichgesetzt wird. Die Gelassenheit kann auch von der jeweiligen landsmannschaftlichen Verankerung her sehr verschieden interpretiert werden. Man kann sich im Zusammenhang mit der Gelassenheit sicherlich leicht darüber einigen, dass es unvernünftig erscheint, Unbeeinflussbares und Unverrückbares ändern zu wollen, zum Beispiel das Wetter oder den eigenen Tod. Gelassenheit (englisch: calmness) bedeutet dann, in sich zu ruhen und Dinge, **die man nicht ändern kann, ohne Aufregung hinzunehmen**. Sicherlich hat die Gelassenheit in verschiedenen Kulturkreisen auch unterschiedliche Ausprägungen.

Was machen gelassene Menschen?

Solvejg Hoffmann hat in einem Geo-Artikel sich mit den Dingen beschäftigt, die gelassene Menschen anders machen. Sie hat dabei vieles aufgegriffen, was wir bereits in anderen Stichworten festgehalten haben. Diese Wiederholung soll zur Festigung und Verankerung dienen.

> Gelassenheit ist eine souveräne Lebenseinstellung.
> .

Frau Hoffmann macht gleich zu Beginn klar, dass Gelassenheit kein flüchtiger Zustand ist, sondern eine souveräne Lebenseinstellung. Manche Menschen scheinen diese mehr verinnerlicht zu haben als andere. Was also machen gelassene Menschen? Ich bin sicher, einige Punkte der Aufzählung werden den gewogenen Lesern bekannt vorkommen – wen wundert das?

- Perfektionismus vermeiden

Wer im Job, im Haushalt oder beim Sport immer Bestleistungen bringen will, läuft Gefahr, sich auf Dauer zu überfordern. Denn kein Mensch ist dazu in der Lage, ständig alles perfekt zu machen. Ein stets angestrebter Perfektionismus

setzt unter Druck und kann auf Dauer nur zu Frust und Unzufriedenheit führen. Perfektionismus ist ein echter Gelassenheitskiller. Schließlich ist in der Realität nichts perfekt. Je höher der jeweilige Anspruch ist, umso mehr Ärger entsteht, wenn etwas nicht perfekt klappt. Es reicht völlig aus, wenn eine Aufgabe gut erledigt ist. Dabei erscheint es wichtig, sich die positiven Ergebnisse vor Augen zu führen, anstatt sich mit den Details zu beschäftigen, die nicht perfekt waren. Wer Aufgaben gelassener angeht und im Vorfeld schon den Druck wegnimmt, wird deutlich froher und zufriedener mit der Erledigung leben können.

Gelassen sein basiert auf Seinlassen.
Robert Frey

- Regelmäßig in die Natur gehen

Fragt man Menschen, wo sie sich besonders gut entspannen können, hört man immer wieder: draußen in der Natur. Ganz offensichtlich hat dieses natürliche Umfeld einen entspannenden Effekt auf unser Gehirn. Besonders die natürlichen Geräusche wie Vogelgezwitscher oder Meeresrauschen bauen Stress ab. Das konnte man in wissenschaftlichen Untersuchungen nachweisen.

Bereits im Stichwort ‚Entspannung' wurde deutlich, dass dieser Effekt deutlicher und nachhaltiger wird, wenn man ihn mit Bewegung verknüpft. Egal ob Spaziergang oder sportliche Aktivität, die Bewegung ist hilfreich für Körper und Geist. Und selbstverständlich kann auch die Gelassenheit gestärkt werden. Gestresst? Man gehe am besten sofort raus an die frische Luft. Bereits 30 Minuten in der Natur senken einer aktuellen Studie zufolge den Stresslevel. Der Cortisolspiegel sinkt in diesem Zeitraum um bis zu 20 Prozent.

- Ruhepausen in den Alltag einbauen

Wer ständig unter Strom steht und von einer Aufgabe zur nächsten hastet, hat für Pausen keine Zeit. Ein solches Hasten und Hetzen ist Gift für gelebte Gelassenheit. Im Alltag sind regelmäßige Pausen enorm wichtig. Dazu können Routinen hilfreich sein, die man sich zur Unterbrechung der Hetze zulegt, wie zum Beispiel das kurze Öffnen des Fensters für frische Luft oder die kurze Teepause.

Gelassenheit ist die Kunst, auszuruhen, bevor man müde ist.
Philipp Otto Runge

Gelassenheit beginnt damit, wie wir über das Leben denken. Mit den richtigen Gedanken kann sich Ruhe in Sekunden einstellen, glauben einige Experten auch heute. Eine ergänzende Übung hat bereits der römische Philosoph Seneca empfohlen: die abendliche Reflexion. Ähnlich wie bei den Dankbarkeitsübungen sollte man den vergangenen Tag Revue passieren lassen und sich fragen, in welcher Situation man heute gern gelassener gewesen wäre. Wem es gelingt, diese Selbstreflexion über einen etwas längeren Zeitraum aufrechtzuerhalten, kann seine Gelassenheit deutlich verbessern.

- Nein sagen

Auch bei der Entwicklung von Gelassenheit ist es wichtig, öfters einmal Nein zu sagen. Es gibt so viele Menschen, die alles selbst erledigen wollen, die nicht abgeben können oder wollen. Deshalb werden sie auch nie Nein sagen, wenn eine Aufgabe ruft oder sie um Hilfe gebeten werden. Als Ergebnis drohen Frust, Überlastung oder sogar Burnout. Man achte mehr auf sich und verteidige seine persönlichen Grenzen rechtzeitig, bevor die eigene Gelassenheit dahin ist. Das hat wenig mit Egoismus zu tun, sondern vielmehr mit Selbstliebe und Selbstfürsorge. Die Gelassenheit muss indessen immer wieder geübt und erprobt werden. Dann kann man erleben, dass sich so manches auch ohne eigenes Zutun zum Guten wendet und man es dann mit Gelassenheit hinnehmen kann.

- Dankbar sein

Auch dies ist ein Punkt, der in vielen Bereichen hilft. Es gilt immer wieder: Dankbarkeit kann eine sehr hilfreiche Kraft sein. Das gilt auch für die Gelassenheit. Entscheidend ist, dass es im Alltag gelingt, vieles nicht selbstverständlich zu nehmen. Dankbarkeit muss man üben. Ich verweise auf das entsprechende Stichwort. Aber hier in diesen Zusammenhang gilt, dass durch Dankbarkeit sich auch die Gelassenheit verbessert.

Nimm jeden Tag so, wie er kommt. Du kannst es eh nicht ändern!
Steffen Albers

Ziel könnte eine heitere Gelassenheit sein

Vielleicht sollte ich im Zusammenhang mit dem Stichwort ‚Gelassenheit‘ auch kurz auf den Begriff ‚**Serenitas**‘ eingehen. Das Wort kommt aus dem Lateinischen und bedeutet auf den Menschen angewandt: Heiterkeit und Gemütsruhe. Experten sprechen gerne vom Zustand einer ‚heiteren Gelassenheit‘.

Lebe dein Leben mit einer Grundstimmung der gelassenen Heiterkeit.
Diese Heiterkeit ist höchste Erkenntnis und Liebe, ist Bejahen der
Wirklichkeit, Wachsein am Rand aller Tiefen und Abgründe.
Hermann Hesse

Eine Einstellung mit einem Mehr an Gemütsruhe und Ausgeglichenheit in angenehmer, lebensfroher Haltung wäre ähnlich - wie die bereits angesprochene bejahende Grundhaltung - eine wunderbare Voraussetzung, um sich zufrieden(er) und vielleicht glücklich(er) zu fühlen. Danach, zu streben oder gegebenenfalls sogar dafür (mit sich selbst) zu kämpfen, lohnt sich.

Ich finde den Begriff der ‚heiteren Gelassenheit‘ und die entsprechende Grundstimmung hilfreich und gut. Deshalb will ich auch kurz ein wenig mehr darauf eingehen. Im Internet finde ich dazu von Gabriela Voß ‚10 Praxistipps für heitere Gelassenheit‘.

Gabriela Voß regt an, sich selbst und anderen ein Lächeln zu schenken. Auch einen unbekannten Menschen kann man durchaus zunächst erst einmal grundsätzlich anlächeln. Das Lächeln kommt oft zurück. Dann empfiehlt Frau Voß Atempausen über den Tag verteilt. Sie scheinen wesentlich und hilfreich für ein

Mehr an Gelassenheit. Zudem helfen sie, immer mal wieder Abstand zum Alltag zu gewinnen. Weiter sollte man sich selbst mindestens einmal am Tag einen guten Gedanken gönnen. Vielleicht sollte man sogar eine ausgefallene Idee verfolgen und sie auch durchziehen. Zudem sollte man nicht zu streng mit sich selbst sein und sich Fehler rasch verzeihen sowie Perfektionismus vermeiden. Am Abend sollte man den Tag Revue passieren lassen, dankbar sein und die angenehmen Ereignisse, bei denen man Gelassenheit zeigte, besonders würdigen.

> *Mögest Du Ruhe finden, wenn der Tag sich neigt und Deine Gedanken noch einmal die Orte aufsuchen, an denen Du heute Gutes erfahren hast. Auf dass die Erinnerung Dich wärmt und gute Tage Deinen Schlaf begleiten.*
> **Irisches Sprichwort**

Beim Recherchieren zum Begriff der ‚heiteren Gelassenheit' stößt man auf viele Literaturstellen aus dem asiatischen Denkraum. Aus allen Quellen wird sehr deutlich, dass eine solche souveräne Lebenseinstellung nicht einfach zu erlangen ist. Immer wieder ist zu lesen, dass man als Grundlage für Gelassenheit ausreichend Abstand zum (stressigen) Alltag finden sollte. Hetze, Getrieben-sein und ständige Erreichbarkeit bzw. digitale Überflutung sind dabei kontraproduktiv. Gelassenheit bedeutet dann, zu sich zu finden und dem äußeren Druck nicht nachzugeben. Das beginnt vielleicht mit einer echten Verschnaufpause. Dabei kann es sehr hilfreich sein, sich auf den eigenen Atem zu konzentrieren und mit einfachen Atemübungen Ruhe zu finden. Ergänzend sollte man versuchen, durch Bewegung an der frischen Luft mit Konzentration auf die Umwelt, Geräusche, Gerüche und die Natur zu sich zu finden. Um die Gelassenheit zu verbessern kann, ein ganz wesentlicher Schritt sein, Entspannungsübungen oder Meditationen einzusetzen. Solche Hilfen haben sich als sehr erfolgreich herausgestellt. Ich verweise auf das vorherige Stichwort ‚Entspannung'. Und immer wieder ist es wichtig, die Stille zu genießen und lächelnd im Nichtstun und Schweigen Ruhe zu finden. Vielleicht ist das eine Anregung.

> *Ein Hauptstudium der Jugend sollte sein, die Einsamkeit ertragen lernen, weil sie eine Quelle des Glücks und der Gemütsruhe ist.*
> **Arthur Schopenhauer**

In der einschlägigen Literatur wird ergänzend darauf hingewiesen, wie wichtig die Suche nach Abstand, Ausgeglichenheit sowie Freundlichkeit zu sich und anderen ist. Gelassenheit bedeutet ja auch Gleichmut, innere Ruhe oder Gemütsruhe und ist eine erstrebenswerte und wertvolle innere Einstellung sowie die Fähigkeit, vor allem in schwierigen Situationen die Fassung oder eine unvoreingenommene Haltung zu bewahren. Leicht ist dies allerdings keinesfalls.

> *Von der Gelassenheit bis zur gelassenen Heiterkeit ist noch ein weiter Weg.*
> **Deutsches Sprichwort**

Und was noch zur Gelassenheit gehört

Gelassenheit kann übrigens auch bedeuten, gelegentlich aufzuhören mit der ewigen Suche nach dem Sinn des Lebens. Einfach das Beste aus dem Tag zu machen und dankbar zu sein für das, was ist, kann auch Frieden, Befriedigung und innere Ruhe bringen. Experten machen deutlich, dass der Mensch sich ja entscheiden kann, wie er mit Gefühlen umgeht und ob er sich etwa von Wut, Neid oder Ängsten überwältigen lässt. Wenn einen etwas kränkt oder erzürnt, kann man wieder Souveränität und Gelassenheit gewinnen, indem man erst einmal durchatmet, innehält und überlegt, wie es weitergehen soll. Zwischen Reiz und Reaktion muss man sich Raum verschaffen und Zeit gewinnen. Mit diesem Zeitgewinn eröffnet man sich die Chance, auf verschiedene Weise zu reagieren und ruhig die ureigene, persönliche Haltung zu wählen, um dann - gegenüber sonstigem Verhalten - erstaunlich gelassener zu reagieren. Es ist es wert, dies intensiv zu erproben. Es sollte ein lohnendes Zwischen-Ziel sein auf dem Weg zu Zufriedenheit und zum Glücklich-sein. Der folgende Sinnspruch ist eine sehr hilfreiche Aufforderung.

> *Die schönsten Erinnerungen sind stets Erlebnisse, für die man sich Zeit genommen hat. Ich weiß genau, dass ich immer durchs Leben gehetzt bin, zu viel Ungeduld und Rastlosigkeit im Gepäck gehabt, zu viele wertvolle Menschen im aufgewirbelten Staub übersehen habe.*
> **Charles Kuralt**

Der Kirchturm-Blick

Ich möchte an dieser Stelle noch einen ergänzenden Gedanken einbringen. Es geht um den von mir für wichtig gehaltenen ‚Kirchturm-Blick'. Was bedeutet er? In vielen hektischen und kritischen Momenten gilt der Rat, erst einmal kurz durchzuatmen. Ich gehe einen Schritt weiter. Oft lohnt es sich, die Situation für einen Moment zu verlassen. Wenn es geht, sollte das gleich passieren oder zumindest im Zeitkontext nach einer gewissen Zeit für das Abstand-gewinnen (oder spätestens mit Abstand am Abend). Man sollte die Situation von oben, quasi vom Kirchturm aus betrachten. Diese Perspektive ‚des Abstandes' hilft, klarer und emotionsloser zu bewerten und zu urteilen. Oft ergeben sich andere Blickwinkel und eine andere Perspektive. Vieles wird weniger hochgekocht und manches als unwichtig erkannt. Ein solcher Perspektiv-Wechsel kann sehr hilfreich sein, um (wieder) ausreichend handlungsfähig zu sein. Gerade im Zusammenhang mit stressigen und kritisch empfundenen Sachverhalten ist eine solche veränderte Perspektive nicht leicht zu erreichen, aber oft sehr notwendig, um wieder zur Fassung oder zur Gelassenheit zurückzufinden. Es gibt sicherlich etliche Fälle, in denen es notwendig ist, erst einmal ‚Dampf abzulassen', ‚herunterzukochen' oder diesen stressigen Moment einfach zu überstehen. Später, mit etwas zeitlichem Abstand und nach einem für manchen erforderlichen Stress-Abbau, kann dann jener Kirchturm-Blick auch zielführend und erfolgsversprechend sein.

Den besten Überblick verschafft man sich durch Abstand.
Christian Lenz

Immer aber geht es darum, diesen als störend, hektisch und stressig empfundenen Moment aufzuarbeiten, ihn zu relativieren und so zu einer anderen, ruhigeren und entspannteren Einstellung zu finden. Das Ziel sollte ein Mehr an Entschleunigung und eine (möglichst heitere) Gelassenheit sein.

Was nehme ich mit aus diesem Stichwort?

Im Psychologie Lexikon schreibt Stangl 2024: Als Gelassenheit, Gleichmut, innere Ruhe, Gemütsruhe oder moderner als Coolness bezeichnet man die Fähigkeit von Menschen, auch in schwierigen Situationen ihre Fassung und Haltung nicht zu verlieren. Gelassenheit bildet damit das Gegenteil von Unruhe, Aufgeregtheit, Nervosität bzw. Stress. Gelassenheit ist die Fähigkeit, das persönliche Maß zu erkennen und so in jeder Situation eine angemessene Reaktion und Handlung zu finden, ohne dabei emotionale Energien zu verschwenden. Gelassene Menschen verschwenden ihre Zeit nicht mit Ängsten und Grübeleien, die ihr inneres Gleichgewicht stören. Gelassenheit hilft Menschen in vielen Situationen auch, das Wichtige zu erkennen und zu tun bzw. das Unwichtige beiseite zu lassen und keine Anstrengung darauf zu verwenden.

Warum Gelassenheit?

Warum ist es so wichtig, immer wieder an der Gelassenheit zu arbeiten?

- Entspannterer Umgang mit Stress: Der Stress-Abbau geht schneller.
- Schwere Entscheidungen fallen leichter.
- Äußere Einflüsse erschüttern weniger.
- Der Umgang mit Schicksalsschlägen verbessert sich.
- Man ist körperlich und seelisch ausgeglichener.
- Durch Studien ist belegt: Man lebt länger.

Wenn etwas im Alltag schief geht, ist im ersten Schritt Nüchternheit gefragt. Man muss sich eingestehen, dass man manche Dinge einfach nicht kontrollieren kann. Wenn eine aktuelle Situation nicht verändert werden kann, dann ist Gelassenheit gefragt. Und die ist allemal besser als Verärgerung und Wut. Es gilt: ‚Es ist, wie es ist'. Manche Umstände lassen sich nicht ändern. Gelassenheit vermag in solchen Momenten wie eine innere Notbremse zu wirken. So fällt es leichter, nicht auf jeden äußeren Reiz gleich stark zu reagieren, die Dinge einfach mal hinzunehmen und überlegt mit einer Herausforderung umzugehen.

> *Lebe dein Leben mit einer Grundstimmung der gelassenen Heiterkeit.*
> *Diese Heiterkeit ist höchste Erkenntnis und Liebe, ist Bejahen der*
> *Wirklichkeit, Wachsein am Rand aller Tiefen und Abgründe.*
> ***Hermann Hesse***

Wenn man merkt, dass man reflexartig mit innerer Anspannung reagiert, dann sollte man einen Schritt zurücktreten. Gelassenheit hat viel damit zu tun, Automatismen zu durchbrechen und sich nicht reflexartig in negative Gedankenspiralen zu begeben. Ob man Stress hat oder nicht, hängt ganz entscheidend von einem selbst ab. Man muss versuchen, genug Abstand zu gewinnen, bevor einen die Gefühle übermannen können.

Wichtig: Gelassenheit hat nichts damit zu tun, die eigenen natürlichen Impulse oder Gefühle zu unterdrücken. Sicherlich nimmt man trotzdem Angst, Unsicherheit oder Ärger wahr, kann diese Emotionen aber anschließend schneller in den Griff bekommen. Die eigenen Stress-Reaktionen zu reflektieren und zu beobachten, ist die beste Methode, um die eigene Gelassenheit zu trainieren. Vor allem wird einem bewusst, dass man letztendlich Kontrolle und Verantwortung für sich selbst übernehmen muss.

Nimm jeden Tag so, wie er kommt. Du kannst es eh nicht ändern.
Steffen Albers

Meinungsverschiedenheiten, Probleme und Herausforderungen lassen sich nicht eliminieren. Ganz im Gegenteil, wahrscheinlich wird man sein Leben lang mit schwierigen Situationen konfrontiert werden. Wenn man lernt, den Fokus bewusst auf das Hier und Jetzt zu lenken und einen Abstand entstehen zu lassen, wird man aber immer seltener den Teufel an die Wand malen. So wird man offener für kreative Lösungsansätze und entspannter, wenn es darum geht, eine Situation einfach so anzunehmen, wie sie ist.

> Mit Gelassenheit zu mehr Akzeptanz im Leben

Niemand kann immer und überall gelassen wie ein Guru reagieren. Gelassenheit bringt aber mehr Akzeptanz in unser Leben. Gelassenheit hilft, positive sowie negative Umstände zu akzeptieren, ohne alles verstehen zu wollen. So wird man offener für Kompromisse, übt sich in der Selbstbeobachtung und kann vor allem auch einfach etwas geschehen lassen.

Gelassenheit ist eine souveräne Lebenseinstellung. Eine solche grundsätzliche Einstellung mit einem Mehr an Gemütsruhe und Ausgeglichenheit in angenehmer, lebensfroher Haltung wäre - ähnlich wie die bereits angesprochene bejahende Grundhaltung - eine wunderbare Voraussetzung, um sich zufrieden(er) und vielleicht glücklich(er) zu fühlen. Es lohnt sich, danach zu streben oder gegebenenfalls sogar dafür (mit sich selbst) zu kämpfen. Mein Ziel bleibt: ich suche nach Wegen zum Glücklich-sein.

Stichwort: Zuversicht

Ich habe mich jetzt mit der Gelassenheit auseinandergesetzt. Nicht weit weg von jener Gemütsruhe, inneren Ruhe und Ausgeglichenheit ist der Umgang mit Zukunftsperspektiven. Und da sind wir beim Stichwort ‚Zuversicht'. Das ist ein typisches Beispiel dafür, dass ein Ausdruck aus dem ‚älteren Sprachgebrauch' etwas gut, vielleicht sogar besser beschreiben kann als Worte aus dem ‚aktuellen' Sprachgebrauch. Es ist schade, dass die Zuversicht heutzutage viel zu wenig genutzt wird. Und nach einiger Beschäftigung mit dem Stichwort und dem, was dahintersteckt, habe ich festgestellt, dass die Zuversicht wert ist, als Stichwort behandelt zu werden.

Was bedeutet Zuversicht?

Ich beschäftige mich erst einmal mit dem Wort selbst. Es leitet sich ab vom althochdeutschen ‚zuofirsiht'. Übersetzt bedeutet es: ehrfurchtsvolles Aufschauen, Hoffen. Daraus wird das mittelhochdeutsche ‚zuoversiht'. In diesem Wort stecken die Sicht als Fähigkeit zu sehen sowie Sehweite, Ausblick, Betrachtungsweise. Wikipedia hilft bei der Bedeutung: Zuversicht bedeutet festes Vertrauen auf etwas, was gut ist, und die Erwartung auf die Erfüllung bestimmter Wünsche und Hoffnungen. Zuversichts-Experte Ulrich Schnabel stellt zur Abgrenzung fest: „Optimismus ist passiv, Zuversicht ist aktiv."

> Optimismus ist passiv, Zuversicht ist aktiv.

In seinem Buch ‚Zuversicht: Wie wir in Krisenzeiten die innere Freiheit bewahren' erzählt Schnabel von Menschen, die selbst unter schwierigsten äußeren Bedingungen den Lebensmut nicht verloren. Es geht um jene Art von Zuversicht, die sich keine Illusionen über den Ernst der Lage macht und die dennoch in die Lage versetzt, der Angst zu trotzen und jene Spielräume zu nutzen, die sich auftun.

Plane zielbewusst, bereite glaubend vor, schreite zuversichtlich voran, verfolge beharrlich dein Ziel.
Adolphus William Ward

Manche Wissenschaftler definieren Optimismus lediglich als den Glauben an eine positive Zukunft. Zuversicht hingegen soll verstanden werden als ein positiv auf die Zukunft gerichtetes Denken und aktives Vorgehen. Das Denken bezieht sich auf die Erreichbarkeit von Zielen, nutzt dafür hilfreiche Erfahrungen aus der Vergangenheit und greift unterschiedliche Handlungsmöglichkeiten auf, um diese Ziele zu erreichen.

Der Lauf der Dinge lehrt uns allenthalben Zuversicht.
Ralph Waldo Emerson

Laut dem Psychologen Charles Richard Snyder, einem Vertreter der Positiven Psychologie, kommt dann noch die Qualität ‚Hoffnung' hinzu. Das führt nach Snyder dazu, dass hoffnungsvolle Denker mehr erreichen und körperlich sowie psychisch gesünder sind als weniger hoffnungsvolle Menschen.

> Zuversicht ist eine innere Kraft.

Zuversicht wird oft auch als ‚innere Kraft' bezeichnet. Diese Kraft bestärkt uns, mit Vertrauen in die eigenen Fähigkeiten einen neuen Weg einzuschlagen oder weiterzugehen und an dem konsequent dranzubleiben, was wir begonnen haben. Es ist eine Kraft, die an das Morgen glaubt und auf die eigenen Fähigkeiten vertraut. Der Zuversichtliche ist sachlich, schätzt Situationen realistisch ein und erkennt mögliche Schwierigkeiten. Er sucht sich seine Spielräume auch in nahezu aussichtslosen Konstellationen. Die Treiber der Zuversicht sind dabei Sinnhaftigkeit und die Überzeugung, das Richtige zu tun. Und selbstverständlich zählen da die eigenen Erfahrungen. Welche Situationen hat man bereits gemeistert? Was ist gut gelaufen? Wann sah die Situation in der Vergangenheit aussichtslos aus und hat sich dennoch eine Lösung ergeben? Menschen aus dem eigenen Umfeld, denen in schwierigen Situationen Lösungen gelungen sind, können Beispiele geben und als Vorbilder helfen. Man kann von deren Erfahrungen und deren Lösungsstrategien lernen. Das nährt die Zuversicht.

Und wie ist das mit Zuversicht bei Krankheiten? Bei Krankheiten muss man erst einmal ganz realistisch die Situation einschätzen. Man muss in aller Regel Krankheiten erst einmal annehmen. Je mehr man dagegen ankämpft und damit hadert, desto mehr sinken die Abwehrkräfte. Dann gilt es, systematisch und mit hoffnungsvollen und zuversichtlichen Gedanken nach Lösungswegen zu suchen. Oft hilft es auch, den Sinn für die Erkrankung zu erkennen.

> *Erwarte nie Krankheit oder Schmerzen für morgen, mögen Krankheit oder Schmerzen heute noch so arg gewesen sein, für morgen erwarte nur Kraft.*
> **Prentice Mulford**

Zuversicht und Glücklich-sein

Der bereits oben erwähnte Zuversichts-Experte Ulrich Schnabel hat sich in einem Spiegel-Artikel mit dem Titel ‚Glücklich durch Zuversicht' genau mit unserem Thema und den Zusammenhängen zwischen der Qualität ‚Zuversicht' und ‚Glücklich-sein' auseinandergesetzt. Schnabel hält fest, dass uns Deutschen im Hinblick auf die Zukunft oft eine gewisse Antriebsenergie fehlt. Basis sollte indessen kein rosaroter Optimismus, sondern eine illusionslose Haltung sein, aufgrund derer man sich trotz aller Probleme nicht entmutigen lässt. Da drängt sich der Begriff ‚Zuversicht' auf, der sich im Laufe der Zeit erweitert hat. Es sei, so Schnabel, nicht nur eine gewisse Voraussicht auf die Zukunft beschrieben, sondern auch eine eher positive Erwartung für eine gestaltbare Zukunft gemeint.

> *Mit der Einsicht steigt die Zuversicht.*
> **Max Dauthendey**

So ist Handeln also nicht von der Hoffnung auf einen guten Ausgang getragen, sondern von der Überzeugung, dass es richtig ist, sich so zu engagieren. Diese Art von innerer Stärke hat der tschechische Menschenrechtler Vaclav Havel einmal so auf den Punkt gebracht: "Hoffnung ist nicht die Überzeugung, dass etwas gut ausgeht, sondern die Gewissheit, dass etwas Sinn hat, egal wie es ausgeht." Besonders in schwierigen Lagen, in denen ein Erfolg des Handelns eher

aussichtslos scheint, ist dieses Vertrauen auf den Sinn des Handelns als dem elnzig gangbaren Weg sehr wichtig. Man spricht auch von einer realistischen Erwartung. In einer solchen Situation bedeutet Zuversicht haben, den Ernst der

Lage zu erkennen und dann dennoch gezielt die Spielräume zu nutzen, die sich anbieten. Dazu zitiert Schnabel den an ALS erkrankten und verstorbenen Astrophysiker Stephen Hawking. Der hatte 2011 in einem Interview mit der ‚New York Times' klar festgestellt: „Meiner Meinung nach sollten sich behinderte Menschen auf die Dinge konzentrieren, die ihnen möglich sind, statt solchen hinterher zu trauern, die ihnen nicht möglich sind."

Zuversicht ist Einsicht auf Aussicht.

Ernst Ferstl

Wer nur den äußeren Erfolg im Blick hat, gibt leicht frustriert auf, wenn die Dinge nicht so laufen wie erhofft. Wer seiner inneren Überzeugung folgt, bleibt auch angesichts von Widerständen stabil. Schnabel verweist dazu auf die amerikanischen Wirtschaftswissenschaftler Manju Puri und David Robinson und deren Daten aus dem amerikanischen ‚Survey of Consumer Finances': Positiv eingestellte Menschen, die Puri und Robinson als ‚moderate Optimisten' einstufen, arbeiten in der Regel länger, sparen mehr, rauchen weniger und achten mehr auf ihre Gesundheit. Das führt dazu, dass sie eine höhere begründete Aussicht auf beruflichen Erfolg und langes Leben haben.

Perspektiven durch Zuversicht

Von den zukünftigen Erwartungen

Im Zusammenhang mit der Zuversicht verweist Schnabel auf medizinische Untersuchungen zum bekannten ‚**Placebo-Effekt**': Wer offen für eine Wirkung ist und positive Erwartungen hegt, aktiviert unbewusst Selbstheilungskräfte, die nachweislich bei der Bewältigung von Krankheiten helfen. Bei Patienten, die eine bewusste positive Erwartung an ein verabreichtes Medikament haben, wirkt dieses im Durchschnitt besser als bei Patienten, die keine positive Wirksamkeitserwartung haben. Die gilt auch für Schein-Medikamente (Placebos). Untersuchungen belegen die erstaunliche Kraft der Erwartungen. Selbstverständlich sind wir damit wieder einmal bei der ‚selbsterfüllenden Prophezeiung' (engl. self-fulfilling prophecy). Sie ist eine Vorhersage, die ihre Erfüllung selbst bewirkt. Eine Prognose über eine mögliche Zukunft hat also einen entscheidenden Einfluss und ist die wesentliche Ursache dafür, dass diese Zukunft auch eintritt. Hoffnung mobilisiert deshalb die Selbstheilungskräfte unseres Körpers. Und bereits eine positive Erwartungshaltung führt zu realen und messbaren positiven Veränderungen im Körper. Die Wissenschaftler machen uns zudem Mut, wenn sie festhalten: Überstandene Krisen machen uns zuversichtlicher.

> Überstandene Krisen machen uns zuversichtlicher.

Leider passiert auch das Gegenteil. Erfahrene Psychotherapeuten berichten in den letzten Jahren von sogenannten ‚Treibhauskindern'. Darunter versteht man Menschen, denen es in ihrer Kindheit psychisch, sozial, materiell an nichts gefehlt hat, die aber im Erwachsenenalter anfällig für Krisen zu sein scheinen. ‚Helikopter-Mütter' haben ihnen alle Schwierigkeiten aus dem Weg geräumt. Dabei wäre es wichtig gewesen, schon frühzeitig aus überstandenen Krisen, aus bewältigten Schwierigkeiten praktische Erfahrungen zu sammeln und Kräfte zu schöpfen. Damit können entscheidende Grundlagen für Zuversicht geschaffen werden. Wir müssen lernen, mit Schwierigkeiten umzugehen, uns klar machen, welche Ressourcen hilfreich waren, was wir aus solchen Erfahrungen gelernt haben. Zudem lernen wir, welche Schritte hilfreich waren und was wir zur Lösung von großen und kleinen Krisen in Kauf nehmen mussten.

Umgang mit Realismus

Da geht es auch um den Umgang mit dem Realismus. Denn er ist immer rückwärts orientiert und bezieht sich nur auf Erfahrungen aus vergangenen Entwicklungen, niemals auf zukünftige. Zudem ist Fakt, dass der Realist nur jene Fakten in sein Kalkül einbezieht, die ihm bewusst sind und die er auch eindeutig benennen kann. Was ihm entgeht, sind die scheinbar nebensächlichen Details und unbestimmten Stimmungen, die ‚Bauchentscheidungen', die sich überraschenderweise oft als ausschlaggebende Beeinflussung zukünftiger Entwicklungen erweisen können. Deshalb liegen selbst die größten Realisten oft so fürchterlich falsch bei der Beurteilung der Zukunft.

> *Realismus ist die künstlerische Wiedergabe (nicht das bloße Abschreiben) des Lebens.*
> **Theodor Fontane**

Der Wirtschaftsnobelpreisträger Daniel Kahneman hat einmal gesagt: „Ein Rezept für ein unglückliches Erwachsenenalter besteht darin, Ziele festzusetzen, die besonders schwer zu erreichen sind." Es bedarf realistischer Ziele, vielleicht sogar leichter erreichbarer Zwischenziele. Warum? Erreichte Zwischenziele bringen Erfahrungen von kleinen Erfolgen, setzen Kräfte frei, vermitteln einen Glauben an Machbarkeiten, bringen Sicherheit ins Handeln und verschaffen Zuversicht für zukünftige Entwicklungen. Und sie setzen in unserem Gehirn einen Schuss Dopamin und andere Glücksbotenstoffe frei, d.h. sie machen glücklich.

Die Vorsicht geht zu sacht, die Zuversicht zu keck.
Vorsicht, mit Zuversicht vereint, gelangt zum Zweck.
Friedrich Rückert

Was nehme ich mit aus dem Stichwort?

Manche Wissenschaftler definieren Optimismus lediglich als den Glauben an eine positive Zukunft. Zuversicht hingegen soll verstanden werden als ein positiv auf die Zukunft gerichtetes Denken und aktives Vorgehen. Das Denken bezieht sich auf die Erreichbarkeit von Zielen, nutzt dafür hilfreiche Erfahrungen aus der Vergangenheit und greift unterschiedliche Handlungsmöglichkeiten auf, um diese Ziele zu erreichen.

Optionen gezielt nutzen

Zuversicht ist auch eine positive Sichtweise, die uns hilft, besser mit schwierigen Situationen umzugehen. Es ist das Vertrauen darauf, dass Ziele erreicht werden, Wünsche in Erfüllung gehen und Hoffnungen wahr werden können. Zuversicht kann ausgelöst werden durch ein Umfeld, das optimistische oder positive Gedanken auslöst, auf eigene Erfahrungen zurückgreift und auf die Erkenntnis, dass auch schwierige Situationen gemeistert werden können. Voraussetzungen sind Vertrauen auf die eigenen Fähigkeiten und ein gestandenes Selbstwertgefühl. Zuversicht ist somit in vielen Fällen eine aktive Entscheidung. Zuversicht ist die feste innere Überzeugung, dass Dinge sich positiv entwickeln. Es ist das Vertrauen darauf, dass Ziele erreicht werden, Wünsche in Erfüllung gehen und Hoffnungen wahr werden. Synonym wird von Glauben,

Gottvertrauen, Optimismus, Lebensfreunde oder Lebensmut gesprochen. Zuversichtliche Menschen denken grundsätzlich positiv und gehen vom Besten aus.

Zuversichtliche sind meist ebenso Realisten. Sie reflektieren und kalkulieren Risiken und sich den Problemen bewusst. Zuversicht beinhaltet aber auch den Mut, trotz Herausforderungen positiv und handlungsfähig zu bleiben. Die Grundannahme ist nur der gute Ausgang.

Voraussetzungen für Zuversicht

Zuversicht ist vor allem innere Einstellung und Attitüde. Zwei Eigenschaften sind dafür wesentliche Voraussetzungen:

- Vertrauen
  Und zwar ein tief verwurzeltes Vertrauen darauf, dass sich die Dinge schon so entwickeln werden, wie man es sich erhofft oder wünscht, unabhängig von noch so widrigen Umständen oder dem eigenen Tun und Können.
- Selbstvertrauen
  Der Zuversichtliche ist davon überzeugt, selbst einen wirksamen Beitrag leisten und die Situation meistern zu können. Er hat das Selbstbewusstsein, die Entwicklung entsprechend beeinflussen zu können und nicht nur den Umständen ausgeliefert zu sein.

Menschen mit Zuversicht schaffen oft eine selbsterfüllende Prophezeiung. Weil Sie daran glauben, dass sie es schaffen - schaffen sie es wirklich. Sie überwinden Zweifel und Skepsis.

Vorteile der Zuversicht

Wissenschaftler zeigen immer wieder: Mit Zuversicht und Hoffnung tut man sich selbst (und anderen) den größeren Gefallen.

Vollständige Sorglosigkeit und eine unerschütterliche Zuversicht sind das Wesentliche eines glücklichen Lebens.
Lucius Annaeus Seneca.

Hinzu kommen weitere Vorteile der Zuversicht:

- **Resilienz**

  Eine zuversichtliche Denkweise hilft Ihnen dabei, Schicksalsschläge leichter und schneller zu überwinden und den Lebemsmut nicht zu verlieren (siehe: Resilienz). Auch erkranken Optimisten seltener an Depressionen.

- **Gesundheit**

  Der Glaube an die eigene Zukunft wirkt positiv auf den Körper und aktiviert die Selbstheilungskräfte: Die Immunabwehr von Optimisten funktioniert nachweislich besser, sie spüren Schmerzen weniger stark und erholen sich schneller von Operationen, was unter anderem Experimente mit Placebos und Nocebos belegen.

- **Freunde**

  Die positive Sichtweise sorgt dafür, dass Zuversichtliche im Durchschnitt ein größeres soziales Netzwerk haben als Pessimisten. Wir umgeben uns einfach gerne mit Menschen, die dem eigenen Leben und der Zukunft zuversichtlich entgegensehen.

Zuversicht und Optimismus sind eine enorme Kraftquelle für Seele, Körper und Psyche. Zuversicht ist eine positive Sichtweise und Einstellung, die uns hilft, besser mit schwierigen Situationen umzugehen. Zuversicht kann ausgelöst werden durch ein Umfeld, das optimistische oder positive Gedanken auslöst, eigene Erfahrungen, die zur Erkenntnis führen, dass auch schwierige Situationen gemeistert werden können, einem hohen Selbstvertrauen und Selbstwertgefühl. Optimismus ist oft eine innere Einstellung oder Haltung, während Zuversicht sich auf das Vertrauen oder die Überzeugung bezieht, dass etwas erfolgreich sein wird oder gut ausgeht. Mit Zuversicht kommen wir glücklich an unser Ziel.

Stichwort: Geborgenheit

Mir ist der Begriff ‚Geborgenheit' mehrfach begegnet, und ich fand ihn wichtig bei Überlegungen zum Glücklich-sein. Es ist schon wieder so ein Begriff, der im ‚früheren Sprachgebrauch' häufiger war. Aber ich finde, diese Qualität ist immer noch zeitgemäß, wesentlich und wertvoll. ‚Geborgenheit' verdient ein eigenes Stichwort. Also los!

Zur Definition

Befragen wir gleich einmal ‚Wikipedia'. Mit dem Ausdruck ‚Geborgenheit' wird ein Zustand des Sicherheits- und Wohlgefühls beschrieben. Geborgenheit ist indessen mehr als Sicherheit, Schutz und Unverletzbarkeit. Geborgenheit symbolisiert auch Nähe, Wärme, Ruhe und Frieden. Der Psychologe Hans Mogel, Experte für Geborgenheit, bezeichnet Geborgenheit als zentrales Lebensgefühl.

> Geborgenheit ist ein zentrales Lebensgefühl.

Seine Definition umfasst auch andere Gefühle und Werte wie Sicherheit, Wohlgefühl, Vertrauen, Zufriedenheit, Akzeptanz und Liebe durch andere. Ernst Reinhardt hat das in einem Sinnspruch so trefflich zusammengefasst.

Um das Leben recht zu beginnen und gut zu beschließen, braucht es nicht bloß Sicherheit, sondern Geborgenheit.
Ernst Reinhardt

Und wenn ich über diese Gefühle nachdenke, die da beim Stichwort ‚Geborgenheit' mitschwingen, kommt mir automatisch die Familie in den Sinn. **Familie** ist, von ihrem Ansatz her der primäre Hort für Geborgenheit.

> Die Familie sollte der bedingungslose Hort für Geborgenheit sein.

Und die Familie sollte nicht nur der primäre, sondern sogar der bedingungslose Hort für Geborgenheit sein. Allerdings muss die Familie funktionieren und intakt sein. Familie bedeutet dann - wie Reinhardt es klar aussagt - ein Ort für den

Beginn des Lebens und für ein gutes Ende, vielleicht für ein menschenwürdiges Sterben. Familie bedeutet Hilfe für jeden in dieser (hoffentlich) zusammenhaltenden Gemeinschaft, weil die Grundlage die Liebe ist. Da findet sich im Idealfall Nachsicht gegenüber der Jugend und Rücksicht und Respekt gegenüber dem Alter. Familie ist der Ort, der immer da ist, an dem man immer willkommen ist, wo man bedingungslos geliebt wird, wo alles verziehen und vieles bewältigt wird. Vielleicht schreibe ich gerade von meinen Idealvorstellungen zur Familie. Aber wir sollten uns immer am idealen Vorbild orientieren und diesem intensiv nacheifern.

> *Das Erste, das der Mensch im Leben vorfindet, das Letzte, wonach er die Hand ausstreckt, das Kostbarste, was er im Leben besitzt, ist die Familie.*
> **Adolph Kolping**

Um es klar und deutlich zu sagen: Ich trage da nicht die rosarote Brille eines stets positiven Denkers. Selbstverständlich gibt es in jeder Familie immer wieder Auseinandersetzungen und Meinungsverschiedenheiten. Und die müssen auch sein sowie ausgetragen und ausdiskutiert werden. Aber diese Schwierigkeiten werden, wenn man Familie recht begreift, wenn diese Gemeinschaft intakt ist und wenn alle die Kraft dieser Gemeinschaft wertschätzen, immer fair und mit dem Ziel des ausgleichenden Übereinkommens angegangen. Und auch Fehler werden gemacht, aber in der Familie werden sie verziehen und verarbeitet. Denn schlussendlich zählt nur das Wohlgefühl und dass sich jeder einzelne in dieser starken Gemeinschaft verstanden und aufgehoben fühlt. Und jeder ist bereit, jene Trutzburg gegen alle Unbilden wehrhaft zu verteidigen. Und noch etwas: Die Familie bleibt erhalten, egal wohin einer aus dieser Gemeinschaft geht.

> *Du kannst deiner Familie und deinen Freunden Lebewohl sagen und weit, weit wegreisen, und doch trägst du sie in deinem Herzen, deinem Geist, deinem Bauch immer bei dir, weil du nicht einfach in einer Welt lebst, sondern weil eine Welt in dir lebt.*
> **William Paul Young**

Was macht die Geborgenheit mit uns?

Der Experte Professor Mogel stellt in einem Gespräch zur Geborgenheit fest, dass es sich dabei nicht um ein fundamentales Lebensgefühl, sondern um eine Sehnsucht der Menschen handelt. Diese Sehnsucht treibt uns an, fördert unsere Persönlichkeitsentwicklung und bereichert unser Erleben. Sie schließt mehrere positive Qualitäten ein: Schutz, Nähe, Zuneigung, Behaglichkeit, Wohlbefinden, Wärme, Liebe, Akzeptanz, Verständnis, innere Ruhe sowie das Streben nach

Sicherheit. Sicherheit scheint ein zentraler Bestandteil. Wer sich geborgen fühlen möchte, muss sich sicher und aufgehoben fühlen, fallen lassen können. Und das gilt bei allen Menschen und in allen Kulturen.

> *Geborgenheit - du empfängst den anderen mit offenen Armen in deiner Seele.*
> **Elmar Kupke**

In Befragungen von Mogel bei 3.000 Menschen aus 16 Ländern war auffallend, dass die Menschen bei der Frage nach ihrem Verständnis von Geborgenheit sehr genaue Vorstellungen entwickelten. Sie konnten präzise Angaben machen und wussten genau, was ihnen guttut. Das Gefühl des ‚Gut-aufgehoben-seins' war übereinstimmend mit folgenden Qualitäten verbunden: Familie, Partnerschaft, Freundschaft, Umarmung, Kuscheln, Verständnis, Trost, ein warmes Zuhause und an einem Lieblingsort zu sein. Oft ist es für die Menschen ungeheuer wichtig, bei sich zu Hause zu sein, verortet zu sein und ein sicheres, bergendes Dach über sich zu wissen. Wer sich zu Hause fühlt, erlebt zugleich, dass er sich geborgen fühlt. Indessen gehört mehr dazu als das Dach über dem Kopf. In diesem ‚Zuhause' muss es ergänzend auch Wärme, Zuwendung, Nähe geben, damit sich die Menschen wohlfühlen.

> *Geborgenheit kann uns niemand geben. Denn wo man sich geborgen fühlt, entscheidet jeder selbst.*
> **Katrin Breuker**

Wo kommt Geborgenheit vor?

Auf die Frage, was Geborgenheit auslösen kann, nennt Mogel drei Möglichkeiten: Erstens, man kann sich in einem Umfeld geborgen fühlen. Zweitens, man kann sich durch andere aufgehoben fühlen, und drittens ist es möglich, in sich selbst Geborgenheit und Sicherheit zu finden. Allerdings muss man in allen Fällen aktiv werden. Die Sehnsucht nach Geborgenheit kann man befriedigen, indem man zielgerichtet und konsequent nach Wegen sucht und sie aktiv verfolgt.

Lieblings- und Sehnsuchtsorte

Wenn es um ein Geborgenheit vermittelndes Umfeld geht, gibt es den individuellen Bedürfnissen entsprechend ganz unterschiedliche Räume und Aufenthaltsorte. Für die meisten von uns sind sicherlich die eigenen ‚vier Wände‘ der wichtige persönliche Schutzraum. Es gibt aber auch Orte von emotionaler Bedeutung, die mit der eigenen Biografie und mit wichtigen Erlebnissen zu tun haben. Es können Orte sein, wo sich ein ganz bestimmtes Gefühl, ein Gefühl von Heimat einstellt. Es gibt aber auch Lieblingsorte oder Sehnsuchtsorte, die wohlige Gefühle auslösen. Bei mir ist es eine bestimmte Insel in der Nordsee mit einem langen Strand, mit Meeresrauschen, Möwen-Geschrei und mit dem Geruch des Meeres. Dazu gibt es die typischen Häuser, die Dünen, den Wind, die Wellen und die Sonne.

Geborgenheit erleben wir an vertrauten Orten, aber auch innerhalb der Familie oder mit Freunden. Wir fühlen uns bei diesen vertrauten Menschen aufgehoben und angekommen. Die dritte von Mogel genannte Möglichkeit, dass wir uns in uns selbst geborgen fühlen können. Das ist nach Mogel eine Frage der inneren Einstellung. Ich muss bereit sein, meine aktuellen Lebensumstände als angenehm zu empfinden, auch wenn ich dazu meine eigene Sichtweise verändern muss. Ich muss versuchen, das Beste aus der Gegenwart zu machen. Die Menge an positiven Gefühlen, die ein Mensch hat, ist verantwortlich dafür, ob er im Leben aufblüht oder dahinlebt. Oft ist man zu sehr im Gestern verhaftet und die Aufarbeitung von negativen Ereignissen verhindert, sich in der Gegenwart wohl zu fühlen und positiv in die Zukunft zu schauen. Da wird es wichtig, sich von den negativen Einstellungen zu Personen oder Geschehnissen zu befreien. Sich geborgen zu fühlen bedeutet, sich aktiv mit dem Hier und Jetzt auseinanderzusetzen und dann entspannt zu sein. Methoden, wie autogenes Training, Meditation oder Ausdauersport und der Versuch aktiver Selbstreflexion, können dabei helfen.

> *Der Verstand kann uns sagen, was wir unterlassen sollen. Aber das Herz kann uns sagen, was wir tun müssen.*
> **Joseph Joubert**

Geborgenheit und Erinnerungen

Einige Merkmale der Sehnsucht nach Geborgenheit sind überall gleich. Wir alle wollen Sicherheit, Wohlbefinden und zwischenmenschliche Wärme.

Großfamilien z. B. sind ein Grund dafür, dass sich Menschen geborgen fühlen. Diese Form des Zusammenlebens, wie sie noch in vielen südeuropäischen Ländern vorkommt, funktioniert tatsächlich wie ein sozial- und psychotherapeutisches Auffangsystem. Man weiß, dass jemand da ist. In Deutschland haben wir es indessen mit einem Pluralismus von verschiedenen Formen des familiären Zusammenlebens zu tun. Das senkt die soziale Sicherheit und entsprechend häufig auch das Geborgenheitserleben. Die Gefahr des Ungeborgen-seins ist größer in sozialer Isolation und Einsamkeit. Langfristig ist es immer wichtig, sich ein festes soziales Netz aufzubauen, das uns auffängt, wenn wir uns schwach fühlen. Das kann sehr hilfreich sein.

Jeder sollte sein Netzwerk aufbauen, bevor er es braucht.
Dave Delaney

Vor allem ist es wichtig, das Vertrauen in sich selbst zu stärken. Man muss lernen, die Fixierung auf negative Erinnerungen abzublocken, damit diese nicht mehr störend sind. Wir denken zu stark in Bezug auf das Haben und Nicht-Haben, dies lenkt uns stark vom Geborgenheitsgefühl ab. Eine zu starke materielle Ausrichtung kostet zu viel Energie und verhindert, dass wir die einfachen Dinge genießen.

„Wenn die Menschen keine Geborgenheit mehr erleben, ist dies das Ende einer Gesellschaftsstruktur. Die Folgen sind Unruhen, Konflikte, Aggressionen und Terror", sagt Mogel. Immerhin kann sich jeder Geborgenheit suchen oder schaffen. Mogels Untersuchungen in fünf Weltreligionen zeigen: Wichtig ist nur, dass der Mensch sehr genau weiß, was ihm Geborgenheit verschafft oder wonach er sich wirklich sehnt. Das erfordert klare Analysen und ehrliche Selbstbeobachtung.

Um das Herz und den Verstand eines anderen Menschen zu verstehen,
schaue nicht darauf, was er erreicht hat, sondern wonach er sich sehnt.
Khalil Gibran

Zusammenhang mit schönen Erinnerungen

Im Zusammenhang mit der Geborgenheit komme ich gerne auf schöne Erinnerungen. Wenn ich an meine Kindheit denke, kommen mir viele Bilder in den Sinn. Ich bin sofort wieder in dieser Zeit, erlebe die Umgebung, Gerüche,

Geräusche und kann auch den Geschmack von bestimmtem Essen nachvollziehen. Ich fühle dann die Geborgenheit jener Tage. Gerne denke ich an ‚mein Badeparadies' im Speicher meiner Großmutter. Von dem habe ich bereits in anderem Zusammenhang berichtet. Ich erinnere mich genau an diesen Speicherraum und rieche die vertrauten Düfte. Da waren das Anmach-Holz, die Tuchbeutel mit Tees und die Strohblumen. Ich bin in diese Situation zurückversetzt mit allen Sinnen und fühle mich geborgen.

> *Die Erinnerung ist das einzige Paradies, aus dem man nicht vertrieben werden kann.*
> **Jean Paul**

Schöne Erinnerungen können uns in eine gute Stimmung versetzen und positive Gefühle wecken, die uns auch durch schwierige Situationen helfen. Solche Erinnerungen sind wichtig, manchmal überlebenswichtig. Und da ist mir auch egal, was die moderne Hirnforschung gezeigt hat. Danach soll eine Erinnerung jedes Mal, wenn wir sie abrufen, neu bearbeitet und abgespeichert werden. Anders gesagt: Woran wir uns erinnern, ist nicht das Ereignis selbst, sondern die letzte Erinnerungsversion, die wir abgespeichert haben.

Tatsache ist jedenfalls, dass Erinnerungen sehr oft ein Gefühl von Geborgenheit bringen. Das gilt nicht nur für Situationen, sondern auch für Menschen. Vor allem Erinnerungen an (verstorbene) Menschen, die uns wichtig sind (und waren), bringen oft Gefühle von Verbundenheit und Geborgenheit in uns hervor. Wir alle brauchen beständige und verlässliche Beziehungen, um uns geborgen zu fühlen. Ein soziales Netz aus engen Bezugspersonen ist wichtig. Diesen Menschen können oder konnten wir vertrauen, sie haben uns in der Vergangenheit Nähe und sogar Liebe entgegengebracht oder bringen uns diese Gefühle jetzt entgegen und lösen deshalb Geborgenheit aus.

> *Das Glück des Menschen - ich habe seine tiefsten Gründe gesucht, und das habe ich herausgefunden: Der Grund liegt nicht im Geld oder Besitz oder Luxus, nicht im Nichtstun oder Geschäfte machen, nicht im Leisten oder Genießen. Bei glücklichen Menschen fand ich immer als Grund tiefe Geborgenheit, spontane Freude an den kleinen Dingen und eine große Einfachheit.*
> **Phil Bosmans**

Ansonsten gibt es für die Ereignisse, die wir in Erinnerung behalten, zwei Gesetzmäßigkeiten: Die Dauer eines Ereignisses spielt keine Rolle - das gilt für positive wie negative Erlebnisse gleichermaßen. Die Höhepunkte des Erlebens beeinflussen maßgeblich die Gesamterinnerung. Und dabei gibt es noch eine tröstliche Nachricht: Positive Höhepunkte bleiben meist länger in Erinnerung als negative und prägen auch das Gefühl der Geborgenheit entsprechend.

Geborgenheit beruht auf dem Gefühl, sich auf etwas verlassen zu können. Ebenso wichtig für die Geborgenheit sind menschliche Wärme und Zuwendung. Wenn diese Vorbedingungen erfüllt, kann sich jenes wunderbare Lebensgefühl einstellen. Für mich gehören Geborgenheit - und besonders die Geborgenheit in der Familie - sowie das ‚Gut-aufgehoben-sein' an vertrauten Orten ganz deutlich zu den wichtigen Voraussetzungen des Glücklich-seins.

> *Geborgenheit ist für uns alle wie ein feiner Duft, kaum wahrnehmbar,*
> *aber für immer in Erinnerung.*
> **Gerd Peter Bischoff**

Was nehme ich mit aus dem Stichwort?

Geborgenheit ist eines der wichtigsten Lebensgefühle. Wir erleben dieses Gefühl, wenn wir uns sicher, zufrieden, akzeptiert oder geliebt fühlen. Es bedeutet über die Sicherheit hinaus Schutz und Unverletzbarkeit. Geborgenheit symbolisiert auch Nähe, Wärme, Ruhe, Frieden und Liebe durch und für andere. Geborgenheit ist ein Sicherheits- und Wohlgefühl, das leichter im Zustand der Ruhe oder bei geruhsamer Aktivität aufkommt. Deshalb stellt es sich unter anderem auch beim Meditieren und in der Natur ein. Es lohnt sich also, für mehr.

> Geborgenheit ist eines der wichtigsten Lebensgefühle.

Während Sicherheit ein eher rational besetzter Begriff ist, ist Geborgenheit mit der Gefühlsebene verbunden. Geborgen zu sein, wirkt sich positiv auf unser Erleben und unsere Persönlichkeitsentwicklung aus. Es schließt positive Gefühle ein, die sich einstellen bei Verständnis, Akzeptanz, emotionale Wärme, Nähe, Zuneigung, Behaglichkeit und Wohlbefinden.

Wo finde ich Geborgenheit?

Familie ist der wichtigste Hort für Geborgenheit. Allerdings muss die Familie funktionieren und intakt sein. Familie bedeutet ein Ort für den Beginn des Lebens und für ein gutes Ende, vielleicht sogar für ein menschenwürdiges Sterben.

> *Das Erste, das der Mensch im Leben vorfindet, das Letzte, wonach er die Hand ausstreckt, das Kostbarste, was er im Leben besitzt, ist die Familie.*
> **Adolph Kolping**

Was bedeutet Geborgenheit?

Geborgenheit ist ein Grundbedürfnis. Emotionale Wärme trägt dazu bei, dass wir uns sicher und beschützt fühlen. Das Bedürfnis nach einem spürbaren Beschütztsein und nach Rückendeckung ist in der Kindheit besonders groß. Kinder sind auf die Versorgung und Unterstützung durch ihre Eltern angewiesen. Im Erwachsenenalter kann dieses Streben nach emotionaler Wärme bereits bei innigen Umarmungen durch einen Herzensmenschen entstehen. Die Gewissheit, in einer Partnerschaft Liebe, Halt und Unterstützung zu finden, lässt uns Geborgenheit spüren.

> *Geborgenheit - du empfängst den anderen mit offenen Armen in deiner Seele.*
> **Elmar Kupke**

Oft sprechen Experten vom **Urvertrauen**. Auch das zählt zu den Geborgenheits-Gefühlen. Urvertrauen ist eine Einstellung, die bereits in den ersten Lebensmonaten durch Erlebnisse und Erfahrungen geprägt wird. Je nach dem Erlebten entwickelt sich das Gefühl eher positiv oder negativ bis hin zur Scheu. Das beeinflusst auch die Fähigkeit, Nähe zuzulassen und innige Beziehungen mit anderen Menschen aufzubauen.

Ein Mangel an Geborgenheit macht sich durch Gefühle wie Wut und Angst sowie durch fehlende Stress-Resistenz bemerkbar. Oft genügen Kleinigkeiten, um sich geborgen zu fühlen. Viele Menschen entwickeln Geborgenheit, wenn sie an bestimmt Gerüche und Bilder aus der Vergangenheit erinnert werden.

Die Erinnerung ist das einzige Paradies, aus dem man nicht vertrieben werden kann.
Jean Paul

Geborgenheit empfinden wir mit all unseren Sinnen. Man sollte einmal darauf achten, welche Sinne man aktiviert, wenn man sich geborgen fühlt. Man erlebt die Geborgenheit als soziale Geborgenheit, als innere Geborgenheit und in der Gemeinschaft mit anderen Menschen. Man fühlt sich geborgen, wenn man die Erfahrung macht, akzeptiert zu werden. Geborgenheit beruht auf dem Gefühl, sich auf etwas verlassen zu können. Ebenso wichtig für die Geborgenheit sind menschliche Wärme und Zuwendung. Wenn diese verschiedenen Vorbedingungen erfüllt sind, kann sich jenes wunderbare Lebensgefühl einstellen. Dann gehört für mich die Geborgenheit und besonders die Geborgenheit in der Familie und in einer Partnerschaft sowie das ‚Gut-aufgehoben-sein' an vertrauten Orten ganz deutlich zum Glücklich-sein.

Geborgenheit ist die Oase des Glücks.
Franz Schmidberger

Stichwort: Lebensfreude

Als nächstes Stichwort hat sich Lebensfreude aufgedrängt. Aber kaum hatte ich den Begriff notiert, kamen mir auch schon andere Begriffe in den Sinn: Lebenslust, Lebenskunst, Lebensbejahung, Lebensmut und Lebenszufriedenheit. So, jetzt habe ich den Salat oder den Kuddelmuddel, je nachdem wie man das bezeichnen möchte. Aber letztendlich gehören alle Begriffe ja zusammen.

Lebensfreude: was ist das?

Es passt eingangs immer, eine Art Definition zu verfassen. Also los: Lebensfreude ist ein Zustand von Glücklich-sein und Zufriedenheit mit der eigenen Situation in wichtigen Bereichen des Lebens. Wir sind glücklich, glückselig, fühlen uns lebendig, sind dankbar und energiegeladen. Lebensfreude ist das positive Gefühl, wenn man einfach Spaß an und in seinem Leben hat. Manche fühlen sich dabei beruhigt, entspannt und selig. Andere erleben die Lebensfreude als überschwänglichen, belebenden und fast schon ekstatischen Zustand. Und wieder andere sind beunruhigt, weil das Positive sie zweifeln lässt. Und sicherlich hat Ernst Ferstl Recht, wenn er feststellt:

> *Wenn wir Freude am Leben haben, kommen die Glücksmomente von selber.*
> **Ernst Ferstl**

Das Gefühl der Lebensfreude ist eng verwandt mit solchen positiven Attributen wie Vitalität, Energie, Optimismus, Selbstbewusstsein, Kreativität und Wohlbefinden. Wer alles zusammen besitzt, würde am liebsten tanzen vor Freude und die ganze Welt umarmen. Lebensfreude gibt Kraft und Energie, schenkt Zuversicht und Hoffnung. Zudem gilt: Die Lebensfreude kann auch in kurzen Momenten und sehr verdeckt auftreten, wie bei einer Tasse Kaffee oder bei einem kleinen Spaziergang mit unserem Partner.

> *Die wahre Lebenskunst besteht darin, im Alltäglichen das Wunderbare zu sehen.*
> **Pearl S. Buck**

Die momentane Einstellung ist wichtig

Oft sind es aber nicht die Umstände, die Lebensfreude auslösen. Vielmehr ist es unsere Interpretation der Umstände oder auch unsere momentane Einstellung. Entscheidend ist offensichtlich, wie wir selbst die Dinge beurteilen. Selbst Schicksalsschläge, Krankheit oder Unfälle müssen uns Menschen nicht zwangsläufig ins Unglück stürzen. Manch einer erlebt dabei das sprichwörtliche ‚Glück im Unglück'. Oder er relativiert die schwierige Phase als ‚hilfreiche und notwendige sowie lebensfreude-erhaltende Sofortmaßnahme'. Am Ende entscheiden also nicht die äußeren Umstände, sondern wir selbst, ob wir Lebensfreude empfinden. Wir haben die Wahl, wie wir etwas erleben und uns darauf einstellen und reagieren. Experten halten jedenfalls fest: Wer glaubt, das eigene Glück selbst in der Hand zu haben, ist lebensfreudiger.

> *Lebensfreude muss man sich selbst bereiten, da hilft kein Ratschlag, außer dieser.*
> **Erhard Horst Bellermann**

Zu den Voraussetzungen von Lebensfreude

Lebensfreude wird meist als ‚allumfassendes Gefühl‘ beschrieben und empfunden. Doch für jeden Menschen hat die Lebensfreude eine andere und oft sehr individuelle Bedeutung. Die Auslöser für das beglückende Gefühl sind ebenso individuell verschieden und reichen von kleinen Augenblicken bis zu großen, lebensverändernden Ereignissen. Mal entsteht Lebensfreude durch Situationen, mal durch andere Menschen, und oft entsteht sie aus uns selbst heraus. Nicht selten sind es auch Erkenntnisse und Prozesse, die eine Weile brauchen und dann plötzlich relevant werden.

> Lebensfreude ist ein individuelles, allumfassendes Gefühl.

Es sind sehr unterschiedliche **Zutaten**, die für mich den Cocktail ‚Lebensfreude‘ ergeben können: Ausreichender Schlaf, gewisse Grundsicherung, körperliche Aktivitäten, ausreichende Entspannung, soziales Umfeld, viel Lächeln und Lachen, Dankbarkeit, eine bejahende Grundstimmung, aufrechte Haltung und ein gewisses Maß an Selbstverwirklichung.

Ich habe darüber nachgedacht, warum für mich diese vielen Zutaten den Cocktail ‚Lebensfreude‘ ergeben können. Nach einigem Nachdenken wurde mir klar, dass diese Zutaten viel mit der von mir sehr beachteten **Bedürfnis-Pyramide von Abraham Maslow** zu tun haben. An der Basis sind die physiologischen oder auch Grundbedürfnisse wie Atmen, Essen, Trinken, Schlafen. Dann folgen das Sicherheits-Bedürfnis, das Kommunikations- oder soziale Bedürfnis und das Anerkennungsstreben oder auch die individuellen Bedürfnisse. Und schließlich kann die Selbstverwirklichung als Spitze der Pyramide folgen. Allerdings ist das Umsetzen der Selbstverwirklichung nach Maslow mit einigen Bedingungen verbunden, mit denen wir uns aber nicht weiter beschäftigen wollen.

Maslowsche Bedürfnis-Pyramide

Ich habe die ‚Zutaten des Cocktails‘ den Bedürfnissen zugeordnet: Es muss zunächst eine sinnvolle **Basisversorgung** des Menschen geben mit Essen, Trinken und vor allem ausreichend Schlaf. Dann muss das **Sicherheitsbedürfnis** befriedigt werden. Deshalb sollte eine Grundsicherung, ein gewisses Einkommen durch beruflichen Erfolg, gegeben sein. Es sollte auch eine individuelle Geborgenheit vermittelnde, wohnliche Umgebung vorhanden sein. Für mich zählen zu diesem Punkt auch körperliche Aktivitäten zur Sicherung der Gesundheit sowie ausreichende Entspannung nach Anspannung in Beruf und Freizeit. Vielleicht gehören Auszeiten ebenfalls zu diesem Punkt. Nach dem Sicherheitsbedürfnis muss das **Kommunikationsstreben** oder das soziale Bedürfnis befriedigt werden. Dies erfolgt durch die Pflege eines sozialen Umfeldes. In aller Regel sind das die Familie und Freunde. Und zu diesem Punkt gehören auch das wichtige **Lächeln** als starkes Kommunikationsmittel und das Lachen als große Hilfe.

> *Der verlorenste aller Tage ist der, an dem man nicht gelacht hat.*
> **Nicolas Chamfort**

Als nächster Schritt auf der Pyramide gilt es, das **Anerkennungsstreben** oder die individuellen Bedürfnisse zu befriedigen. Dies gelingt durch Dankbarkeit, eine offene, bejahende Grundstimmung und eine stets aufrechte Haltung im direkten und figurativen Sinn wie Selbstachtung sowie ein gewisser Erfolg in Beruf und Leben. Und schließlich folgt die Spitze der Pyramide mit der **Selbstverwirklichung** und der Selbstbestimmtheit. Das sind viele Zutaten, aber sie scheinen notwendig um einen guten Cocktail zu ergeben.

> *Ich denke, dass alles möglich ist, wenn du nur die nötige Zeit, Kraft und Energie reinsteckst.*
> **Michael Phelb**

Situationen voll Lebensfreude

Hier einige nachvollziehbare Situationen, die ‚Freude im Leben' auslösen können:

- Erwiderte Liebe
- Zärtlichkeiten und das Gefühl der Geborgenheit
- Das Lächeln eines Kindes

- Die ehrliche Liebe von Kindern

- Schöne Musik

- Eine sonnige Zeit am Meer

- Sonnenuntergänge

- Das Erreichen eines wichtigen Zieles

- Ein ehrliches Kompliment

- Ein unerwartet gutes Gespräch

- Eine plötzliche Einsicht oder eine relevante Erkenntnis

und vieles mehr

Wenn Lebensfreude schwindet

So schön das Gefühl ist: Leider ist die Lebensfreude kein Dauerzustand. Das hat sie mit den Glücksmomenten gemeinsam. Sie ist vergänglich und hängt von der individuellen Situation und selbstverständlich von unserer augenblicklichen Verfassung ab. Gerade in schwierigen Situationen ist Resilienz oder zumindest eine sachliche Situationsanalyse (vielleicht mit Kirchturm-Blick) gefordert, um nicht in einer gegenteiligen Verfassung zu landen.

Mangelnde Lebensfreude ruiniert alles.
Alfred Selacher

wenn Lebensfreude schwindet

Deshalb sollte man sehr klar die **Gründe** sehen, warum Lebensfreude schwinden kann, um das zu vermeiden oder mit notwendigen Aktivitäten dagegen zu halten:

- Schwierige Situationen

Schicksalsschläge und schwierige Lebensmomente wirken sich spürbar auf die Lebensfreude aus. Veränderungen, die wir weder erwartet noch gewollt haben, können in kürzester Zeit die Energie und vor allem die Freude rauben.

- Vermeintlich erforderlicher Pessimismus

Wer immer wieder enttäuscht wurde, macht das nicht an den falschen Erwartungen fest. Vielmehr entwickelt sich ein vermeintlich erforderlicher Pessimismus. Der wird dann gerne als ‚Zweckpessimismus‘ bezeichnet und gilt als sinnvoll. Da kann es nur heißen: Hinauf auf den Kirchturm! Der Blick auf die eigene Situation scheint getrübt und bedarf der Überprüfung.

- Ständige Vergleiche

Vergleichen mit anderen bringt Unzufriedenheit und hemmt die Lebensfreude. Aufhören! Es gibt immer jemanden, der besser, schlauer, schöner oder erfolgreicher ist. Statt Zufriedenheit und Glück empfindet man dann nur noch Neid und Frust. Oder wie Søren Kierkegaard festgestellt hat: „Das Vergleichen ist das Ende des Glücks und der Anfang der Unzufriedenheit.“

- Psychische Probleme

Manchmal liegt die Ursache in psychischen Problemen. Betroffene empfinden keine Freude mehr am Leben, verlieren ihre Begeisterung und Leidenschaft. In diesem Fall ist es besonders wichtig, Hilfe zu suchen. Verlorene Lebensfreude kann zum Beispiel ein Anzeichen für eine beginnende Depression oder für ein Burn-Out-Syndrom sein.

- Fehlende Selbstbestimmung

Kaum etwas zerstört Lebenslust schneller als das Gefühl der Fremdbestimmung. Leider ist es in Schule, Beruf und im sogar in der Freizeit oft ein großes Problem, selbstbestimmt durchs Leben zu gehen. Immer gibt es jemanden, der einem sagt, was man denken und tun soll. Und schon wieder muss man etwas tun, was man ‚eigentlich‘ gar nicht tun will. Aber ohne Selbstbestimmung ist auch keine Lebensfreude möglich.

Man sollte sich diese Liste, die sicherlich nicht vollständig ist, bewusst machen. Das hilft zum einen beim Vermeiden. Zudem ist es wichtig und hilfreich, zu wissen, warum man oft selbst dafür verantwortlich ist, wenn die Lebensfreude abhandenkommt. Vermeidungsstrategien sind immer verbunden mit dem Wissen um die Lebensfreude-Killer, um sich damit auseinanderzusetzen und dann klare Aktivitäten dagegen zu entwickeln. So kann man auch wieder zu einem Mehr an Lebenslust und -freude kommen.

Stecken Lebenslust und Lebensfreude unter einer Decke, muss der graue Alltag Federn lassen.
Ernst Ferstl

Wie kommt man zu mehr Lebensfreude?

In der aktuellen Berufswelt gibt es so viel, was die Lebensfreude trüben kann. Deshalb ist es wichtig, dies zu erkennen und dagegen anzugehen. Durch Großraumbüros stehen die Menschen in Büros unter steter Beobachtung und es herrscht stete Transparenz im Tun. Dies belastet enorm. Die Arbeit im Homeoffice wird ebenfalls engmaschiger überwacht. Durch diesen Überwachungsdruck und die stete Erreichbarkeit scheint keine ausreichende Privatsphäre mehr gegeben. Deshalb raten die Experten, den Anforderungen im Beruf mit einem ausreichenden Maß an Ausgleich zu begegnen. Es bedarf einer deutlichen und für die Gesundheit wichtigen **Balance zwischen An- und Entspannung**. Dabei sollte der stressigen Zeit in einer irgendwie zusammengewürfelten Gruppe bewusst Alleinsein und entspannende Momente entgegengesetzt werden.

Zudem spielt im Berufsleben zunehmend das Thema ‚Work-Life-Balance' eine wichtige Rolle im Zusammenhang mit der Qualität ‚Lebensfreude'. Dabei wollen die Erwerbstätigen der Arbeitszeit eine Auszeit mit der Familie oder mit Freunden gegenüberstellen oder sich anderweitig sozial engagieren. Für manchen steht etwa der Ausgleich durch Sport im Vordergrund oder der Einsatz im kulturellen oder politischen Bereich. Die Thematik ‚Work-Life-Balance' hat für jede Einzelperson je nach Lebensalter und Lebenssituation andere Schwerpunkte und in Abhängigkeit von der individuellen Antwort auch einen sehr unterschiedlichen Einfluss auf die Fähigkeit zur Lebensfreude, auf den Sinn des Lebens und auf die individuelle Auffassung von Glücklich-sein. Das sollte stets bedacht werden, wenn es um Lebensfreude geht.

Bereits die Einstellung, sich weniger Sorgen zu machen, kann für mehr Freude im Leben sorgen.
Ernst Ferstl

Wenn es um Lebensfreude geht, muss auch die Allgegenwart von Social Media unterbrochen werden. Der ständige Blick auf irgendein Gerät unterläuft echte soziale Kontakte. Dadurch kann keine wirkliche, fruchtbare Kommunikation aufgebaut werden. Die Konzentration auf den anderen ist nicht gegeben und macht Gespräche schwierig oder sogar sinnlos. Also, weg mit dem Handy, vor allem im vertraulichen Gespräch mit Freunden und Familie!

Weg mit dem Handy!

Wer seine Beziehungen wirklich pflegen will, muss zuhören und sich ganz und gar dem anderen zuwenden. Zudem überfordert die dauernde Information im Gespräch mit anderen die Kapazitätsgrenzen der Menschen.

Und noch etwas unterläuft die Lebensfreude: Perfektionismus macht nicht froh, sondern einsam. Die Menschen sind deutlich befreiter und zufriedener, wenn sie **nicht perfekt sein** müssen. Wesentlich besser ist die Try-and-error-Methode, die Fehler bewusst als Lernkurve zulässt.

Zudem ist es für ein Mehr an Lebensfreude auch notwendig, dass man mehr **Geduld** entwickelt - besonders mit sich selbst. Viel zu oft setzen sich die Menschen selbst unter Druck, anstatt mit einer gewissen Gelassenheit an Lernprozesse heranzugehen. Es kann sehr hilfreich sein, einfach in der Gegenwart zu leben, sich zunächst einmal mit dem, was ist, zufrieden zu geben. Oft bringt es nichts, hinter irgendwelchen nächsten Zielen herzujagen. Nach Ansicht von Experten kommen viel häufiger Entwicklungen und Wege auf uns zu, wenn wir nicht mit Nachdruck nach Optionen und Entwicklungen suchen.

Man muss über die Freuden des Lebens nicht viel reflektieren. Man genießt sie besser, ohne sie zu zählen oder zu zergliedern.
Jean Paul

Was bedeutet Happyologie?

In der Glücksforschung gibt es besonders zum Faktor ‚Lebensfreude' in neuerer Zeit den Bereich ‚Happyologie'. Ob das eine eigene Disziplin ist oder ob die bisher bekannten Erkenntnisse über ‚Lebensfreude' in ein neues Gewand gepackt werden, ist nicht wichtig. Wir setzen uns einfach mit den Vorbedingungen zum **‚happy sein**' auseinander und gewinnen weitere Einsichten in das Thema ‚Lebensfreude' bzw. ‚Glücklich-sein'. Selbstverständlich werden uns die nächsten Überlegungen in irgendeiner Form bekannt vorkommen. Gut so!

Ein wichtiger Bereich in der Happyologie sind die **sozialen Beziehungen**. Die Experten sprechen von ‚Framily' und meinen ein gutes Verhältnis zu Freunden und (oder) Familie. Besonders wichtig ist bei den sozialen Beziehungen, dass ein echtes Einverständnis, ein gewisses Maß an Übereinstimmung da sein muss sowie ein von beiden Seiten als fruchtbar erlebter Austausch und wirkliche Fürsorge füreinander.

> *Eine zwischenmenschliche Beziehung arbeitet nicht für dich, du musst für sie arbeiten.*
> **Peter Schumacher**

Die Happyologie-Experten haben sogar richtige **Lebensfreude-Regeln** formuliert. Ich werde sie auflisten, auch wenn dies schon wieder eine Auflistung ist. Aber bestimmte Zusammenhänge lassen sich leichter in solche Listen fassen; sie werden dann auch besser verstanden. Es geht jetzt also um den Zugang zu Lebensfreude: Wenn sich Lebensfreude entwickeln soll, dann...

- Genieße den Augenblick
  Es gilt, stets die volle Konzentration auf den Augenblick zu richten. Wichtig ist das, was gerade passiert. Es geht darum, ganz bei der Sache zu sein, ohne dabei an etwas anderes zu denken. Wie wichtig kann es für die Seele sein, den Zauber des Augenblicks zu genießen! Als Beispiel denken Sie an einen schönen Sonnenuntergang.

- Beziehungen zu anderen Menschen haben hohe Priorität
  Menschen fühlen sich am häufigsten und intensivsten glücklich, wenn sie mit anderen zusammen sind. Liebe, Freundschaft,

Geselligkeit, Kameradschaft sind auch im Zeitalter des Individualismus das beste Mittel zu Lebensfreude.

- Konzentration beim Genuss
  Für viele Menschen in den westlichen Industrieländern sind die Möglichkeiten, das Leben zu gestalten, fast unbegrenzt. Sogar sofortige Bedürfnisbefriedigung ist garantiert. Daraus resultiert nicht selten die Unfähigkeit, Freude zu empfinden oder genießen zu können. Die richtige Strategie lautet: Man soll nicht wahllos konsumieren, sondern die Bedingungen des Genießens kontrollieren. Und man soll sich auf den Genuss konzentrieren. Auf das Thema ‚Genuss' kommen wir später zurück.

- Erfolge provozieren
  Es gilt, die eigenen Talente und Fähigkeiten voll und gezielt einzusetzen, um im Beruf, aber auch in der Freizeit erfolgreich zu sein. Das führt zu Stolz auf die eigene Leistung und stärkt das Selbstbewusstsein. Und ein solchermaßen gestärktes Selbstwertgefühl kann die Lebensfreude enorm steigern.

- Übe Dich in Geduld
  Bestimmte Entwicklungen oder gar das Glücklich-sein lassen sich nicht erzwingen. Es gilt, in Entwicklungen abzuwarten und Ruhe zu bewahren. Sich nicht unablässig als Nabel der Welt zu sehen, führt zu Bescheidenheit und ebnet zudem den Weg zu mehr Zufriedenheit. Man muss Geduld für Entwicklungen aufbringen und zugleich diese Phase mit einer (heiteren) Gelassenheit begleiten. Deshalb gilt der Ratschlag: Tue in aller Ruhe und Gelassenheit so, als ob Du glücklich wärst, und Du wirst es sein.

Soweit die Ratschläge aus der Happyologie, die eine gute und sicherlich nützliche Wiederholung von notwendigen Aktivitäten für mehr Lebensfreude waren.

Spannende Studien zur Lebensfreude

Wenn es um Lebensfreude geht, gibt es spannende und hilfreiche Studien-Daten, die uns ein Bild von den Einschätzungen der Menschen geben und zugleich zu guten Anregungen verhelfen.

Da gibt es die Ipsos Global Advisor-Studie ‚Global Happiness Study: ‚What makes people happy around the world' aus dem Jahr 2019. In dieser Untersuchung bezeichneten sich 78 Prozent aller erwachsenen Bundesbürger als sehr oder zumindest ziemlich glücklich. Nur knapp jeder sechste Deutsche (17 Prozent) fühlt sich aktuell nicht ‚besonders glücklich'. Der Anteil derjenigen, die überhaupt nicht glücklich sind, ist hierzulande sogar noch geringer (4 Prozent). Gefragt nach den Dingen, die den Menschen in ihrem Leben die größte Freude bereiten, rangiert in Deutschland die eigene Gesundheit auf Platz eins (50 Prozent). Häufig genannt werden außerdem die eigenen Kinder und die Beziehung mit dem Partner/der Partnerin (jeweils 37 Prozent) sowie das Gefühl, dass das Leben einen Sinn hat (47 Prozent).

Welchen **Einfluss** die **Corona-Pandemie** auf unser Befinden und auf unser Thema ‚Lebensfreude' hatte, wurde auch in einer Studie untersucht. Im ‚Wall's Manifesto for a Happier World' (dt.: ‚Langneses Manifest für eine glücklichere Welt') finden sich Forschungsergebnisse von Langnese, die in 12 verschiedenen Ländern zur Zeit des 1. Lockdowns 2021 weltweit gesammelt wurden. Insgesamt 12.500 Menschen hat die Eismarke dafür befragen lassen. Die zentralen und deutschen Ergebnisse sind:

- 65 Prozent der Menschen gaben an, dass sie ihre Einstellung zum Glücklich-sein für immer verändert haben (Deutschland: 54 Prozent).

- 78 Prozent der Menschen berichteten, dass Glücklich-sein und Wohlbefinden Vorrang vor Geld haben sollten (Deutschland: 74 Prozent).

- 63 Prozent erwarten von ihren Regierungen Maßnahmen, um das Glücklich-sein vor die wirtschaftliche Erholung zu stellen (Deutschland: 64 Prozent).

- 58 Prozent der weltweit Befragten waren der Meinung, dass sie durch den Lockdown erkannt haben, dass menschliche Verbindungen das sind, was sie wirklich glücklich macht (Deutschland: 50 Prozent).

- 76 Prozent der Befragten gaben an, dass sie zuvor mehr über das Leben von Prominenten wussten als über das ihrer eigenen Nachbarn; das hat sich im Lockdown geändert (Deutschland: 42 Prozent).

- 62 Prozent der Befragten berichteten, dass sie sich durch den Lockdown mehr als Teil ihrer Gemeinschaft fühlen (Deutschland: 51 Prozent).

Das Whitepaper liefert Argumente dafür, dass die globalen Lockdowns die Menschen offensichtlich dazu brachten, die Prioritäten in ihrem Leben neu zu bewerten. Es wird deutlich, dass viele ihre Lebensfreude offensichtlich an den falschen Orten gesucht haben. Die Isolation von Familie und Freunden ließ uns die Bedeutung von sozialen Verbindungen und gemeinschaftlichem Erleben neu schätzen lernen. "Was wir in den Daten dieses Whitepapers sehen, ist ein Hinweis auf einen breiteren gesellschaftlichen Wandel; zu lange haben die Menschen materiellen Besitz, finanziellen Wohlstand und Erfolg mit dem Glücklich-sein verbunden. Und obwohl Geld zweifellos wichtig ist, kommen die Menschen zu der Erkenntnis, dass es menschliche Beziehungen und Verbindungen sind, die dem Leben wahren Sinn und Happiness verleihen. Dies ist ein Thema, dem ich mich seit Jahrzehnten widme, und es ist vielversprechend zu sehen, wie diese Entwicklung an Fahrt gewinnt", erklärt Lord Richard Layard, britischer Nationalökonom und zugleich Co-Autor des ‚World Happiness Report' zu dem Whitepaper.

Regierungen räumen derzeit dem wirtschaftlichen Wachstum Vorrang vor Erwägungen zur Lebensfreude und zum Wohlbefinden ein. Die Studie legt jedoch den klaren Wunsch der Menschen nahe, dass die Art und Weise, wie die nationale Entwicklung gemessen wird, überdacht werden sollte. Die Regierungen sollten das Wohlbefinden ihrer Bürger an die erste Stelle ihrer Bemühungen rücken.

Die Leute verwechseln immer häufiger Wohlstand mit Wohlbefinden.
Oskar Lafontaine

Der Wirtschaftsprofessor und Experte für nachhaltige Entwicklung Jeffrey Sachs sagt: "Menschen in jeder Kultur und Gesellschaft teilen gemeinsame Hoffnungen und Bestrebungen für eine bessere Welt. Eine stärkere globale Verbundenheit hängt von einer starken Heimatbasis aus Familie und Gemeinschaft ab. Das ist das Schöne an einer vernetzten Welt: Wir finden nun Sinn zu Hause, und dieser Sinneswandel findet auf der ganzen Welt statt."

Lebensfreude entgiftet die Umwelt.
Alfred Selacher

So vielfältig wie das Leben sind auch die Wege der Deutschen zu mehr Lebensfreude. Nach Experten-Meinung schöpfen sie Lebensfreude vor allem aus den vier Bereichen ‚**Leben, Lieben, Lachen und Lernen**'. Schauen wir uns einige Daten dazu an: Die Menschen in Deutschland wollen nicht mehr bis zur Rente warten, bis sie mit dem Leben durchstarten. Was zählt, ist die Gegenwart. Das ist eine ermunternde Entwicklung! In einer Studie berichteten 72 Prozent der Befragten, dass das Auskosten des Moments ihnen große Lebensfreude sichere. Diese Menschen haben die Bedeutung des ‚im Hier und Jetzt' verstanden. Sich selbst verwirklichen zu können macht 68 Prozent besonders lebensfroh. „Ich lasse mir in mein Leben nicht reinreden", sagen 40 Prozent der Befragten.

Der leichte Weg zur Gesundheit - die Lebensfreude entdecken.
Volker Murawski

Fazit

Wir ziehen aus dem gerade Gelesenen die Erkenntnis: Wollen wir Lebensfreude entwickeln, muss unsere besondere Aufmerksamkeit den Bereichen ‚Leben, Lieben, Lachen und Lernen' gelten. Wir sollten in diesen Bereichen mit offenen Augen jede mögliche Gelegenheit suchen, die uns lebensfroh(er) machen kann. Zudem sollten wir an die hilfreichen Regeln denken, die zu mehr Lebensfreude verhelfen können: wir genießen den Augenblick, geben Beziehungen zu anderen Menschen hohe Priorität, konzentrieren uns auf das Wesentliche, fordern uns in Arbeit und Freizeit, gönnen uns aber auch die notwendige Entspannung. Zudem üben wir uns stets in Geduld mit uns und tun dies in einer möglichst heiteren Gelassenheit. Und gern geben wir uns einem Genuss hin.

Schöne Musik, die Abendsonne
oder auch so manche Gaumenwonne
und vieles mehr kannst du genießen.
Denn es hat sich doch klar erwiesen,
dass so Momente sind das wahre Glück.
Sie bringen Seelenwonne dir zurück.
Detlev Geiger

Was nehme ich mit aus diesem Stichwort?

Was in diesem Stichwort deutlich wurde, ist die Tatsache, dass dieses ‚allumfassende Gefühl' interindividuell sehr unterschiedlich auftreten und imponieren kann. Die Auslöser für das beglückende Gefühl sind individuell verschieden und reichen von kleinen Augenblicken bis zu großen, lebensverändernden Ereignissen. Lebensfreude ist ein Zustand von Glücklich-sein und Zufriedenheit mit der eigenen Situation in wichtigen Bereichen des Lebens.

> *Ich liebe diese Momente, in denen man für einige Zeit alles vergisst und nur glücklich ist.*
> **Detlev Geiger**

Wir sind glücklich, glückselig, fühlen uns lebendig, sind dankbar, zufrieden und energiegeladen. Lebensfreude ist das positive Gefühl, wenn man einfach Spaß an und in seinem Leben hat. Oft sind es nur Momente, so scheu zeigt sich dann das Glück. Zudem haben wir auch gelernt, dass die Lebensfreude immer von der momentanen Einstellung und Grundstimmung abhängig ist. Der Alltag bringt Schwierigkeiten mit sich, die der Lebensfreude im Wege stehen, und müssen überwunden werden. Oder es kommt so manchem dadurch auch die Lebensfreude abhanden. Da gibt unter anderem schwierige Situationen, fehlende Selbstbestimmtheit, als notwendig empfundener Pessimismus, psychische Probleme und die so beliebten Vergleiche mit anderen. Oft ist die Überwindung von diesen Schwierigkeiten leichter gesagt als getan und erfordert Kraft und Anstrengung. Aber es lohnt sich: Lebensfreude ist wichtig.

> *Mangelnde Lebensfreude ruiniert alles.*
> **Alfred Selacher**

Wenn es darum geht, Voraussetzungen für Lebensfreude zu schaffen, muss es auch um die Befriedigung von Bedürfnissen gehen: Ausreichender Schlaf, eine gewisse Grundsicherung, körperliche Aktivitäten, ausreichende Entspannung, soziales Umfeld, viel Lächeln und Lachen, Dankbarkeit, offene, bejahende Grundstimmung, aufrechte Haltung und Selbstverwirklichung.

Wege zu mehr Lebensfreude

Die Glücksforscher haben viele Ratschläge, was zu einem Mehr an Freude im und am Leben führen kann.

- Allem voran sind es funktionierende soziale Kontakte. Besonders durch die Corona-Zeit hat sich die Bedeutung von **Familie und Freunde** für die Menschen noch einmal deutlich verstärkt. Die sozialen Verbindungen und gemeinschaftliches Erleben haben die Menschen wieder neu zu schätzen gelernt.
- Die Allgegenwart der Social Media muss unterbrochen werden. Dauernd erreichbar zu sein, macht wichtig, ist aber nicht hilfreich, wenn es Richtung Lebensfreude gehen soll. Der ständige Blick auf das Handy oder Smartphone unterläuft eine funktionierende Kommunikation und stört die sozialen Beziehungen.
- Die Sucht, perfekt zu sein, sollte ebenfalls verbannt werden. **Perfektionismus macht nicht glücklich**, sondern einsam. Fehler gehören zum Leben. Man sollte sich die Lernkurve nach Fehlern gönnen.
- Wichtig ist zudem, sich Zeit zu geben. Da geht es um **Geduld**. Vor allem, wenn es um Entwicklungen geht, sollten wir großzügig zu uns sein. Entwicklungen brauchen oft die Auseinandersetzungen mit widersprüchlichen Gefühlen und ausreichende Zeit zum Reflektieren.
- Der lebensfrohe Mensch braucht auch Zeit für sich. Gerade in schwierigen Phasen muss auf der Anspannung auch die notwendige Entspannung folgen. Ganz gleich, wie die Entspannung ausschaut, sie ist wichtig und hilfreich.
- Wenn es um Lebensfreude geht, sollte man überlegen, wie man **sich mehr Freude schenken** und die Seele streicheln kann. Die Frage sollte lauten: Was bringt mir Freude? Da geht es um kulturelle Freudespender. Welche Musik liebe ich, macht mir Spaß und berührt mich? Was sollte ich sehen, hören und lesen? Wie befriedige ich meine Kreativität und wie verwöhne

ich meinen Körper und welches Hobby sollte ausreichend Zeit erhalten? Man sollte sich mit den individuellen Freudespendern gezielt auseinandersetzen, Bedürfnisse und Wege erfragen und sich bewusst machen.

Die Freude steckt nicht in den Dingen, sondern im Innersten unserer Seele.
Therese von Lisieux

- Man sollte auch **anderen Menschen eine Freude bereiten**. Man sollte anderen Menschen Aufmerksamkeit und Zeit schenken, Komplimente machen und oft Danke sagen. Wenn man anderen in großen und vor allen kleinen Dingen hilft, tut das auch einem selbst gut und schenkt Zufriedenheit und Freude.
- ‚Zum wesentlichen Thema, sich und anderen Freude zu schenken‘, gehört selbstverständlich das **Lächeln** oder auch das Lachen. Wie wichtig ist es, sich selbst und anderen ein Lächeln zu schenken und dadurch Freude zu spenden und den Tag zu verbessern!

Die Freude ist ein Lebensbedürfnis, eine Lebenskraft und ein Lebenswert.
Paul Wilhelm von Keppler

Es ist wichtig, dass wir Freude am Leben, also Lebensfreude haben. Ernst Ferstl sagt warum:

Wenn wir Freude am Leben haben, kommen die Glücksmomente von selber.
Ernst Ferstl

Stichwort: Glücklich im Alter

„Kann es im Alter Glück geben?" Im Alter gibt es Krankheit, Unglück, Altersarmut, Elend, Einsamkeit und Tod. Das ist mit Sicherheit für viele eine bittere Realität nach einem mehr oder minder langen und entbehrungsreichen Leben. Dennoch beantworten viele ältere Menschen und auch jede Menge Experten diese Frage mit einem deutlichen ‚Ja‘. Es kommt, wie so oft im Leben, darauf an, wo es den Alten - was immer ‚Alten‘ bedeutet – ‚hingespült‘ hat, wie er sich einstellt bzw.

wie er sich fühlt und was er letztlich aus seiner Situation macht. Ich habe alte Menschen erlebt, die hatten wenig Geld, hatten ihre Krankheiten und waren dennoch zufrieden und durchaus glücklich. Zugleich habe ich viele Menschen getroffen, die hatten Geld und ein schönes Zuhause, die waren unzufrieden, verbittert, einsam und leider oft auch mehr oder minder krank.

Nicht das Alter ist das Problem, sondern unsere Einstellung dazu.
Cicero

Von der Datenlage zum Altern

Sicherlich kann man die Lebenswege, die Vorsorge, die Ansprüche, die Situationen vieler älterer Menschen nicht über einen Kamm scheren, aber dennoch zeigen sich Parallelen. Bevor ich weiter darauf eingehe, möchte ich genau an dieser Stelle kurz an Sonja Lyubomirsky und die Faktoren für das Glücksempfinden erinnern, die selbstverständlich auch auf das Leben im Alter einwirken. Danach werden wir zu 50% von unserer Erbmasse beeinflusst und zu 10% von unseren aktuellen Lebensumständen, von unserem Umfeld. Aber zu 40% ist es uns selbst überlassen, ob wir glücklich sein wollen, wie wir uns fühlen und wie wir unser Leben gestalten. Wichtig scheint grundsätzlich, dass man im Alter seine Grenzen wahrnehmen und akzeptieren muss. Grübeleien und Vergleiche schaden. Es gilt, das Beste aus der Situation zu machen, wie einschneidend sie auch sein mag. Es gibt fast immer Spielräume. Zugleich ist es entscheidend, an der Zufriedenheit zu arbeiten und dankbar zu sein für das, was man hat. Oft sind da Kinder, Enkel, die einen lieben, oder Freunde, die einem nahe stehen. Es gibt immer Gründe, dankbar zu sein. Zudem sollte man im Alter nie die Zuversicht verlieren und stets offen sein für Freude und Liebe.

Das Alter ist ein wahres Geschenk, das wir erst im Alter schätzen lernen.
Plutarch

Lassen wir Experten sprechen. Ich möchte noch einmal auf die bereits erwähnte **U-Kurve des Glücks** eingehen. Forschungsergebnisse sagen uns, dass viele Menschen in ihrer Kindheit und Jugend besonders glücklich sind. Doch im Alter zwischen 30 und 60 Jahren sinkt die Zufriedenheit im Mittel eher und das Erstaunliche ist, dass sie danach wieder ansteigt. Es zeigt sich eine Art U-Kurve der Zufriedenheit und letztlich des Glücks.

Das junge Erwachsenenalter um Anfang 20 ist ein als glücklich erlebtes Alter. Den gleichen Level kann übrigens der 75-Jährige erreichen. In aller Regel hat man mit 20 keine Verpflichtungen, fühlt sich endlich ungebunden und frei. Die Ausbildung prägt den Alltag. Beruf und Karriere stehen noch bevor. Mit 30 beginnt sehr oft der ‚Ernst des Lebens‘. Man hat den Einstieg in den Beruf geschafft und möglicherweise Partner im Leben gesucht oder sogar schon gefunden. Laut Horst W. Opaschowski, Leiter der BAT-Stiftung, sind die späten 30-iger Jahre geprägt von Bindung, Heirat und oft von Familie. Zudem werden nach dem Zukunftsforscher in dieser Phase Freunde sehr wichtig. Glückliche Momente werden sehr häufig im sozialen Umfeld erlebt. In den Vierzigern wird primär die Karriere forciert. Immer wieder erlebt man die kritische Auseinandersetzung mit dem Ist-Zustand. Vielleicht halten Job und Partnerschaft nicht mehr das, was man sich von ihnen versprochen hat. Immer mehr Verpflichtungen sind da. Erste Attacken der Midlife-Crisis können zuschlagen.

An den Scheidewegen des Lebens stehen keine Wegweiser.
Charlie Chaplin

Die Lebenszufriedenheits- und Glückskurve folgt dem U und strebt mit 50 dem Tiefpunkt zu. Ruut Veenhoven, Soziologe und Glücksforscher an der Universität Rotterdam ergänzt, dass viele Zeitbudget-Studien gezeigt hätten, dass die Leute in der Mitte des Lebens außerordentlich ‚busy‘ seien. „Ich nenne es die Rushhour des Lebens mit ihrem Verlust an Freiheit und ihren vielen Belastungen: **Karriere, Kinder, Kredite.**“

Rushhour des Lebens

Mit Ende der Vierziger und in den Fünfzigern beginnt die Festigung der Verhältnisse. Die berufliche Situation wird noch einmal forciert. Sehr häufig gibt es in dieser Phase Auseinandersetzungen um die Wertigkeiten von Beruf und Freizeit. Veränderungen sind in dieser Lebensphase oft nicht realisierbar. Unerfüllte Hoffnungen werden allerdings als schmerzhaft empfunden. Die Zufriedenheit erreicht deshalb oft ihren Tiefpunkt. Glücklich machen können in dieser Phase nicht nur berufliche Erfolge, sondern auch Erlebnisse in Freizeit, Familie und Freundeskreis.

Spätestens in den Sechzigern stehen dann die Altersperspektiven im Vordergrund. Die Kinder sind meist aus dem Haus oder zumindest ‚auf einem rechten Weg'. Die Absicherung des Alters nimmt breiten Raum ein. Die soziale Einbindung ist wichtig. Glückliche Momente können sich ergeben aus einem beherrschten Umgang mit Stress und dem zunehmenden Sinn für echten Genuss. Gleichzeitig wird die Lebenserwartung mit 60 oder 70 durchaus als ‚noch lang' erlebt. Der Ruhestand kann neue Freiräume und Perspektiven eröffnen. Erst mit 75 verlässt die Kurve der Lebenszufriedenheit die U-Form, ermittelten die Forscher. Die Zufriedenheit sinkt wieder. Allerdings sind diese Beobachtungen am statistischen Mittel orientiert.

Das Paradoxon

Das Alter wird zwar nicht unbedingt als die glücklichste Phase erlebt, statistisch gesehen jedoch oft von Zufriedenheit geprägt. Brauchen wir uns also nur zurückzulehnen und auf das Glück im Alter zu warten? Ganz so einfach ist es

nicht, denn die Lebenszufriedenheit hängt - wie ich bereits beschrieben habe - im erheblichen Maße vom eigenen Tun ab. Es gilt, Freundschaften zu pflegen, sich regelmäßig zu bewegen und genussvollen Aktivitäten nachzugehen, aktiv zu sein, genug zu schlafen und sich ausgewogen zu ernähren sowie den Sinn für Genuss und schöne Momente zu pflegen. Das alles zusammen hilft, der Zufriedenheit und dem Glück Tür und Tor zu öffnen. Man muss Freude und Schönes im Alltag kultivieren.

> Jeder, der sich die Fähigkeit erhält, Schönes zu erkennen, wird nie alt werden.
> **Franz Kafka**

Die Folgen sind erforscht: „Ältere Menschen, die glücklicher sind und das Leben mehr genießen, bauen körperlich langsamer ab", sagt Andrew Steptoe vom University College London in einer Untersuchung.

> Ältere Menschen, die glücklich sind, bauen körperlich langsamer ab!

Danach hatten die zum Studienbeginn am wenigsten zufriedenen Teilnehmer im

Vergleich zu der zufriedensten Gruppe ein um 80 Prozent höheres Risiko, acht Jahre später in verschiedenen Alltagslagen Hilfe zu benötigen. Glück und Gesundheit sind also eng miteinander verknüpft. Senioren, die mit ihrem Leben zufrieden sind, bleiben demnach länger fit als unzufriedene und niedergeschlagene Altersgenossen. Passend dazu gibt es Untersuchungen, die starke soziale Kontakte als hilfreich gegen Demenz erkennen lassen.

Auch der Übergang in den Ruhestand muss kein Einbruch sein, wenn man sich frühzeitig damit auseinandersetzt. Es kann eine Lebensphase sein, die als sehr glücksbetont erlebt wird. Diese ‚neuen Alten' sind oft glücklicher, als sie mit 30 waren, und entdecken ihre Möglichkeiten. In dieser Phase ist es allerdings wichtig, Interessen zu haben, die den älteren Menschen binden, vielleicht sogar fesseln und vor allem befriedigen.

> *Älter werden ist wie auf einen großen Berg klettern: Während des Aufstiegs werden die Kräfte immer weniger, doch der Blick wird freier und die Aussicht immer besser.*
> **Ingmar Bergmann**

Weg mit Vorurteilen

Experten kritisieren, dass im Brennpunkt der Altersforschung bisher viel zu sehr jene Menschen gestanden hätten, die auf Pflege in Altersheimen und Krankenhäusern angewiesen waren. Insgesamt seien dies nur etwa fünf Prozent aller älteren Menschen. Schwächlich, kränklich, wackelig, gehandikapt, schlechtgelaunt, passiv, unsicher und einsam, so ist das weit verbreitete Bild vom älteren Menschen. Es wurde geprägt von Jahrhunderte alten, abgedroschenen Vorstellungen und Vorurteilen, kritisieren Altersforscher.

Um die eigenen Chancen für ein erfülltes Alter wahrzunehmen, empfehlen sie, sich erst einmal von diesen weit verbreiteten, überkommenen Vorurteilen und falschen Vorstellungen zu befreien. Es gibt deutlich positive Entwicklungen. Zwar hatte jenseits der 75 jeder Dritte zu hohen Blutdruck, Herzbeschwerden oder Hörschäden, und elf Prozent leiden an Diabetes zwei. Doch könne es gut sein, dass diese Gesundheitsbeschwerden im Alltag kaum ins Gewicht fallen, sondern ‚routinemäßig', quasi ‚nebenbei' erledigt werden. Viele altern weitaus lebendiger, unternehmungslustig und voller Lebensfreude, als krank und hinfällig. Die meisten älteren Menschen wollen ihr Dasein nutzen und das Mark des Lebens noch einmal auskosten. Fast 90 Prozent der 65- bis 74-Jährigen berichteten über ‚keinerlei Gesundheitsbeschwerden‘. Sogar von den über 85-Jährigen fanden sich noch rund 40 Prozent ‚**voll funktionstüchtig**‘.

Alter ist irrelevant, es sei denn, du bist eine Flasche Wein.
Joan Collins

Ebenso sei auch der geistige Verfall im Alter ein Vorurteil. Jeder verlegte Schlüssel oder vergessene Name erinnere zwar an das Schreckgespenst der Alzheimer-Krankheit, doch es zeige sich, dass **weniger als acht Prozent** der Menschen zwischen 65 und 100 Jahren Opfer dieser Krankheit würden. Obwohl sich unser Kurzzeitgedächtnis, das nur vorübergehend Informationen speichert, mit den Jahren verschlechtert, kann unser Erinnerungsvermögen mit Gedächtnistraining gezielt aufgebessert werden. Zwar geht das Denken, wie alles in diesem Alter, etwas langsamer vor sich. Experten meinen aber, dass auch ältere Menschen beachtliche Leistungen schaffen können, wenn man sie mit etwas mehr Zeit ausstattet.

> Wir können beeinflussen, wie wir altern.

Die wichtigste Botschaft von Altersexperten ist, dass wir die Art und Weise, wie wir altern, gewaltig beeinflussen können. Weit mehr als bisher angenommen liegt der Erfolg des glücklichen Alters in unseren eigenen Händen. Wir erinnern uns an Frau Lyubormirski und ihr zu 40% selbst beeinflussbares und zu 50% genetisch disponierten Glückserleben. Der Einfluss der Gene scheint im Alter jedenfalls überschätzt. Die rund 25.000 Zwillingspaare aus dem über 70 Jahre lang geführten schwedischen Zwillingsregister (SATSA) entmachteten die Theorie von der Herrschaft der Gene. Die genetische Disposition mit rund 50 % ist im Alter nicht zu halten.

Schätze das Altern als ein Geschenk, das du in deiner Jugend nicht hattest.
Oscar Wilde

Bias

Allerdings haben alle Daten und Ergebnisse zum Altern einen großen Nachteil, weil hier in aller Regel nur Menschen in Privathaushalten untersucht werden. Auskunft gaben also die Senioren, die noch in ihren eigenen vier Wänden wohnen. Studien, die den Schwerpunkt auf sehr alte und stark pflegebedürftige Menschen legen bzw. in Altenheimen durchgeführt werden, kommen zu anderen Ergebnissen.

Alter ist die Kunst, das Richtige zu tun und es zur richtigen Zeit zu tun.
Jules Renard

Am Ende des Lebens kommt es dann allerdings oft zum Knick im Lebensglück. Beim Zusammenhang von Todesnähe und beginnendem Gram sind Ursache und Wirkung nur schwer zu unterscheiden. Sind kurz vor dem Tod Verluste, Einbußen und vielleicht sogar kognitive Abbauprozesse so groß, dass die Anpassung erlahmt oder an ihre Grenzen stößt? Versagen irgendwann die psychischen Regulations-Mechanismen, sodass es den Menschen nicht mehr gelingt, ihrem Leben positive Aspekte abzugewinnen und die Unzufriedenheit Oberhand gewinnt? Experten zufolge ist denkbar, dass ein nachlassendes Wohlbefinden das Verhalten und sogar die Gesundheit negativ beeinflusst und so das Sterberisiko erhöht.

Gesundheit im Alter

Das Thema ‚Gesundheit im Alter' nimmt ohne Frage einen breiten Raum ein. Herausforderungen kommen durch die vielen Unpässlichkeiten, die nagenden Befindlichkeitsstörungen und die kleinen Krankheiten. Sie können die Lebensqualität deutlich einschränken. Aber damit muss und kann man lernen, umzugehen. Viele Krankheiten wie Bluthochdruck, Herzinfarkt oder Schlaganfall treten im Alter zwar häufiger auf als in jüngeren Jahren. Sie sind aber keine typischen Alterserscheinungen. Anders sieht es mit Krankheitszeichen aus, die auftreten, wenn mehrere Organsysteme durch Alterserscheinungen in ihrer Funktion eingeschränkt sind und es am Zusammenspiel zwischen Gehirn, Nerven und Muskeln hapert. Beispiele sind Inkontinenz, Verletzungen durch Stürze oder die Entwicklung von Krankheiten wie Demenz. Sie treten meist im höheren Lebensalter auf. Aber viele zupackende, glückliche ältere Menschen zeigen, dass man lernen kann, mit Krankheiten zu leben und dennoch zufrieden zu sein.

Vom Verlust

Noch schwieriger wird es mit den Verlusten von Verwandten und Freunden. Der Tod ist allgegenwärtig. Mit Krankheit und Tod will ich mich an dieser Stelle nicht weiter auseinandersetzen. Es würde den Rahmen sprengen. Das Thema ist es indessen wert, an anderer Stelle aufgegriffen zu werden. Ich möchte als Abschluss ein Sprichwort australischer Aborigines als eine schöne und nachvollziehbare Betrachtungsweise im Raum stehen lassen:

Wir alle sind nur Besucher dieser Zeit, dieses Ortes. Wir sind auf der Durchreise. Unsere Aufgaben hier sind Beobachten, Lernen, Wachsen, Lieben und dann: nach Hause zurückkehren.
Sprichwort Australischer Aborigines

Glücklich altern

Kommen wir zurück zu einer Kernfrage: Gibt es Maßnahmen, um glücklich zu altern? Auch wenn das Leben nicht einfacher wird, so kann man vor allem im fortgeschrittenen Alter am Glücklich-sein arbeiten. Es geht um **Maßnahmen,** die zur **Erhaltung der physischen und psychischen Gesundheit** beitragen. Es geht im Wesentlichen um die Pflege des Körpers und der Seele. Und es geht um Offenheit. Man muss gerade im Alter offen sein für Neues und immer bereit sein zu lernen. Schauen wir uns die Maßnahmen an und denken darüber nach:

- Ausreichende Bewegung

  Es gilt sicherlich die Feststellung: Bewegung ist immer gut und das gilt besonders im höheren Alter. Durch körperliche Aktivitäten werden die Organe beansprucht und die Funktionen hochgefahren. Zudem kann beim Spazieren, Schwimmen oder beim Ausdauertraining Stress abgebaut werden. Experten empfehlen, dass sich der Mensch an drei Tagen in der Woche anstrengen sollte (was z.B. auch Gartenarbeit oder Tanzen sein kann). Zugleich werden bei ausreichender Belastung Wohlfühlhormone wie Endorphine aktiviert. Man sollte allerdings darauf achten, sich nicht zu überfordern. Ergänzend dazu können noch Entspannungs-Übungen integriert werden.

Zu unserer Natur gehört die Bewegung, die vollkommene Ruhe ist der Tod.
Blaise Pascal

- Sinnvolle Ernährung

Das Thema ‚sinnvolle Ernährung im Alter' ist schwierig. Oft haben sich Essens-Routinen eingeschliffen, die wenig sinnvoll sind. Da kämpfen gerade bei Älteren oder sogar kranken Älteren Ärzte und Ernährungsberater einen aussichtslosen Kampf. Eine ausgewogene Ernährung ist nicht nur sinnvoll, sondern unterstützt auch die Stimmung und das Fitfühlen. Besonders hilfreich ist mediterran angehauchte Küche mit einem guten Tropfen Wein dazu. Schonende Garmethoden erhalten die wichtigen Vitamine und Mineralstoffe. Zudem soll langsam gegessen und ausreichend oft gekaut werden. Ein wichtiges Feld sind bei Älteren die Süßigkeiten oder gleich die Schokolade. Ja, Schokolade macht glücklich. Aber alles in Maßen - wie eigentlich immer. Grundsätzlich gilt indessen: Gönne dir Genuss beim Essen!

Essen ist ein Bedürfnis, Genießen ist eine Kunst.
La Rouchefoucauld

- Soziale Kontakte

Besonders im Alter braucht man soziale Kontakte. Es geht um die Interaktion mit angenehmen Menschen. Es bedarf des Austauschs mit wohlmeinenden und nahestehenden Menschen. Diese sozialen Kontakte sind wesentliche Bedürfnisse des Menschen. Dabei werden sowohl das Kommunikationsstreben befriedigt, als auch die intellektuellen Fähigkeiten gefordert. Wertvolle Freundschaften streicheln zudem auch die Seele.

Wahre Freunde sind Menschen, die uns ganz genau kennen und trotzdem zu uns halten.
Albert Schweitzer

- Beziehungen zu Menschen verschiedenen Alters

Bei den Beziehungen zu Menschen ist es wichtig, Menschen verschiedenen Alters als Ansprechpartner zu haben. Andere Altersgruppen bringen andere Aspekte des Lebens zum Vorschein. Vor allem die Kontakte zu jüngeren Menschen sind bereichernd, weil sich oft völlig neue Perspektiven eröffnen. Die Älteren sind gefordert und sie können aber auch profitieren. Ich denke da zum Beispiel an den Umgang mit elektronischen Geräten. Da können die Großeltern gut von den Enkeln lernen. Umgekehrt haben sicherlich die Älteren den Jüngeren etwas zu bieten aus ihrem reichen Erfahrungsschatz und ihrem Wissen. Überhaupt bringen solche Interaktionen immer eine Erweiterung des Horizonts und häufig für beide Seiten einen Gewinn.

- Gute Schlafroutine

Nicht die Dauer ist entscheidend, sondern die Qualität. Deshalb muss der Mensch auf die Schlaf-Vorbereitung, Temperatur, Lage und die Lagerstatt achten. Eine gute Schlafroutine hilft beim Stressabbau und führt zu ausreichender sowie nachhaltiger Ruhe.

- Fordernde Aktivitäten

Im fortgeschrittenen Alter neigen viele dazu, träge zu werden. Die Beschäftigungen werden eingeschränkt und einfacher. Zeitunglesen und Fernsehen sind wenig fordernde und hilfreiche Aktivitäten. Es geht darum, neben den notwendigen Alltagsaktivitäten Dinge zu tun, die Spaß machen und Energie abfordern. Ideal ist es, wenn sich bei einer Tätigkeit der bekannte Flow einstellt. Dann kann man sicher sein, dass diese Aktivität wichtig ist, befriedigt und zugleich ein Freudespender ist. Und glücklich wird diese Tätigkeit auch machen.

Die Gesundheit zu erhalten: Nicht bis zur Sättigung essen, sich vor Anstrengungen nicht scheuen!
Hippokrates

- Offen für Neues sein

Dass man feste Gewohnheiten hat und damit durchaus zufrieden ist, sollte nicht bedeuten, dass für Neues kein Platz ist. Zumal das Thema ‚für Neues offen sein' uns Menschen ohnehin größere Probleme zu bereiten scheint. Darauf bin ich an anderer Stelle bereits mehrfach eingegangen. Unterstellen wir, jene Barriere ist überwunden oder trifft nicht zu, dann eröffnen sich wunderbare Perspektiven. Wir haben keine Vorstellung davon, wozu wir auch im Alter noch fähig sind. Deshalb sollte man neugierig bleiben und offen sein für alles, was sich ergibt. Man sollte sich mit Freude an Neues, an neue Aktivitäten heranwagen. Das kann zum Beispiel ein Tanzkurs, eine neue Sportart, Theaterspielen oder Kochen sein. Am meisten ist man über sich selbst erstaunt, wenn man das Neue probiert hat und es bewältigt. Besonders, wenn es dazu noch Spaß macht. Das gilt besonders für Herausforderungen im intellektuellen Bereich. Warum sollte man im Alter nicht eine neue Sprache lernen oder sich künstlerischen Aktivitäten widmen? Hauptsache, man ist aktiv und hat Spaß. Auf alle Fälle ist man nie zu alt.

Jeder, der aufhört zu lernen, ist alt, egal ob das mit zwanzig oder mit achtzig ist.
Henry Ford

- Mittel zur Befriedigung der materiellen Grund-Bedürfnisse und finanzielle Sicherheit

Das ist die Frage nach dem Geld. Was braucht der ältere Mensch? Experten haben festgestellt, dass Geld, wenn überhaupt, nur bis zu einem gewissen Maß zufrieden und glücklich macht. Sie raten sogar, über Geld nicht nachzudenken. Sicherlich muss eine gewisse Grundsicherung vorhanden sein. Bei älteren Menschen ist eine gewisse Rücklage zudem sinnvoll. Schließlich kann sich die Lebenssituation plötzlich dramatisch verschlechtern. Da können für Medikamente oder Pflege - je nach individueller Situation und Bedarf – erhebliche Kosten entstehen. Ein notweniger Aufenthalt in einem Pflegeheim kann besondere finanzielle Mittel notwendig machen. Im Normalfall indessen sollten die finanziellen

Mittel ausreichen und die älteren Menschen sollte sich keine Sorgen machen müssen. Der Zukunftsforscher Horst Opaschowski definiert Wohlergehen jenseits von Besitz. Er stellt fest: „Statt Wohlleben sollte das Wohlergehen in den Mittelpunkt rücken."

Weise ist der Mensch, der nicht den Dingen nachtrauert, die er nicht besitzt, sondern sich der Dinge erfreut, die er hat!
Epiktet

Alter eine Frage der Einstellung

‚Was, wenn Alter nur eine Frage der Einstellung ist?' So überschrieb das ‚New York Times Magazine' im Oktober 2014 ein Porträt der Harvard-Psychologin Ellen Langer, einer Protagonistin der ‚Positiven Psychologie'. Diese glaubt fest daran, dass **positive Gedanken tatsächlich die Alten jünger**, die Dicken dünner und die Kranken gesünder machen können. Sie wird auch die ‚Mutter der Achtsamkeit' genannt, weil sie vor über 25 Jahren einen Bestseller zum Thema ‚Achtsamkeit' verfasst hat. Langer zitiert in einem Porträt des ‚New York Times Magazine' neuere Erkenntnisse und Forschungsergebnisse, die ihre These von der Macht der Gedanken über die Materie belegen sollen.

> Wie wir altern, ist eine Frage unserer Einstellung.

Auf die Frage, ob sich Senioren jugendlich kleiden, die Haare färben und auf die Suche nach jüngeren Partnern machen sollen, meint Langer: „Nicht unbedingt". Worauf es wirklich ankomme, sei die Einstellung. "Wenn man die geistige Haltung des Alters nicht übernimmt, ist man auch nicht so verwundbar. Ich glaube, wir haben viel mehr Kontrolle über die Gesundheit und das Wohlbefinden, als die meisten annehmen würden."

Von der Lebenskunst im Alter

Gerade habe ich geschrieben, dass es darum geht, auch im Alter Kontrolle über die Gesundheit zu erlangen oder zu behalten. Weitergehende Überlegungen zu aktiver Unterstützung der Gesundheit und gegen ein zu rasches Altern führten zu dem wirtschaftlich und sozial aktuell gewordenen Thema ‚longevity‘ oder ‚Langlebigkeit‘. Daraus ist rasch mehr entstanden als nur eine Idee. Massive wirtschaftliche Interessen führten zu einem boomenden Wirtschaftszweig. Ziel ist es, degenerative Prozesse zu verlangsamen und eine gewisse Regeneration zu unterstützen. Es geht um wissenschaftlich basierte Aktivitäten, die zu sehr teuren Aktivitäten führen. Wer mehr wissen will, dem empfehle ich Veröffentlichungen von und mit dem Altersforscher und Longevity-Experten Professor Sven Voelpel.

Kommen wir zurück zu dem, was ein ‚Durchschnittsmensch‘ im Alter tun kann. Von Frau Langer haben wir bestätigt bekommen, dass es beim Altern primär um die Einstellung geht. Daran muss man - nicht nur im Alter - intensiv arbeiten. Zudem kommt es bei älteren Menschen auch darauf an, aktiv zu bleiben. Wenn man mit der richtigen Einstellung stetig etwas für Körper und Seele tut, kann es im Alter nur gut werden. Vor allem geht es um notwendige Maßnahmen, die zur Erhaltung der physischen und psychischen Gesundheit beitragen. Dazu gehören: Ausreichende Bewegung, gute Schlafroutine, sinnvolle Ernährung, soziale Kontakte, Beziehungen zu Menschen verschiedenen Alters sowie fordernde Aktivitäten. Und oft braucht der ältere Mensch auch jemanden, der ihm einfach nur zuhört - am besten mit einem offenen Wesen. Da ist für viele ältere Menschen der Partner entscheidend, mit dem ein echter, ehrlicher Austausch gepflegt wird und für den er noch immer eine wahre Liebe empfindet.

aktives Altern

Es geht also um aktives Altern. Ziel ist es, auch im Alter immer wieder an den Bausteinen für das Glücklich-sein zu arbeiten, wie zum Beispiel Dankbarkeit, Zufriedenheit, Wohlbefinden und Lebensfreude. Es gilt, besonders im Alter sich Genuss zu verschaffen und ihn auszukosten. Idealerweise genießt man in vertrauter und gewachsener Zweisamkeit. Zudem sollte man glücklich-machende Momente suchen und genießen. Diese Wege zum Glücklich-sein, sind im Alter manchmal steinig, aber wichtig, meiner Meinung nach sogar lebenswichtig.

Was nehme ich mit aus dem Stichwort?

„Kann es Glück im Alter geben?" Im Alter gibt es Krankheit, Unglück, Altersarmut, Elend, Einsamkeit und Tod. Das ist mit Sicherheit für viele eine bittere Realität nach einem mehr oder minder langen und entbehrungsreichen Leben. Dennoch beantworten viele ältere Menschen und auch jede Menge Experten diese Frage mit einem deutlichen ‚Ja'. Es kommt, wie so oft im Leben, darauf an, was der ältere Mensch aktuell hat, wie er sich fühlt, wie er sich einstellt und was er letztlich aus seiner Situation macht.

Glücklich altern

In amerikanischen Langzeitstudien ist belegt, wie man glücklich altert: In einer stabilen Beziehung leben, geistig aktiv sein, Sport treiben, nicht zu viel essen und zu viel Alkohol trinken sowie nicht rauchen und auch im Alter sozial aktiv bleiben. Die Studienleiter betonen, dass die soziale Bindung bei all den Vorbedingungen besonders wichtig ist. Dabei sollten es vor allem einfühlsame sowie wohlmeinende soziale Kontakte sein.

Sicherlich kann man die Lebenswege, die Vorsorge, die Ansprüche, die Situationen vieler älterer Menschen nicht über einen Kamm scheren, aber dennoch zeigen sich Parallelen. Wichtig scheint grundsätzlich zu sein, dass man im Alter seine eigenen Grenzen wahrnehmen und akzeptieren muss. Grübeleien und Vergleiche indessen schaden. Es gilt, das Beste aus jeder Situation zu machen, wie einschneidend sie auch sein mag. Es gibt fast immer Spielräume. Zugleich ist es entscheidend, an der Zufriedenheit zu arbeiten und dankbar zu sein für das, was man hat. Oft sind da Kinder, Enkel, die einen lieben oder Freunde, die einem nahe stehen. Es gibt immer Gründe, dankbar zu sein. Zudem sollte man im Alter nie die Zuversicht verlieren und stets offen sein für Freude und Genuss.

> *Alter ist die Kunst, das Richtige zu tun und es zur richtigen Zeit zu tun.*
> **Jules Renard**

Wie ist es mit dem Alter und Krankheit?

„Altern ist ein natürlicher Prozess, der durchaus das Risiko für Krankheiten erhöht und die Lebensqualität senkt", betont der Präventionsexperte Christoph Bamberger. Ziel sei es, das Risiko für Krankheiten zu minimieren und die Lebensqualität zu maximieren. Klaus Hager, Präsident der Deutschen Gesellschaft für Alternsforschung, formuliert es so: „Ideal ist es, wenn alle Organe im Gleichschritt altern." Sobald aber ein Organ vorauseilt, zum Beispiel das Gedächtnis plötzlich rapide nachlässt oder Rückenschmerzen plötzlich so heftig werden, dass man sich nicht mehr bewegen kann, stecke mit hoher Wahrscheinlichkeit eine Krankheit dahinter. „Viele ältere Menschen leiden unter verschiedenen Zipperlein, aber alles funktioniert noch so gut, dass sie ihren Alltag meistern können."

Jeder, der sich die Fähigkeit erhält, Schönes zu erkennen, wird nie alt werden.
Franz Kafka

Auf die Einstellung kommt es an

Der Körper ist robust und kompensiert Ausfallerscheinungen, so gut er kann: „Der Organismus reagiert auf Veränderungen mit allen Mitteln, die ihm zur Verfügung stehen", betont der Alternsforscher Hager. „So greifen alte Menschen, die unsicher auf den Beinen sind, zu einem Stock, ohne darüber nachzudenken." Auch biologisch kompensiert der Körper viele Prozesse. „Wenn Muskelzellen sterben, vergrößern sich benachbarte Fasern, um die Leistung aufrechtzuerhalten", erklärt Klaus Hager. Ähnliches gilt für Nervenfasern, die für sterbende Nachbarn einspringen. Und auch die Psyche des Menschen kompensiert nachlassende Leistungen, unterstreicht der Experte: „Wenn man beispielsweise nicht mehr Rennauto fahren kann, geht man tanzen, wenn man nicht mehr tanzen kann, spielt man Bridge. Es ist absolut falsch, zu denken, der alternde Mensch könne nichts mehr machen."

Zudem verlangsamt nachweislich eine positive Einstellung zum Alter das Auftreten körperlicher Gebrechen. Das hat eine Studie um den texanischen Forscher Glenn V. Ostir ergeben. Probanden, die das Leben genießen und positiv in die Zukunft blicken, bauen demnach weniger schnell ab als ihre weniger zuversichtlichen Altersgenossen. Die Psyche kann das Altern zwar nicht stoppen, aber zumindest verlangsamen.

Fazit

Auch wenn das Leben nicht einfacher wird, so können wir auch im fortgeschrittenen Alter an unserem Glück arbeiten. Primär geht es darum, die richtige Einstellung zu finden.

> Wie Menschen altern, ist eine Frage der Einstellung und der Aktivitäten.

Zudem geht es um notwendige Maßnahmen, die zur Erhaltung der physischen und psychischen Gesundheit beitragen. Dazu gehören: Ausreichende Bewegung, gute Schlafroutine, sinnvolle Ernährung, soziale Kontakte, Beziehungen zu Menschen verschiedenen Alters, fordernde Aktivitäten sowie Offenheit für Neues. Und der ältere Mensch braucht Menschen, die ihm zuhören, ihn verstehen und oft braucht er auch einfach seinen vertrauten und wohlmeinenden Partner.

Wenn man im Alter in jeder Beziehung aktiv ist, kann man den Verlauf des Alterns beeinflussen. Es können sich Zufriedenheit, Wohlbefinden und Lebensfreude einstellen und letztlich kann das zum Glücklich-sein führen. Fontane hat zum Thema ‚Lebenskunst‘ einen Ratschlag verfasst:

Leicht zu leben ohne Leichtsinn, heiter zu sein ohne Ausgelassenheit, Mut zu haben ohne Übermut, Vertrauen und freudige Ergebung zu zeigen ohne Fatalismus - das ist die Kunst des Lebens.
Theodor Fontane

Stichwort: Glücklich durch Helfen

Das Alter einigermaßen glücklich zu bewältigen, ist eine nicht ganz leichte Aufgabe. Es gibt noch ein Thema, mit dem wir uns im Alltag schwertun: Helfen. Das fällt vielen Menschen schwer. Dabei kann das Helfen glücklich machen, sagen die Experten. Aber diese Feststellung ist ebenso wenig populär wie die Feststellung vom glücklichen Altern. Wenn es also um die Wege zum Glücklich-sein geht, dürfen Helfen und die Empathie nicht fehlen. Also los, hinein in die Recherche!

Die Glücksforschung und die ‚positive Psychologie' haben schon lange erkannt, dass das Helfen den Weg zum Glücklich-sein ebnet. Zudem ist es auch wissenschaftlich nachgewiesen, dass jemand, der anderen hilft und sich sozial engagiert, sich selbst genauso etwas Gutes tut wie anderen.

Durch unsere Bereitschaft, anderen zu helfen, können wir lernen,
glücklich statt deprimiert zu sein.
Gerald Jampolsky

Was kann ‚Helfen' alles bedeuten?

Beim Thema ‚Helfen' fällt mir spontan viel ein: Ich kann der Nachbarin helfen, die schweren Taschen heimzutragen. Ich kann ein Ehrenamt übernehmen. Ich kann durch eine Spende für eine gemeinnützige Organisation einer bestimmten Gruppe von Menschen helfen. Also, es gibt viele Möglichkeiten. Man muss nur ein wenig nachdenken. Und genau das ist die Crux beim Helfen. Wir tun uns heutzutage schwer, den Bedarf an Hilfe zu sehen und die große Breite an Möglichkeiten, helfend und unterstützend einzugreifen.

Nach einigem Nachdenken fallen mir noch weitere Beispiele für mögliche Hilfsaktivitäten ein: Helfen in der Altenpflege, Einsatz bei der Tafel, Engagement in der Telefonseelsorge, Dienst bei Feuerwehr und Rotem Kreuz, Engagement in Hilfsorganisationen, Einsatz im Verein. Immer geht es darum, etwas für andere zu tun, sich anderen zuzuwenden.

> Wir Menschen müssen wieder bereit und offen sein, zu helfen, weil immer wieder unsere Zuwendung gefordert ist.

Wie ist das mit dem Helfen?

Wir Menschen begreifen uns als Gemeinschaftswesen. Deshalb sind zwischenmenschliche Beziehungen wichtig für unser soziales Leben und für unsere Gesundheit. Etliche Studien haben gezeigt, dass die Psyche und die

Gesundheit eng miteinander verbunden sind. Und auch in meinen bisherigen Ausführungen wurde immer wieder deutlich, dass die zwischenmenschlichen Beziehungen gerade auch für das Glücklich-sein von außerordentlicher Bedeutung sind, und dies durch soziale Kompetenz, Beziehungsfähigkeit und Freude am Kontakt zum anderen. Dieses Gefühl, sich mit anderen Menschen verbunden zu fühlen, ist wichtig, wenn es um das Helfen geht. Besonders, wenn ein anderer Mensch in einer schwierigen Lage oder Phase ist, sind wir so angelegt, unterstützend aktiv zu werden. Es kann echtes Engagement für andere sein, es kann die hilfreiche Hand für einen Einzelnen bedeuten, oder es kann auch einfach eine Spende für eine Hilfsorganisation sein. Allerdings sind diese Anlagen zum Helfen durch die schnelllebige Zeit und den allgegenwärtigen Egoismus oft verkümmert. Ich weiß aus eigener Erfahrung, dass die Spendenbereitschaft in den letzten Jahren deutlich zurückgegangen ist. Auf ganzer Linie gilt es gegenzulenken. Gerade in unserer immer egoistischer werdenden Ellenbogen-Gesellschaft müssen wir wieder bereit und offen sein, zu helfen, wo immer unsere Hilfe, unser Teilen und vor allem unsere Zuwendung gefragt sind. Eine ‚Belohnung' ist uns in irgendeiner Form sicher. Die Hirnforschung zeigt deutlich, dass das Helfen gleich mehrere Glückshormone bei dem Helfenden liberiert. Und es werden sogar Glückshormone, wie das Dopamin, unabhängig davon freigesetzt, ob man direkte Rückmeldung erhält oder nicht.

Hilfsbereitschaft ist eine Tugend, die nicht immer belohnt wird und trotzdem Sinn macht.
Franz Schmidberger

Was passiert, wenn wir helfen?

Experten sagen uns, was passiert, wenn wir helfen.

- Unser Selbstwertgefühl steigt

Die wohl stärkste und positivste Auswirkung spürt der Helfer selbst. Denn wenn wir jemandem helfen, dann machen wir die Erfahrung, dass wir etwas bewegen. Der Helfer bringt Veränderungen und Hilfe für den Betroffenen auf den Weg. Damit ist er als Hilfe für den anderen wichtig und wertvoll. Und das hat auch Auswirkungen auf den Helfer selbst. Es ist nachgewiesen: Der Körper schüttet vermehrt Glückshormone aus, was sich positiv aufs Immunsystem und die Stressabwehr niederschlägt. Doch das ist längst nicht alles. Die ehrliche Hilfsbereitschaft ist ein ‚Booster' für das Selbstwertgefühl und erweitert auf alle Fälle den Horizont. Man lernt neue Menschen, neue Sichtweisen und ein neues Umfeld kennen. Darüber hinaus lernt man mehr über sich selbst, überwindet Grenzen und hat künftig mehr Verständnis für die anderen. Fazit: Man wächst an seiner Hilfe für andere. Und das steigert das Selbstwertgefühl nachhaltig. Es steht so auf einem festen Fundament und baut sich nicht auf Oberflächlichkeiten auf. Anderen zu helfen, trägt unmittelbar dazu bei, eine bessere Version von einem selbst zu werden und zufrieden sowie vielleicht sogar glücklich.

Willst du glücklich sein im Leben,
trage bei zu and'rer Glück.
Denn die Liebe, die wir geben,
kehrt ins eig'ne Herz zurück.
Goethe

- Wir erhalten Dankbarkeit und Anerkennung

Wenn man sich selbstlos in den Dienst von jemandem anderen stellt, bekommt der Helfer Dankbarkeit und Anerkennung. Und dies befriedigt in hohem Maße Bedürfnisse und streichelt überdies die Seele. Allem voran wird dem Anerkennungsstreben Genüge getan. Die Individual-Bedürfnisse werden befriedigt. Zudem wird unser Belohnungssystem aktiviert und das setzt Botenstoffe frei und verschafft uns gute Gefühle. Spätestens damit sind wir auf dem Weg zum Glücklich-sein.

Hilfsbereitschaft kann nicht durch Erlässe hergestellt werden. Sie muss in
den Herzen der Menschen entstehen.
Sigmund Widmer

- Wir spüren Verbundenheit

Nach dem Helfen wird dem Helfer klar, wie wichtig wieder einmal die Verbundenheit zwischen uns Menschen war. Ist das nicht etwas, was immer wieder als Mangel angemahnt wird: Das Gefühl von Zusammengehörigkeit und füreinander da zu sein? Und plötzlich zeigt sich das Gefühl von Verbundenheit. Dieses Gefühl macht froh und lässt ein Gefühl von Sicherheit,

Zugewandtheit und Geborgenheit entstehen. Das ist für jeden Helfer ein schönes Gefühl. Und für den Betroffenen ist es die Erkenntnis, dass es andere Menschen gibt, vielleicht sogar komplett Unbekannte, denen das Schicksal eines anderen nicht egal ist.

Edel sei der Mensch, hilfreich und gut.
Goethe

Vielleicht muss es manchmal kleine und größere Katastrophen geben, um der Gemeinschaft zu zeigen, wie wichtig es ist, immer wieder zusammenzuwachsen und füreinander da zu sein. Unsere Verbundenheit ist gefordert. Immer wieder brauchen Menschen Hilfe und die Zuwendung von anderen Menschen. Es gibt sehr viel Hilfsbedarf in der großen, weiten Welt. Und dort sind es vor allem die Kinder, die Hunger haben, in Not sind und Hilfe brauchen. Ich weiß, wovon ich spreche. Aber es müssen nicht immer Katastrophen sein, die ein beherztes Helfen notwendig machen. Da gibt es im Alltag so viele Situationen, wo Hilfe notwendig wird, und es gibt viele Menschen im nächsten Umfeld, die Hilfe brauchen und denen auch kleine Hilfen willkommen und sinnvoll sind.

Du bist mutiger als du glaubst, stärker als du scheinst und intelligenter als du denkst.

Alan Alexander Milne

Kleine Hilfen im Alltag

Im Alltag sind es oft die kleinen Hilfen, die gebraucht werden und dann erstaunliche Wirkung zeigen. Es kann t sein, dass einfach nur ein gutes Wort fehlt. Das kann im richtigen Augenblick eine große Hilfe sein und aus einer schwierigen Situation herausbegleiten. Eine kleine Geste oder eine kleine Gefälligkeit im richtigen Moment kann einem anderen Menschen aus einer misslichen Lage helfen oder ihm eine unerwartete, aber gerne angenommene Hilfestellung bringen. Vielleicht trägt man einfach einer älteren Dame die schwere Tasche. Eine weitere kleine, aber sehr wirkungsvolle Hilfe kann ein Lächeln sein. Es kann eine ermunternde und Ansporn vermittelnde Geste im rechten Augenblick bedeuten oder eine schon lange nicht mehr erfahrene Zuwendung sein. Und das Lächeln kommt so oft zu dem, der es aussendet, zurück. Gerne folge ich Mutter Teresa:

Wir werden nie wissen, wie viel Gutes ein einfaches Lächeln vollbringen kann.
Mutter Teresa

Fazit zum Helfen

Es gilt für die großen und kleinen Hilfen, für die Hilfen mit der Tat oder mit einem guten Wort: Wer anderen hilft und/oder sich engagiert, tut sich selbst genauso etwas Gutes wie den anderen Menschen. Bereits kleine Gesten und Aktionen reichen aus, um stolz und zufrieden zu sein. Man sollte immer wieder hilfreich einspringen und wird sehen, wie bereichernd es ist, anderen zu helfen. Solange kein Helfer-Syndrom ausbricht, ist das Helfen eine wunderbare Sache. Irgendwann wird es für einem zur Selbstverständlichkeit, die gut tut. Und noch eine Wirkung sollte bedacht werden: Indem man das Leid oder die aktuelle Notlage eines anderen sieht, relativiert sich die Sichtweise auf die eigenen kleinen und großen Stolpersteine im Leben. Man merkt, wie gut es einem ,eigentlich' geht. Und das eröffnet Wege, um weniger zu klagen, zu nörgeln und stattdessen zufrieden(er) und dankbar(er) zu sein. Zudem verhilft es auf den Weg zum Glücklich-sein.

Die Menschen sind doch dazu da, einander auszuhelfen.
Voltaire

„Wir unterstützen eine Person außerdem eher, wenn wir das Gefühl haben, dass sie nichts für ihre Situation kann", sagt Psychologe Joscha Kärtner. Und dann spielt natürlich auch die Hilfsbereitschaft der anderen Person eine Rolle: Hat sich unser Gegenüber in der Vergangenheit als ,Hilfsmuffel' gezeigt, greifen wir ihr nur ungern unter die Arme. Ist er ein beherzter Helfer, helfe ich ihm auch gerne und ohne Zögern.

Was ein Mensch an Gutem in die Welt hinausgibt, geht nicht verloren.
Albert Schweitzer

Welche Rolle spielt die Empathie?

Der Zusammenhang zwischen Hilfsbereitschaft und Empathie ist sehr stark. Das haben viele Studien gezeigt. Je größer die Empathie, desto stärker die Hilfsbereitschaft. Wichtig dafür ist das Gefühl, dass man helfen will und kann. Indem man Empathie beweist und anderen Menschen hilft, fördert man die Beziehung zu ihnen. Diese Qualität schafft Vertrauen, Geborgenheit, stärkt Freundschaften, steigert das Gemeinschaftsgefühl und eröffnet uns selbst die Möglichkeit, auch einmal Hilfe zu bekommen, wenn wir sie benötigen. Empathie spielt eine wesentliche Rolle in der Bildung und Aufrechterhaltung zwischenmenschlicher Beziehungen.

Einfühlsame Menschen sind hellsichtig, hellhörig und hellfühlig.
Ernst Ferstl

Welche Formen der Empathie gibt es?

Empathie bedeutet die Fähigkeit und die Bereitschaft, zu erkennen, was der andere fühlt. Dabei wird in der Psychologie Empathie in drei Arten unterteilt:

- Emotionale Empathie: Damit ist gemeint, dass man die Gefühle des anderen nicht nur erkennen, sondern auch nachfühlen und nachempfinden kann. Man versetzt sich in die Gefühlswelt des Gegenübers hinein und nimmt dessen Gefühle wahr. Deshalb kommt diese Art der Empathie dem **Mitgefühl** sehr nah.
- Kognitive Empathie: Die kognitive Empathie bewegt sich weniger auf der Gefühls-, sondern mehr auf der Verstandesebene. Diese Art der Empathie kann erlernt werden. Man erkennt die Gefühle, aber auch Motive und Absichten des anderen. Psychotherapeuten, Psychiater und Psychologen bedienen sich der kognitiven Empathie. Sie erkennen die Gefühle ihres Gegenübers, fühlen diese aber nicht nach oder mit. Dadurch bleibt auch die notwendige Distanz gewahrt.
- Soziale Empathie: Die soziale Empathie verleiht dem Menschen die Fähigkeit, sich auf sehr komplexe soziale Situationen einzustellen. Indessen ist diese Art der Empathie nicht auf ein einzelnes Gegenüber beschränkt. Mit sozialer Empathie können Sie sich in eine Gruppe einfühlen. Dabei kann es sich beispielsweise auch um eine Gruppe von Menschen aus einer anderen Altersgruppe, Landsmannschaft oder einer anderen Kultur handeln.

Wozu führt Empathie?

Empathisch sein bedeutet zum Beispiel, sich gut in andere hineinversetzen, auf sein Gegenüber einstellen sowie **feinfühlig** mit Menschen umgehen zu können.

Empathische Menschen sind in der Lage, mehr oder minder unterschwellige emotionale Signale zu erkennen, die Mimik zu lesen und Verhaltensweisen und Absichten nachzuvollziehen. Die Fähigkeit lässt sie in ihrem Gegenüber Gefühle nachvollziehen und / oder echte sowie tiefe Beziehungen aufbauen. Im Unterschied zum Mitgefühl erfolgt bei empathischem Verhalten also eine Art Identifikation mit dem Gegenüber auf vielen Ebenen.

> *Empathie bedeutet: mit den Augen des Anderen zu sehen, mit den Ohren des Anderen zu hören, mit dem Herzen des Anderen zu fühlen.*
> **Unbekannt**

Empathie leben

Es gibt Schlüsselsätze und -fragen, um einen hilfreichen und empathischen Austausch zu eröffnen: „Ich kann dich gut verstehen. Ich spüre, in dir geht etwas vor. Möchtest du mich teilhaben lassen an deinen Gefühlen? Wie fühlst du dich? Wo sind gerade Herausforderungen für dich? Was willst du jetzt machen? Wie kann ich dir helfen?" Und wenn man intensiv zugehört hat, sollte man dem Gegenüber schildern, was als Eindruck entstanden und auf der rationalen und vor allem auf der emotionalen Ebene angekommen ist. Zudem sollte man stets diese Aussagen zur Situationsanalyse rückkoppeln: „Macht das, was ich da aufgenommen und festgehalten habe, für dich Sinn?"

Die schlimmsten Fehler machen diejenigen Pseudozuhörer, die Empathie oder Mitgefühl zeigen wollen und dann sagen: „Diese Situation kenne ich!". In aller Regel folgen dann eigene ‚schreckliche Erfahrungen' und eine mehr oder minder lange eigene Geschichte. Damit wird dem Betroffenen nicht geholfen und ein möglicher hilfreicher Austausch sogar unterlaufen. Oft wendet sich das Gegenüber unverstanden und hilflos ab.

> *Empathisch zu sein, bedeutet, die Welt durch die Augen der anderen zu sehen und nicht unsere Welt in ihren Augen.*
> **Carl R. Rogers**

Die Voraussetzungen für Empathie sind Menschenkenntnis sowie eine gesunde Selbstwahrnehmung und Selbstreflexion: Je offener man für seine eigenen Emotionen ist und je besser man sich selbst versteht, desto besser kann man die Gefühle anderer deuten und damit umgehen. Gibran hat Recht:

In Wirklichkeit ist der andere Mensch dein empfindlichstes Selbst in einem anderen Körper.
Khalil Gibran

Über die Wirkung von Empathie

Wissenschaftler sind davon überzeugt, dass Empathie ein Schlüsselfaktor für beruflichen und privaten Erfolg ist. Es gibt Studien, die zu dem Ergebnis kommen: Wer sich gut in die Gefühle anderer hineinversetzen kann, wird im Beruf erfolgreich(er). Ob es sich um die Arbeitswelt, die Schule oder die Gesellschaft handelt, Empathie ist ein grundlegender Faktor für erfolgreiche, soziale Beziehungen und das eigene Wohlbefinden. Im beruflichen Kontext kann Empathie Beziehungen zwischen Kollegen stärken, das Arbeitsumfeld produktiver machen und zudem die Kundenzufriedenheit fördern. Empathische Lehrer können die individuellen Bedürfnisse und Herausforderungen ihrer Schüler besser erkennen und darauf eingehen. Und ganz allgemein gilt: Indem man die Ansichten und Gefühle anderer empathisch versteht, kann man zu einer offeneren und gerechteren Gesellschaft beitragen.

Menschen zu finden, die mit uns fühlen und empfinden, ist wohl das schönste Glück auf Erden.
Carl Spitteler

Wenn es gilt, irgendwo zu helfen oder bei Fehlentwicklungen sogar nachhaltig gegenzusteuern, sind wir gefordert. In vielen Fällen bedarf es einer großen Menge an Empathie, die da entwickelt werden will, sowohl beim Helfen und besonders beim begleitenden Austausch. Wer Empathie, wer Einfühlungsvermögen zeigt, bekommt aber immer etwas zurück. Da entstehen Offenheit, Klarheit, Dankbarkeit und Verbundenheit. Soziale und emotionale Bedürfnisse werden befriedigt, und selbstverständlich kommt man dem Glücklich-sein wieder ein Stück näher.

Was nehme ich mit aus dem Stichwort?

Beim Thema ‚Helfen' fällt mir jetzt spontan ein: Ich kann einem Freund in einer schwierigen Situation beistehen. Ich kann ein Ehrenamt übernehmen. Ich kann durch eine Spende für eine gemeinnützige Organisation einer bestimmten

Gruppe von Menschen helfen. Man muss nur ein wenig nachdenken. Und genau das ist die Crux beim Helfen. Wir tun uns heutzutage schwer, den Bedarf an Hilfe zu sehen und die große Breite an Möglichkeiten, helfend und unterstützend einzugreifen.

Immer geht es darum, etwas für andere zu tun, sich anderen zuzuwenden. Menschen helfen aus Mitleid oder manchmal aus Pflichtgefühl. Sie helfen aus Sorge um das Allgemeinwohl. Und, das darf man auch nicht vergessen, sie können auch aus egoistischen Gründen helfen, beispielsweise wenn sie durch das Helfen eine Belohnung erwarten oder wenn sie sich durch das Helfen einfach besser fühlen wollen. Es ist eigentlich egal, warum ein Mensch hilft, wichtig ist, dass er es tut. Eine ‚Belohnung‘ ist uns in irgendeiner Form sicher. Die Hirnforschung zeigt deutlich, dass das Helfen gleich mehrere Glückshormone bei dem Helfenden freisetzt.

> *Was ein Mensch an Gutem in die Welt hinausgibt, geht nicht verloren.*
> **Albert Schweitzer**

Was passiert, wenn wir helfen?

Ich frage: Also, was passiert, wenn wir helfen? Und lasse dazu die Experten sprechen. Sie sagen uns:

- Unser Selbstwertgefühl steigt.
- Wir erhalten Dankbarkeit und Anerkennung.
- Wir spüren Verbundenheit

> *Hilfsbereitschaft kann nicht durch Erlässe hergestellt werden. Sie muss in den Herzen der Menschen entstehen.*
> **Sigmund Widmer**

Fazit zum Helfen

Es gilt für die großen und kleinen Hilfen, für die Hilfen mit der Tat oder mit einem guten Wort: Wer anderen hilft und/oder sich engagiert, tut sich selbst genauso etwas Gutes wie den anderen Menschen. Irgendwann wird es für einem zur Selbstverständlichkeit, die gut tut. Und noch eine Wirkung sollte bedacht werden: Indem man das Leid oder die aktuelle Notlage eines anderen sieht, relativiert sich die Sichtweise auf die eigenen kleinen und großen Stolpersteine im Leben. Man merkt, wie gut es einem ‚eigentlich‘ geht. Und das eröffnet Wege, um weniger zu klagen, zu nörgeln und stattdessen zufrieden(er) und dankbar(er) zu sein und zudem kann es auf den Weg zum Glücklich-sein verhelfen.

Die Menschen sind doch dazu da, einander auszuhelfen.
Voltaire

Welche Rolle spielt Empathie?

Der Zusammenhang zwischen Hilfsbereitschaft und Empathie ist sehr stark. Das haben viele Studien gezeigt. Je stärker die Empathie, desto stärker die Hilfsbereitschaft. Wichtig dafür ist das Gefühl, dass man helfen will und kann. Empathie ist eine wesentliche Grundlage für stabile, zwischenmenschliche Beziehungen. Tiefe Bindungen entstehen erst dann, wenn sich Menschen wirklich verstehen - also auch ihre Gefühle und Gedanken teilen. Empathischen Menschen fällt es leichter, zu erkennen, was Kollegen, Kunden, Vorgesetzte, Freunde oder Partner denken, fühlen oder wollen.

Durch ihre Empathie können sie Motive und Beweggründe zutreffender vorhersagen, darauf eingehen oder abschätzen, was ihre Taten und Worte bei anderen auslösen. Als Anhaltspunkte dienen ihnen oft Körpersprache (Gestik, Mimik, Körperhaltung) sowie Wortwahl und Tonfall ihrer Gesprächspartner. Damit versetzen sie sich in deren Gedanken und Gefühlswelt und sind sie in der Lage, Beziehungen leichter und schneller aufzubauen.

Indem man Empathie beweist und anderen Menschen hilft, fördert man die Beziehungen zu ihnen. Diese Qualität schafft Vertrauen, Geborgenheit, stärkt Freundschaften, steigert das Gemeinschaftsgefühl und eröffnet uns selbst die Möglichkeit, auch einmal Hilfe zu bekommen, wenn wir sie benötigen. Empathie spielt eine wesentliche Rolle in der Bildung und Aufrechterhaltung von zwischenmenschlichen Beziehungen.

Einfühlsame Menschen sind hellsichtig, hellhörig und hellfühlig.
Ernst Ferstl

Über die Wirkung von Empathie

Wissenschaftler sind davon überzeugt, dass Empathie oder Einfühlungsvermögen ein Schlüsselfaktor für beruflichen und privaten Erfolg ist. Es gibt Studien, die zu dem Ergebnis kommen: Wer sich gut in die Gefühle anderer hineinversetzen kann, wird im Beruf erfolgreich(er). Ob es sich um die Arbeitswelt, die Schule oder die Gesellschaft handelt, Empathie ist ein grundlegender Faktor für erfolgreiche, soziale Beziehungen und das eigene Wohlbefinden.

Oft sind Menschen, denen empathisch begegnet wird, erleichtert und drücken diese Erleichterung auch aus. Das kann verbal oder nonverbal geschehen. Die damit verbundenen Wirkungen, die bei Erleichterung beobachtet werden können, sind: Die Anspannung im Körper unseres Gesprächspartners lässt nach. Seine Schultern sinken nach unten, sein Gesicht glättet sich, seine Hände entkrampfen sich und werden geöffnet. Die Körperhaltung insgesamt wirkt aufrechter, es entsteht ein Blickkontakt. Ein weiteres Anzeichen ist Schweigen. Der andere hört auf zu sprechen. Wenn man unsicher ist, ob jetzt alles gesagt wurde, kann man immer noch fragen: „Willst du mir noch etwas sagen?"

Abschließend lässt sich sagen, dass allein der Versuch und das Bemühen einen anderen Menschen verstehen zu wollen, überraschend gut aufgenommen wird. Denn es gibt kaum einen Menschen, der nicht verstanden werden will. Es ist ein Grundbedürfnis aller Menschen, verstanden zu werden. Dabei ist es kein Problem, wenn man nicht gleich die Gefühle und Bedürfnisse des anderen herausfinden. Das erfordert Training und wird im Laufe der Zeit immer leichter möglich sein. Folgende Übungen können zu mehr Einfühlungsvermögen helfen:

- Dazu setze dich mit deinen eigenen Gefühlen auseinander.
- Beobachte andere Menschen bewusster.
- Nimm in Stresssituationen eine neutrale Haltung ein.
- Gehe vorurteilsfrei auf andere Menschen zu.
- Versetzte dich in die Rolle des anderen Menschen.
- Zeige Verständnis für deine Mitmenschen.
- Vergiss dich nicht selbst.

Es ist fast unmöglich, dass man von einen auf den anderen Tag der empathische, der einfühlsame Mensch überhaupt ist. Deshalb gilt hier genau das Gleiche, was bei vielen Lernprozessen gilt: Geduld und Nachsicht sind das A und O. Fehler sind okay und auch wichtig, denn aus ihnen lernt man. Man reflektiere nicht nur die Gefühle anderer, sondern auch seine eigenen. Und man darf nicht vergessen, jeden noch so kleinen Erfolg zu feiern und dankbar zu sein!

Wenn wir Empathie zeigen, entstehen Offenheit, Klarheit, Dankbarkeit und Verbundenheit. Soziale und emotionale Bedürfnisse werden befriedigt, und selbstverständlich kommt man dem Glücklich-sein wieder ein Stück näher.

Stichwort: Den Stolperstein ‚Enttäuschungen' aktiv angehen

In den letzten Kapiteln habe ich mich mit sehr positiven Themen auseinandergesetzt: Lebensfreude, Glück im Alter und Glücklich-sein durch Helfen. Aber es gibt auch Stolpersteine und Hemmnisse, die sich in den Weg stellen. Sie müssen akzeptiert werden und vor allem muss man damit umgehen, muss aktiv werden.

Ich möchte mich in den nächsten Kapiteln mit Stolpersteinen und Hemmnissen auseinandersetzen, die wir alle jederzeit auf unserem Lebensweg vorfinden können. Sie sind in der Lage, uns den Weg zum Glücklich-sein zu versperren. Deshalb will ich mich, bevor ich zum Höhepunkt des Buches komme, mit den Hemmnissen und Stolpersteinen auseinandersetzen. Wenn die Stolpersteine auftreten, müssen wir die Situation akzeptieren, klar analysieren und dann sofort die Ärmel hochkrempeln und damit beginnen, an Lösungen zu arbeiten. Es geht also darum, Hemmnisse aktiv anzugehen. Mit einem leider großen Stolperstein möchte ich mich in der Folge auseinandersetzen: **Die Enttäuschungen.** Die Psychologen haben einen guten Lehrsatz, den ich schon lange kenne und beherzige: „Enttäuschungen entstehen aus falschen Erwartungen".

Die größten Enttäuschungen haben ihren Ursprung in zu großen Erwartungen.
Ernst Ferstl

Im Alltag erlebt man immer wieder eine Enttäuschung. Eine Sache ist nicht so gelaufen, wie man es sich vorgestellt hat. Vielleicht ist man auch von sich selbst enttäuscht. Vielleicht hat sich ein anderer Mensch nicht so verhalten, wie man es sich gewünscht hat. Was sind die Begleiterscheinungen von Enttäuschung? Man ist traurig, fühlt sich unverstanden, abgelehnt, missverstanden, ist gekränkt, verärgert und unzufrieden mit sich und/oder der Situation. Man hadert mit dem Schicksal und grübelt. Jetzt ist guter Rat teuer.

Wie sollte man mit einer Enttäuschung umgehen?

Die Psychologen raten, man solle die Enttäuschung für den Augenblick erst einmal akzeptieren. Man ist enttäuscht, weil nicht eingetroffen ist, was man sich erhofft hat. Da ist ein negatives Gefühl, das unangenehm oder gar schmerzhaft ist. Da ist eine Reaktion auf die Nichterfüllung eines Wunsches. Deshalb sollte man die Situation erst einmal annehmen, wie sie ist. Aber die Psychologen raten als zweiten Schritt, die Grundlage für die Enttäuschung ganz nüchtern aus anderer Sicht zu betrachten. Wenn man von einem anderen Menschen enttäuscht ist, kann dieser dies gar nicht mitbekommen haben oder er war gar nicht in der Lage, anders zu reagieren, als er reagiert hat. Zudem muss man erkennen, dass man nicht enttäuscht ist von dem, was ein Gegenüber tut oder nicht tut, sondern nur über die eigene Erwartung an den Anderen. Ich muss mich also primär mit meinen Erwartungen auseinandersetzen und nicht mit den Reaktionen des Anderen. Ich muss mir die Frage stellen: Wie muss ich meine Erwartungen bewerten? Sind sie realistisch, oder mache ich aus einer Mücke einen Elefanten? Vielleicht hat mich der Andere gar nicht verstanden oder ist nicht in der Lage, mich zu verstehen. Vielleicht war ich auch nicht in der Lage, mich verständlich auszudrücken. Zudem sollte ich in Betracht ziehen, dass ich etwas in den falschen Hals bekommen habe oder die Situation aus einer falschen Perspektive sehe. Vielleicht hilft da auch die Sichtweise einer außenstehenden Person, die mir positiv gegenübersteht und mir möglicherweise zu einer anderen Perspektive verhilft.

> *Man ist nicht enttäuscht von dem, was ein anderer tut oder nicht tut, sondern nur über die eigene Erwartung an den anderen.*
> **Mark Twain**

Bleibt die Frage: Macht es Sinn, alle Enttäuschungen vermeiden zu wollen? Man hatte eine klare Vorstellung und Erwartung, wie eine bestimmte Situation verlaufen oder wie der Andere sich verhalten sollte. Man sollte sich im ersten Schritt mit den Erwartungen auseinandersetzen. Waren sie adäquat, realistisch oder nicht erfüllbar?

Enttäuschungen zulassen

Man kann Enttäuschungen nicht immer vermeiden. Es gilt sicherlich auch zu lernen, Enttäuschungen als Bestandteil des Lebens anzunehmen. Wenn das klar wird, fühlt man sich automatisch stärker: Man lässt es zu, enttäuscht zu werden. Denn man weiß, dass man dieses Gefühl aushalten kann. Eine gewisse Resilienz schützt davor, von anderen Menschen verletzt zu werden.

Man akzeptiert zudem negative Gefühle. Frust und Enttäuschung sind in einem solchen Fall normal. Man sollte zugleich auch die positiven Impulse sehen, denn immerhin hat man eine Täuschung entdeckt und kann daraus lernen. Und man hat die Chance, die Ursachen zu entdecken. Was ärgert einen da genau? Wie ist das Verhältnis zwischen Erwartungen und dem tatsächlich eingetretenen Fall? Sind wirklich andere verantwortlich oder war es gar eine Selbsttäuschung? Mit konstruktiver Selbstreflexion kommt man sehr rasch weiter.

> *Man erlebt immer wieder Enttäuschungen, aber man lernt auch immer besser damit umzugehen.*
> **Donatien Alphonse François de Sade**

Ergänzend kann man bei vertrauten Menschen über die Enttäuschung kommunizieren, um das Erlebte besser verarbeiten zu können. Oft wird durch das Sprechen über das Erlebte die Situation klarer. Vielleich gibt ein anderer einen guten Rat. Man kann also darüber reden oder seine Gefühle für sich aufschreiben. Auf alle Fälle wird man den ‚Dampf' los und gewinnt etwas Distanz. Damit lassen sich durchaus auch übertriebene Kurzschlussreaktionen vermeiden. Vorwürfe sind als Reaktion in aller Regel wenig konstruktiv. Besser ist ein sachliches Gespräch.

Welche Reaktionen sind sinnvoll?

Man sollte auch keine Schuldzuweisungen formulieren, selbst wenn man sich im Recht fühlt. Damit treibt man die vermeintlichen Verursacher in eine wenig hilfreiche Defensivhaltung. Rechtfertigungen bringen niemanden weiter. Ist man am konstruktiven Miteinander mit dem Verursacher interessiert, kann man stattdessen lieber ruhig mit dem Verursacher sprechen und nach möglichen Gründen für ein vermeintlich falsches Verhalten fragen. Damit deeskaliert man die Situation. Außerdem trägt es immer zur Klarheit bei, wenn beide Seiten ihren Standpunkt deutlich machen. Mögliche Missverständnisse können aufgeklärt werden.

Bleibt man bei sich und vermeidet den Austausch, kann es hilfreich sein, nach Ablenkungen zu suchen und die Grübelei zu stoppen. Wenn etwas nicht funktioniert hat, landen viele Menschen in einem negativen Gedankenstrudel. Dieser verschlimmert die schlechte Stimmung und kann zu einem depressiven Schub führen. Besser ist es, diese Spirale abzubremsen und etwas ganz anderes zu tun. Die Psychologen sagen dazu, dass man ‚aus dem Feld geht'. Man soll die Situation verlassen und zum Beispiel nach draußen gehen, Sport treiben. Man gönnt sich einen Stadtbummel oder lenkt sich mit einem spannenden Film ab. Meditationsübungen oder entspannende Atemtechniken helfen ebenfalls beim Runterkommen und Abschalten.

Reich ist derjenige, welcher ein großes Capital von Enttäuschungen und Wahrheiten besitzt.
Mariano José Pereira da Fonseca

Eine Alternativreaktion kann sein, einen anderen Standpunkt einzunehmen und sich die Situation quasi ‚vom Kirchturm aus' zu betrachten. Durch eine neue Perspektive geht man innerlich auf Abstand. Im besten Fall findet man dadurch eine Erklärung für ein (vermeintliches) Fehlverhalten, das die Enttäuschung ausgelöst hat. Oft ergeben sich aus dem bisher unbekannten Blickwinkel neue Erkenntnisse und Reaktionsmöglichkeiten.

geduldig sein

Zudem muss man geduldig sein. Besonders bei schweren Enttäuschungen kann es mehrere Wochen dauern, bis man sie überwunden hat. Vor allem bei Beziehungsproblemen wie Betrug und Verrat braucht es Zeit, um die Verletzungen zu verarbeiten. Allerdings sollte man nicht zu lange warten. Irgendwann muss es weitergehen. Man muss die Verarbeitung angehen. Mit

Geduld und innerer Ruhe gewinnt man vielleicht bald wieder an Kraft und Souveränität.

Auch eine Enttäuschung, wenn sie nur gründlich und endgültig ist, bedeutet einen Schritt vorwärts.
Max Planck

Man sollte aus den Enttäuschungen lernen und Konsequenzen ziehen. Enttäuschungen verarbeiten bedeutet, dass man sie nicht einfach dadurch überwindet, dass man sie vergisst. Durch einen konstruktiven Umgang mit einer Enttäuschung ist man auf ähnliche Fälle vorbereitet und erkennt die Warnsignale. Zudem gewinnt man an Erfahrung.

Strukturierte Aktivitäten

Jetzt müssen wir den zusammengetragenen Erkenntnissen und möglichen Reaktionen eine Struktur geben. Experten raten zu diesen fünf Aktivtäten, die helfen können, strukturiert mit Enttäuschungen umzugehen - hoffentlich.

- Man akzeptiere Enttäuschungen

  Man ist enttäuscht, weil die Dinge nicht so gelaufen sind, wie man es sich vorgestellt hat. Man ist enttäuscht vom Verhalten einer anderen Person. Oder man ist sogar von sich selbst enttäuscht, weil man seine eigenen Erwartungen nicht erfüllt hat. All das ist völlig in Ordnung und kommt im Leben immer wieder vor. Meist wird die Enttäuschung noch von weiteren Emotionen begleitet, wie Trauer, Wut, Frust und Kränkung. Diese Gefühle darf man zulassen, denn sie sind im ersten Moment ganz normal. Man soll sie bewusst, achtsam und wertungsfrei wahrnehmen. Man prüfe, wie man sich fühlt und warum einen die Situation so aufwühlt. Dabei akzeptiere man die Enttäuschung für den Augenblick. Nach einer Weile sollte man jedoch wieder nach vorne schauen und die negativen Emotionen hinter sich lassen.

- Man lasse seinen Gefühlen freien Lauf

  Enttäuschungen und die damit verbundenen negativen Gefühle in sich hineinzufressen, macht nur unglücklich und auf die Dauer verbittert über die Ungerechtigkeiten des Lebens. Deshalb lasse man seiner Enttäuschung und den damit verbundenen Gefühlen freien Lauf. Entweder spricht man die betroffene Person direkt an, sucht sich jemand anderen zum Reden oder schreibt sich alles von der Seele. Letzteres kann in vielen Fällen die einzige momentan verfügbare Alternative sein. Man nehme ein Blatt Papier und fasse all seine Gefühle und Gedanken in Worte. Wenn man nach einer Weile das Geschriebene noch einmal durchliest, wird man oft einiges anders sehen und möglicherweise erkennen, wo die eigenen Erwartungen falsch waren. Vielleicht hat man seine eigenen Werte und Ansprüche auf die andere Person projiziert und versteht nun, warum sich unterschiedliche Ansichten ergeben haben. Das Aufschreiben nimmt auf der einen Seite die Wut und den Frust, der in einem brodelt, auf der anderen Seite hilft es bei der Selbstreflexion. Anschließend kann man den Zettel bewusst vernichten und damit die Enttäuschung loslassen.

> Es kann helfen, die Situation schriftlich festzuhalten mit all dem Ärger, Frust und den aktuellen Gefühlen, um dann den Zettel zu vernichten.

- Man finde das Positive

Man soll reflektieren und hinterfragen, warum man überhaupt so enttäuscht ist. Hat man sich vielleicht zu große Hoffnungen gemacht? Hat man die Welt durch eine rosarote Brille gesehen? Hat man eine andere Person falsch eingeschätzt? Bei genauerer Betrachtung ergeben sich vielleicht Hinweise, die einem schon vorher hätten auffallen können, hätte man da nicht etwas schöngeredet. In diesem Fall öffnet die Enttäuschung die Augen und verhilft zu positiven Veränderungen, die glücklicher und zufriedener machen.

So kann eine plötzliche Kündigung die Chance für einen Neustart sein, denn eigentlich war der Job sowieso zu stressig und hatte zu viel Kraft gekostet. Eine Trennung ist vielleicht genau der nötige Schlussstrich, um eine Beziehung zu beenden, die eigentlich schon länger gekriselt hatte. Auch wenn es im ersten Moment schwerfällt, in der Enttäuschung etwas Positives zu sehen: Nach einiger Zeit wird man in der Rückschau überraschende Erkenntnisse gewinnen und oft feststellen, was einem im Leben wirklich wichtig ist.

Auch aus Steinen, die einem in den Weg gelegt werden, kann man Schönes bauen.
Johann Wolfgang von Goethe

- Man erkenne den Sinn

Da gab es gerade eine Absage für einen Traumjob, man wurde vom Partner hintergangen oder muss eine Trennung verarbeiten. Es gibt viele Situationen, in denen man enttäuscht ist und den Schmerz der Zurückweisung erst verarbeiten muss. Doch nichts im Leben passiert ohne Grund, und wo sich eine Tür schließt, öffnet sich eine andere.

Vielleicht hat man die Jobabsage bekommen, weil demnächst eine bessere Chance ‚um die Ecke kommt'. Vielleicht hat die Trennung den Sinn, dass man seine wahren Bedürfnisse erkennt und sich endlich frei entfalten kann. Vielleicht kommt auch die wirklich wahre Liebe. Deshalb soll man sich von der Enttäuschung nicht zu sehr runterziehen lassen; möglicherweise erschließt sich der Sinn einfach etwas später. Das bedeutet, dass man in solchen Fällen der Enttäuschung möglicherweise ein wenig Geduld entwickeln muss.

Ein Augenblick der Geduld kann vor großem Unheil bewahren.
Ein Augenblick der Ungeduld kann ein ganzes Leben zerstören.
Chinesisches Sprichwort

- Man gewinne Stärke

Natürlich fühlt man sich anfangs als Opfer, dem Unrecht widerfahren ist. Doch, wie bereits erwähnt, hängt eine Enttäuschung von der Erwartungshaltung ab. Nicht die ganze Welt hat sich gegen einen verschworen, sondern man hat sein Weltbild an seine Erwartungen angepasst - und das wurde nun zerstört.

Daraus kann man für die Zukunft lernen und die Enttäuschung als wertvolle Erfahrung mitnehmen. Statt sich in der Opferrolle ‚auszuruhen', sammle man aus der Enttäuschung neue Stärke und lasse die Verbitterung hinter sich. Dafür gewinnt man an Lebenserfahrung und Weisheit, die vor neuen Fehleinschätzungen bewahren. Zudem könnte man an hilfreicher Resilienz gewinnen. John Maxwell hat da einen wirklich guten Rat:

Sometimes you win, sometimes you learn.
John Maxwell

Wie ist es mit den Enttäuschungen von sich selbst?

Marie von Ebner-Eschenbach hat sich mit der Bedeutung der Enttäuschung über uns selbst beschäftigt und gemeint, dass es die stärkste Enttäuschung ist. Ich habe dazu eine klare Meinung. Ich folge Frau Ebner-Eschenbach nicht. Für mich gilt in ganz besonderem Maße, was ich bereits formuliert habe: Enttäuschungen entstehen aus falschen Erwartungen. Die Selbst-Enttäuschung ist in aller Regel die logische Folge einer falschen Selbsteinschätzung. Deshalb muss ich mir die Frage stellen: Habe ich mich und mein Tun realistisch eingeschätzt? Ich muss deshalb mein Tun klar analysieren und vorurteilsfrei beurteilen. Gerade auch in einer solchen Situation ist es wichtig, ausreichenden Abstand zu gewinnen, um wirklich so neutral wie möglich meine Erwartungen zu beurteilen. Vielleicht schreibe ich meine Erwartungen und meine tatsächlichen Reaktionen auf, mache eine möglichst neutrale Stoffsammlung und stelle die Sachlage weitestgehend ausgeglichen dar. Danach beurteile ich sorgsam die Zusammenhänge. Ich bin ehrlich mit Erwartungen, Ergebnissen und vor allen Dingen mit Gefühlen. Erst nach einer solchen möglichst klaren, vorurteilsfreien Analyse kann ich die tatsächliche Sachlage einigermaßen neutral beurteilen.

Ehrlichkeit ist das erste Kapitel im Buch der Weisheit.
Thomas Jefferson

Und eines darf ich nicht vergessen: Ich bin in der Lage, viel mehr gute Dinge zu leisten als schlechte. Und selbst das Negative hat noch einen positiven Aspekt: Man kann aus Fehlern lernen. Zugleich lässt man die Möglichkeit zu, auch einmal enttäuscht zu werden. Man weiß, dass man dieses Gefühl aushalten kann. Eine gewisse Resilienz schützt davor, sich selbst zu verletzen. Man stärkt seine Resilienz und kommt besser mit Enttäuschungen klar. Die Weiterentwicklung der eigenen Persönlichkeit macht für spätere Enttäuschungen stark und hilft durchs berufliche und private Leben.

Weisheit kommt nach der Enttäuschung.
George Sanatayana

Selbstenttäuschung aus Psychologen-Sicht

Bei der Enttäuschung über uns selbst will ich nur kurz auf den Begriff der ‚Selbstenttäuschung' aus Experten-Sicht eingehen. Die Selbstenttäuschung bezeichnet eine Täuschung, der sich jemand selbst hingibt. Sie ist definiert als die illusionäre Verkennung, der Selbstbetrug oder das Nichteingestehen einer Tatsache oder eines Sachverhaltes vor sich selbst. In der Psychologie bedeutet das Wort Selbsttäuschung konträr zum Begriff der Selbsterkenntnis insbesondere die unbewusste Fehleinschätzung (Über- oder Unterschätzung) der Wirklichkeit (der eigenen Person oder von Situationen). Darauf möchte ich aber nicht näher eingehen. Ich bin kein Psychologe. Aber eines gilt auf jeden Fall:

> *Enttäuschungen sind eine gute Gelegenheit, sich selbst besser kennenzulernen.*
> **Michael Bordt**

Fazit

Enttäuschungen entstehen durch

- falsche Versprechen (falsch geweckte Hoffnungen)
- unrealistische Erwartungen
- Selbstenttäuschung

Die Ent-Täuschung ist die Aufhebung einer Täuschung. Man könnte auch sagen, mit einer Enttäuschung sieht man den Kern der Wahrheit, der Realität, klarer. Bei Enttäuschungen gilt es, aktiv damit umzugehen oder sie gleich zu vermeiden. Im Falle falscher Versprechen kannst du selber am wenigsten für die Enttäuschung. Jemand anderes hat bewusst oder unbewusst ein Versprechen nicht gehalten oder dich sogar mit falschen Behauptungen betrogen. Die Enttäuschung ist in aller Regel gepaart mit der Erkenntnis, mit welcher Art Mensch man es zu tun hat. Man kann sein Verhalten gegenüber dieser Person für die Zukunft anpassen.

Wesentlich sind die falschen Erwartungen anderer oder sich selbst gegenüber. Und ist die Enttäuschung einmal passiert, sollte man sich nicht in der Opferrolle ausruhen, sondern die Verbitterung hinter sich lassen und aus der Enttäuschung neue Stärke gewinnen. Immerhin gewinnt man Lebenserfahrung und Weisheit, die vor neuen Fehleinschätzungen bewahren.

Das Problem beim Umgang mit anderen Menschen ist, dass wir grundsätzlich bestimmte Erwartungen an ihr Verhalten haben. Enttäuscht werden kann nur, wer zu hohe oder falsche Erwartungen hat. Deshalb trifft uns eine Enttäuschung oft deshalb so hart, weil wir plötzlich ganz ehrlich erkennen müssen, dass unsere Wunschvorstellung nicht mit der Realität übereinstimmt. Der eigene Stolz ist verletzt, und im ersten Moment scheint die Welt zusammenzubrechen. Wenn man also quasi ‚auf die Schnauze gefallen ist', heißt es trotzdem immer wieder: Aufstehen, Krönchen richten und auf zu neuen Ufern!

> Aufstehen, Krönchen richten und auf zu neuen Ufern.

Denn wenn man seine Enttäuschung nicht überwinden kann, droht Verbitterung das Leben zu bestimmen, die jede Chance auf Glück und Zufriedenheit raubt. Verbitterte Menschen schieben die Schuld für ihre Enttäuschung gerne auf andere, statt sich selbst zu hinterfragen und die eigene Erwartungshaltung zu ändern. Man nutze Enttäuschungen also, um sich selbst besser kennenzulernen. Denn Selbstreflexion ist der Weg, um Groll und Verbitterung zu überwinden. Durch jede Enttäuschung erfährt man mehr über sich und seine Erwartungen. Und man hat immer wieder die Chance, sich mit den falschen Erwartungen auseinanderzusetzen und andere Wege einzuschlagen. Man muss seine Erwartungen der Wirklichkeit anpassen. Experten sprechen von ‚**managed expectations**'.

Zu den Enttäuschungen, die wir anderen bereiten, machen wir uns in aller Regel wenig Gedanken. Ich möchte die Tatsache nur angesprochen haben, stehen lassen und nicht weiter darauf eingehen. Aber gerne rege ich zum Weiterdenken an.

Wir geben uns zu wenig Rechenschaft darüber, wie viel Enttäuschung wir anderen bereiten.
Heinrich Böll

Was nehme ich mit aus diesem Stichwort?

Die Psychologen haben einen guten Lehrsatz: „Enttäuschungen entstehen aus falschen Erwartungen". Und Enttäuschungen wiederum sind der Treibsatz für Unzufriedenheit. Wir sollten Erwartungen immer wieder dahingehend prüfen, ob sie wirklich realistisch sind. Eine sorgfältige und möglichst neutrale Analyse scheint sinnvoll und wichtig. Der Blick vom ‚Kirchturm' hilft beim klaren Analysieren und beim Aufarbeiten.

Experten raten, Erwartungen vorab gut zu hinterfragen und sie einem Realitätscheck zu unterziehen, d.h. Erwartungen sollten an der Wirklichkeit und an der Machbarkeit orientiert werden: ‚managed expectations'.

Man kann aus überprüften Erwartungen für die Zukunft lernen und die Enttäuschung als wertvolle Erfahrung mitnehmen. Statt sich in der Opferrolle ‚auszuruhen', ziehe man aus der Enttäuschung neue Stärke und lasse die Verbitterung hinter sich. Dafür gewinnt man an Lebenserfahrung und Weisheit, die vor neuen Fehleinschätzungen bewahren. Zudem gewinnt man an hilfreicher Resilienz.

Man kann Enttäuschungen auch nutzen, um sich selbst besser kennen zu lernen. Denn klare Selbstreflexion ist der Weg, um Groll und Verbitterung zu überwinden. Durch jede Enttäuschung erfährt man mehr über sich und seine Erwartungen. Für die Zukunft kann man seine Erwartungshaltung anpassen oder umsichtiger werden, wenn andere Menschen den Erwartungen nicht nachkommen.

Wie vermeide ich falsche Erwartungen?

Der erste Schritt ist ganz einfach: Ich wechsle die Perspektive. Wie würde es sich anfühlen, wenn andere die Erwartung an mich stellen würden? Spüre ich Druck? Macht es mir Freude, dem Wunsch eines anderen nachzukommen? Eher nicht? Warum tue ich mir die Erwartungen eigentlich an? Sie führen häufig in die Enttäuschung. Ich sollte mich lieber freuen, wenn ein Wunsch von mir ganz ohne Aufforderung erfüllt wird. Meist sind Menschen freigiebiger, wenn sie keinen Druck verspüren. Also sollte man sich überraschen lassen von dem, was unerwartet auf einen zukommt.

Und die folgenden Erwartungen sollte man sofort vergessen:

- dass etwas oder jemand perfekt ist
- dass jemand weiß, was man jetzt brauchst, ohne dass man es mitteilt
- dass andere genau die gleichen Wertmaßstäbe haben wie man selbst
- dass Freunde oder Familie die gleiche Meinung haben wie man selbst

Wenn Enttäuschungen verarbeitet werden sollen, hilft oft ein Wechsel der Perspektive oder der Einstellung. Zum Perspektiv-Wechsel hat Aristoteles bereits erkannt:

> *Wir können den Wind nicht ändern, aber die Segel anders setzen.*
> ***Aristoteles***

Zum Umgang mit der Enttäuschung

Viele Enttäuschungen sind das Ergebnis falscher Erwartungen. Auch die Selbstenttäuschung ist in aller Regel die logische Folge einer falschen Selbsteinschätzung. Deshalb muss ich mir die Frage stellen: Habe ich mich und mein Tun realistisch eingeschätzt?

Es gilt grundsätzlich bei jeder Art der Enttäuschung, dass man die Situation klar analysieren und vorurteilsfrei beurteilen muss. Dabei ist es wichtig, ausreichenden Abstand zu gewinnen, um wirklich so neutral wie möglich die Erwartungen zu beurteilen. Möglicherweise hilft ein wohlmeinender Mitmensch bei der Analyse. Vielleicht ist es hilfreich, die Erwartungen und die tatsächlichen Reaktionen aufzuschreiben. Man braucht dazu eine möglichst neutrale Stoffsammlung und eine ausgeglichene Darstellung der Sachlage. Danach beurteile man sorgsam die Zusammenhänge. Man muss dabei auch unbedingt ehrlich sein mit der Analyse der Erwartungen, Ergebnisse und vor allen Dingen der Gefühle. Erst dann kann man die tatsächliche Sachlage einigermaßen neutral beurteilen. Zudem zeigt die Erfahrung oft, dass der Frust über eine falsche Erwartung nicht selten der Erkenntnis weicht, die da lautet: wer weiß, wofür dieser Stolperstein gut war.

Genug. Ich habe mich jetzt ausführlich mit dem Stolperstein ‚Enttäuschungen' beschäftigt. Das war mir wichtig. Ich darf mich aber nicht verlieren und kehre deshalb zurück zu meinen Recherchen über das Glücklich-sein und schon bleibe ich wieder an einem Stolperstein hängen.

Stichwort: Raus aus dem ‚Stimmungstief'

Ich möchte mich mit einem weiteren Stolperstein auf dem Weg zum Glücklich-sein beschäftigen. Deshalb setze ich mich jetzt mit dem Stolperstein ‚Stimmungstief' auseinander. Denn mit Stolpersteinen muss man aktiv umgehen oder sie umgehen. Die Art des Umgangs erscheint mir individuell unterschiedlich. Immer gilt: Ärmel hoch und aktiv werden! Vor allem sei das Augenmerk darauf gerichtet, welche Haltung man einnimmt.

Das Schicksal mag einen Weg bestimmen, doch du entscheidest darüber, ob du ihn kriechend oder mit erhobenem Haupt beschreitest.
Unbekannt

Woher kommt so ein Stimmungstief?

Ein Stimmungstief kann aus ganz verschiedenen Gründen auftauchen. Es kann ja sein, dass man einfach schlecht geschlafen hat und in der Folge nicht so gut drauf ist. Oder der ‚Winterblues' hat zugeschlagen. Oder man macht sich Gedanken und kommt immer stärker in die Negativecke. Wenn man nicht aufpasst, kann sich so ein Grübeln leicht zu einem Stimmungstief ausweiten.

Und so ein Tief kann auch entstehen, wenn zu viele negative Informationen an uns herangetragen werden. Besonders die Medien sind voll von Negativem, und da gibt es ja auch die ‚netten' Mitmenschen, die nur negative Botschaften verbreiten. Ich sage es frei heraus: Medien wie Menschen suhlen sich im Negativen, und das muss unterbunden werden. Man muss Informations-Hygiene betreiben und darf für negative Informationen sowohl über die Medien wie auch über Gossip und Tratsch einfach nicht offen und empfangsbereit sein. Und ich befasse mich mit der Frage: was tun?

Was tun beim Stimmungstief?

- Emotionale Bilanz

  Setzen wir uns zunächst mit der emotionalen Bilanz auseinander. Aus Untersuchungen weiß man, dass ein glücklicher Mensch sich häufiger positiver Gefühle erfreut und seltener negative Gefühle erfährt. Die Bilanz der Gefühle ist offensichtlich wichtig. Experten haben herausgefunden, dass ein schlechtes Ereignis in der Tagesbilanz durch drei positive Ereignisse bzw.

Erlebnisse aufgewogen werden kann. Es ist aber nicht leicht, im Tagesdurchschnitt ein Verhältnis der positiven zu den negativen Gefühlen von 3:1 zu erreichen. In der Partnerschaft liegt das Verhältnis nach Expertenansicht sogar bei 5:1. Kein Wunder, dass das mit der positiven Bilanz in der Partnerschaft nicht ganz so einfach ist.

Eine solche offensichtlich erforderliche positive Tages-Bilanz aktiv anzugehen, ist im Alltag nicht leicht. Ich betrachte die emotionale Bilanz wie eine Waagschale. Auf die eine Seite kommen die positiven Ereignisse und auf die andere die negativen. Es geht darum, die Waage möglichst im Gleichgewicht zu halten. Für die Experten geht es sogar darum, ein Tagesverhältnis von 3:1 herzustellen. Das erscheint mir nicht ganz einfach. Dafür muss man einiges tun. Auf alle Fälle muss man aktiv nach positiven Ereignissen suchen oder sie schlichtweg schaffen, um sie dann in der Bilanz nutzen zu können. Man muss sich vielleicht auch deutlich machen, was man eigentlich im Leben schon hat und wofür man dankbar sein könnte. Einfach ist es nicht, aber dennoch scheint eine solche positive Bilanz das beste Mittel gegen ein Stimmungstief zu sein.

- Negative Informationen

Es werden dauernd (zu) viele negative Informationen an uns herangetragen, sei es durch die Medien oder sei es durch Mitmenschen. Man kann da aktiv werden: Den Fluss an negativen Informationen kann man einfach kappen. Ich muss nicht Nachrichten hören oder sehen. Aktiv kann ich in den Info-Medien auf die vielen Horrormeldungen verzichten. Wie heißt es so schön in der Medienwelt: Only bad news is good news. Mit Negativschlagzeilen lassen sich Verkaufszahlen manipulieren. Manche Zeitungen sind geprägt von solchen negativen Informationen. Die Sensationsgier der Menschen wird befriedigt. Da muss ich nicht mitmachen. Ganz einfach links liegen lassen kann ich diese Informationsangebote.

Verbringe nicht die Zeit mit der Suche nach einem Hindernis. Vielleicht ist keines da.
Franz Kafka

- Einfluss von negativen Informationen

In Studien aus dem Jahr 2020 wurde gezeigt, dass der Einfluss der Psyche auf die Gesundheit durch die Schlagzeilen von Medien verändert werden kann. Negative Schlagzeilen machen krank und empfänglich für Infektionen. Als Folge wurde andiskutiert, ob eine bessere Volksgesundheit durch eine Reduktion negativer Botschaften oder gar eine Verbreitung positiver Botschaften unterstützt werden könnte. Das wiederum steht im Einklang mit den Erkenntnissen der Psychoneuroimmunologie, die den massiven Einfluss der Psyche auf die Gesundheit betont.

Der Negativfokus der Berichterstattung hinterlässt nicht nur ein zu negatives Weltbild, das nicht der Realität entspricht, sondern wirkt sich auch auf unsere Psyche aus: Erkenntnisse aus der Psychologie legen nahe, dass durch negative Medienflut gestresste und hoffnungslose Menschen nicht handlungsfähig sind. Die offensichtliche Frage lautet also: Wie kommen wir da wieder raus? Antwort: Indem wir beginnen, unseren Medienkonsum zu hinterfragen. Und dann muss man einfach **Medienhygiene** etablieren. Weg von der Flut der negativen Informationen.

> Ein Hinweis zum Stolperstein ‚Stimmungstief‘:
> Wir sollten unseren Medienkonsum sehr sorgfältig überprüfen und Medienhygiene etablieren.

- Negative Menschen

Wir werden aber nicht nur von Medien, sondern auch von Menschen mit negativen Informationen gefüttert. Jeder hat in seinem Bekanntenkreis Menschen, die es lieben, negative Informationen zu streuen. Sie ‚suhlen‘ sich im Unglück anderer. Sie kosten den Umgang mit Unglücksmeldungen geradezu aus. Diese Menschen sollte man meiden. Sicherlich muss man sich Empathie bewahren und Anteil nehmen. Zudem sollte man immer offen sein für wichtige Gespräche mit einem Nächsten in Nöten und unter Belastung. Aber wen ich meine, sind die dauerhaft negativen Menschen, oder wie ich sie bezeichne, ‚professionellen Pessimisten‘. Der Einfluss solcher Menschen kann eine Abwärtsspirale in Gang setzen. Das möchte ich nicht. Also meide ich solche Kontakte. Und ich pflichte Albert Einstein bei:

Halte dich von negativen Menschen fern. Die haben ein Problem für jede Lösung.
Albert Einstein

- Schöne Momente und die Einstellung

Zum Stimmungstief tragen sicherlich Belastungen im Alltag bei. Da sind zudem zu viele negative Informationen. oder sie machen schlechte Erfahrungen. Und plötzlich schafft man es nicht mehr, den negativen Einfluss zu ignorieren. Die Gefühlsschwankungen enden im Negativen. Das Glas bleibt halb leer. Die Waagschale neigt sich ins Negative. Es scheint kein Weg zurück zum Positiven zu geben: Das ist das Stimmungstief.

Da muss nicht immer der große Wurf her, der Veränderungen bringt. Helfen kann da auch eine Summe von positiven Kleinigkeiten. Man sollte viele kleine, positive Ereignisse und Gefühle sammeln und sie als positives Gewicht erleben. Die Waagschale soll sich wieder ins Positive neigen. Ein Negativerlebnis sollte nicht Anlass für Grübeleien sein. Es gibt so viele schöne Alltags-Momente, kleine positive Erlebnisse und kurze, aber wunderbare Momente. Man muss sie nur sehen und sammeln. Mein Credo: Gegen das Stimmungstief helfen viele kleine, schöne Momente.

Einstellung ändern

Zudem gilt ja auch noch immer der tröstliche Satz: Wenn du denkst, es geht nicht mehr, kommt von irgendwo ein Lichtlein her. Selbstverständlich muss in diesem Zusammenhang auch an die entscheidende Bedeutung der Einstellung erinnert werden. Deshalb sollte man sich eine wesentliche Reaktion ins Gedächtnis rufen. Kann ich eine Situation nicht ändern, dann muss ich meine Einstellung dazu ändern.

Die größte Entdeckung unseres Jahrhunderts ist, dass Menschen ihr Leben verändern können, wenn sie ihre Einstellungen ändern.
William James

Wir werden an anderer Stelle darauf eingehen, wie wichtig es sein kann, eine negativ erlebte Situation mit Mut anders zu betrachten. Eine solche Veränderung der Einstellung eröffnet in einer verfahren anmutenden

Konstellation plötzlich Optionen und Perspektiven. Und das ist dann der Weg aus dem Stimmungstief.

- Externalisieren als Weg

Experten nennen diese hilfreiche Aktivität ‚Externalisieren'. Man kann ein negatives Ereignis oder eine ungünstige Sachlage auch verarbeiten, indem man die ärgerliche Situation und /oder die Sorgen damit auf einen Zettel schreibt. Diesen Zettel sollte man dann verbrennen oder zerreißen und wegwerfen. Man schafft damit das Negativereignis oder die Belastung radikal ‚aus der Welt'. Dieses Wegschaffen wirkt aber nur, wenn man davon überzeugt ist, dass es auch tatsächlich erfolgreich ist. Das Tief kann man nur überwinden, wenn man wirklich davon überzeugt ist, die schlechte Situation weggeschafft zu haben.

Weg damit!

- Selbstgespräche helfen beim Aufarbeiten

Auch Selbstgespräche können bei der Verarbeitung von ärgerlichen Situationen oder bei einem Stimmungstief hilfreich sein. Mirjam Wolf hat in ‚Perspectives on Psychological Sciences' wesentliche Erkenntnisse aus dem Sport für den Transfer ins Alltagsleben angeboten. Sie stellt fest: „Botschaften an sich selbst gehören zu den zentralen Mitteln der Motivation. Die besten Erfolgsaussichten hat das Selbstgespräch beim Einstudieren von Bewegungsabläufen. Der positive Effekt ist beim Neulernen größer als bei Routinetätigkeiten." Wer sich etwas (laut) vorsagt, definiert damit, worauf er den Fokus legen will, schafft Konzentration auf Aktivitäten und verhindert das Abschweifen der Gedanken.

Selbstgespräche nutzen selbstverständlich auch beim Umgang mit negativen Gedanken bzw. bei der Analyse der emotionalen Situation. Wie hilfreich kann es sein, **ehrlich und laut die ‚aktuelle emotionale Bilanz' zu ziehen**? Einige Schlüsselfragen helfen, diese Bilanz offen und intensiv zu gestalten: „Wo stehe ich? Wie fühle ich mich gerade? Warum bin ich in ein Stimmungstief geraten? Wo sollte das Thema ‚Psychohygiene' eine Rolle spielen?" Es geht darum, sich selbst ehrliche Antworten zu geben, eine realistische Standortbeschreibung durchzuführen und Wege aus einem Tief zu finden.

Klaus Seibold hat es so zusammengefasst und ich pflichte voll bei: „Wenn ich Gedanken laut ausspreche, dann haben sie eine andere Wirkung, als wenn ich sie nur denke. Ich kann und muss mir selbst zuhören und ich darf auch emotional und laut werden. Und meist geht es mir dann besser."

- Mit spannenden Aufgaben aus dem Tief

Gerade beim Stimmungstief sollte man als Ausweg die ‚spannende Aufgabe' sehen. Wenn man eine Tätigkeit ausübt, der man sehr gerne nachkommt und bei der man sich konzentrieren muss, kann es sein, dass man durch diese Fokussierung aus einer negativen Spur findet. Auslöser für solche Veränderungen können Sport, Musizieren oder das Lesen eines spannenden Buchs sein. Manche Menschen können wunderbar abschalten, wenn sie kochen, malen oder im Garten arbeiten. Vor allem, wenn es gelingt, sich so auf die Aktivität zu konzentrieren, dass man die Welt um sich vergisst. Dann erlebt man den ‚**Flow**' und ist zufrieden und glücklich. Vorherige negative Erlebnisse und Gefühle relativieren sich vollständig und verschwinden. Einen ähnlichen Erfolg kann man durch ein besonders intensives Ausdauertraining erreichen. Man ist ausgepowert, aber zufrieden und glücklich. Denn es ergeben sich nicht nur positive Effekte auf das Herz-Kreislauf-System. Sehr häufig sind danach wunderbare Glücks-Gefühle als Lohn für große Mühen: Endorphine werden ausgeschüttet. Diese Glückshormone können sogar maximales Wohlbefinden auslösen.

- Zum Flow

Vielleicht gebe ich noch einen kurzen Hinweis zu dem bereits früher erwähnten ‚Flow': Was passiert da? Flow (englisch für „fließen, strömen") bezeichnet das als beglückend erlebte Gefühl eines mentalen Zustandes völliger Vertiefung und restlosen Aufgehens in einer Tätigkeit. Alles geht dann wie von selbst vor sich. Psychologen sprechen von einem Schaffens- bzw. Tätigkeitsrausch oder auch von Funktionslust.

Der Glücksforscher Mihály Csíkszentmihályi gilt als Schöpfer der Flow-Theorie, die er aus der Beobachtung verschiedener Aktivitäten von Chirurgen und Extremsportlern entwickelte und in zahlreichen Beiträgen veröffentlichte. Heute wird seine Theorie auch für rein geistige Aktivitäten in Anspruch genommen. Ich erlebe dieses Versinken im Tun, also den Flow, beim Recherchieren und Schreiben zum Beispiel dieser Texte und bin glücklich.

her mit dem Flow!

- Sport und Bewegung

Es geht immer noch um die Wege raus aus dem Stimmungstief. Ich muss in dem Zusammenhang auf das Thema ‚Sport und Bewegung' eingehen. Es rentiert sich eigentlich immer, sich damit zu beschäftigen. Wie sich die persönliche Einstellung zu Sport und Bewegung auf die tatsächlichen Effekte des Trainings auswirkt, haben Forscher der Universität Freiburg untersucht. Das Team um den Psychologen Hendrik Mothes vom Institut für Sport und Sportwissenschaften stellte fest, dass Menschen, die eine positive Erwartungshaltung gegenüber Sport und Bewegung haben, sowohl psychisch als auch neurophysiologisch mehr von einem Training profitieren als Menschen, die diese Überzeugung nicht teilen. Zudem haben die eigenen Erwartungen einen starken Einfluss darauf, wie anstrengend eine Sporteinheit erlebt wird. Außerdem wiesen die Forscher nach, dass für die Stärke und Art der Anstrengung eine Rolle spielt, was die Sporttreibenden über sich selbst dachten.

Sport hilft

Für die Studie wurden 76 Frauen und Männer im Alter zwischen 18 und 32 Jahren für ein dreißigminütiges Training auf dem Fahrradergometer ins Forschungslabor eingeladen. Zuvor wurden den Teilnehmern unterschiedliche Kurzfilme gezeigt, die entweder die positive Wirkung für die Gesundheit durch Radfahren anpriesen - oder eben nicht. Zudem wurden die Probanden gefragt, ob sie schon vor Beginn der Untersuchung an positive Gesundheitseffekte durch Sport glaubten. Vor und nach dem Training hatten die Probanden die Aufgabe, einen Fragebogen auszufüllen. Die Antworten sollten Auskunft über das Wohlbefinden und die Stimmung der Teilnehmer geben. Zudem wurde die Gehirnaktivität der Probanden gemessen. Studienteilnehmer, die bereits vor der Untersuchung an die positiven Effekte durch Sport glaubten, hatten größere Freude an der Bewegung, hoben stärker ihre Stimmung und reduzierten deutlich ihre Ängstlichkeit im Vergleich zu den weniger motivierten Probanden. Auch auf neurophysiologischer Ebene zeigten sich Unterschiede. Bei den Studienteilnehmern, die vorab eine positive Einstellung zur Wirkung von Sport hatten, und bei denjenigen, die den Kurzfilm über die gesundheitlichen Vorzüge des Radfahrens gesehen hatten, konnten die Forscher eine größere Entspannung der Hirnaktivität feststellen.

"Die Ergebnisse zeigen im Sinne einer selbsterfüllenden Prophezeiung, dass der Glaube daran, wie gut einem sportliche Aktivitäten tun, eine beachtliche Auswirkung auf das Wohlbefinden hat", fasst Mothes die Ergebnisse zusammen. Also auch ein wunderbares Mittel gegen das ‚Stimmungstief'. Man muss nur fest daran glauben, dass die sportliche Aktivität gut ist, und das ist sie allemal. Zugleich ist es ein hervorragendes Mittel, um das Wohlbefinden zu steigern.

> Es gilt grundsätzlich: Das beste Mittel gegen ein Stimmungstief ist die Aktion.

Aus den bisherigen Ausführungen ist deutlich geworden, dass das beste Mittel gegen ein Stimmungstief Aktion ist. Es bedarf geistiger und körperlicher Aktivitäten. Die Auseinandersetzung mit negativen Gefühlen, die Sammlung schöner Momente, spannende Aufgaben, Sport und Bewegung oder die Veränderung der Einstellung können helfen, ein Stimmungstief zu bewältigen. Entscheidend ist der Wille, alle Wege zu nutzen, um aus dem Stimmungstief herauszukommen.

> *Ich will, das Wort ist mächtig. Spricht's einer ernst und still, die Sterne reißt's vom Himmel. Das eine Wort: ich will!*
> **Goethe**

Bei einem Stimmungstief bedarf es einer klaren und bedingungslosen Analyse. Dann müssen hilfreiche Aktivitäten folgen. Wichtig wird vor allem auch die Veränderung der Einstellung. Mit der richtigen Einstellung und hilfreichen Aktivitäten können schwierige Situationen und auch ein Stimmungstief erfolgreich angegangen werden. Nur so kann dieser Stolperstein auf dem Weg zum Glücklich-sein weggeräumt werden.

Was nehme ich mit aus diesem Stichwort?

Es geht bei diesem Stichwort um einen weiteren Stolperstein auf dem Weg zum Glücklich-sein. Es geht um den Stolperstein ‚Stimmungstief'. So ein Stimmungstief kann aus ganz verschiedenen Gründen auftauchen. Es kann ja sein, dass man einfach schlecht geschlafen hat und in der Folge nicht so gut drauf ist oder dass der ‚Winterblues' zugeschlagen hat. Oft wird man von anderen stimmungsmäßig heruntergezogen. Grübeleien und ein Hineinsteigern in negative Gedanken können dazu beitragen, dass sich so eine Situation rasch zu einem Stimmungstief ausweitet. Die Hindernisse müssen nicht wirklich bedrohlich sein, es reicht, wenn man sie annimmt.

> *Verbringe nicht die Zeit mit der Suche nach einem Hindernis. Vielleicht ist keines da.*
> **Franz Kafka**

Und so ein Tief kann auch entstehen, wenn zu viele negative Informationen an uns herangetragen werden. Besonders die Medien sind voll von Negativem, und da gibt es ja auch die ‚netten' Mitmenschen, die nur negative Botschaften verbreiten. Ich sage es frei heraus: Medien wie Menschen suhlen sich im Negativen, und das muss unterbunden werden. Man muss Informations-Hygiene betreiben und darf für negative Informationen sowohl über die Medien wie auch über Gossip und Tratsch einfach nicht offen und empfangsbereit sein.

In Studien aus dem Jahr 2020 wurde gezeigt, dass der Einfluss der Psyche auf die Gesundheit durch die Schlagzeilen von Medien verändert werden kann. Negative Schlagzeilen machen krank und empfänglich für Infektionen. Da muss sich schon jeder einzelne entschieden, Informations-Hygiene zu betreiben und Negativ-Botschaften zu verweigern und sich von negativen Menschen fernzuhalten.

> *Halte dich von negativen Menschen fern. Die haben ein Problem für jede Lösung.*
> **Albert Einstein**

Was tun beim Stimmungstief?

- Es kommt auf die positive emotionale Bilanz an. Sich an positiven Erfahrungen festmachen.
- Negative Informationen verweigern: Informations-Hygiene betreiben
- Negativen Menschen aus dem Weg gehen
- Schöne Momente suchen und gegebenenfalls an der Einstellung arbeiten
- Durch Externalisieren Negativereignisse ‚aus der Welt schaffen'
- Selbstgespräche helfen beim Aufarbeiten
- Mit spannenden Aufgaben aus dem Tief und nach Flow suchen

Fazit

Bei einem Stimmungstief bedarf es einer klaren und bedingungslosen Analyse. Dann müssen hilfreiche Aktivitäten folgen.

> Es gilt grundsätzlich: Das beste Mittel gegen ein Stimmungstief ist die Aktion.

Wichtig wird vor allem die Veränderung der Einstellung. Mit der richtigen Einstellung und mit hilfreichen Aktivitäten können schwierige Situationen und auch ein Stimmungstief erfolgreich angegangen werden. Nur so kann dieser Stolperstein auf dem Weg zum Glücklich-sein weggeräumt werden.

Stichwort: Love it, change it or leave it

Da kommt mir ein weiterer Stolperstein in den Sinn: Immer wieder gibt es die missliebige Situation, in der man zu Entscheidungen gezwungen wird. ‚Eigentlich' will man sich mit dieser Situation gar nicht auseinandersetzen. Man kommt in eine Lage, die unangenehm ist und die man wirklich nicht will. Es kommt zu einem quasi erzwungenen Handlungsbedarf. Was tun?

In aller Regel wird ein Mensch nicht konsequent vorgehen, sondern versuchen, auszuweichen. Es wirkt das ‚Prinzip von Le Chatelier', auch das ‚Prinzip des kleinsten Zwanges' oder ‚Weg des geringsten Widerstandes' genannt. Bekannt ist das Prinzip aus der Chemie: Übt man auf ein chemisches System, das im

Gleichgewicht ist, einen Zwang aus, reagiert es so, dass die Wirkung des Zwanges minimal wird. Oder für uns übersetzt: wir weichen aus und suchen uns die vermeintlich bequemste Lösung.

Im Grunde geht es aber darum, in bestimmten misslichen Lebenslagen Entscheidungen zu fällen, um wieder handlungsfähig zu werden und Klarheit zu gewinnen.

Unser Schicksal hängt nicht von den Sternen ab, sondern von unserem Handeln.
William Shakespeare

Für eine solche schwierige Situation gibt es eine amerikanische Lebensweisheit, die heutzutage sehr häufig bemüht wird: Love it, change it or leave it. Indessen ist es gar nicht so einfach, diese Maxime im Leben konsequent anzuwenden. Setzen wir uns damit auseinander:

Love it: Man soll die Gegebenheit positiv sehen.

Es stellen sich die Fragen: Was ist das Gute an der aktuellen Situation, so wie sie sich ergeben hat? Wie kann ich der Situation etwas Positives abgewinnen? Was könnte einen ansprechen, kommt einem entgegen, gefällt einem? Man versuche einfach, die Situation so positiv wie möglich zu sehen. Irgendetwas Gutes lässt sich (fast) immer finden. Vielleicht ergibt sich sogar noch die Aufforderung: nimm es locker, cool und leicht! Take it easy!

In jeder Krise liegt eine Chance.
Albert Schweitzer

Change it: Man verändere die Einstellung zur Situation.

Wenn man eine missliche Situation weder lieben noch verlassen kann, dann frage man sich: Was kann ich tun, um mit der Situation besser klarzukommen? Wie kann ich meine Einstellung verändern? Was kann man tun, um sich mit der Situation zu arrangieren? Gibt es Spielräume, die man bisher nicht gesehen oder nicht für möglich gehalten hat? Oft ist eine wesentliche Konsequenz, die Einstellung zum augenblicklichen Zustand zu ändern. Ich kann derzeit nichts ändern, also nehme ich die Situation so, wie sie ist, und mache das Beste daraus.

*Die größte Entdeckung meines Lebens war, dass ein Mensch seine
Zukunft ändern kann, indem er seine Einstellung ändert.*

Oprah Winfrey

Es kann sehr hilfreich sein, die Beurteilung einer Situation nicht im Affekt
vorzunehmen, sondern abzuwägen. Oft kann ein veränderter Blickwinkel oder
ein ‚Kirchturmblick' zu anderen Einschätzungen führen. Es gibt oft wesentlich
mehr Handlungsoptionen, als man primär denkt. Man muss klar, vorurteilsfrei
und **mit Abstand** das ganze Spektrum der Möglichkeiten reflektieren, zunächst
ohne auf die Konsequenzen zu schielen. Es gilt, sorgfältig alternative Wege zu
suchen. Vielleicht muss man alle Ideen auflisten und versuchen, aus der inneren
Mitte heraus zu entscheiden. Es ist zudem gar nicht schlecht, wenn man über die
Gegebenheiten eine Nacht schläft, um mit Abstand zu einer anderen Sicht der
Dinge zu kommen. Und möglicherweise hilft auch der gute Ratschlag eines
wohlmeinenden Anderen.

Leave it: Man lasse die Situation hinter sich.

Wenn man alles ausprobiert hat, dann muss man ehrlich zu sich sein und absolut
realistisch. Vielleicht ist es Zeit, zu antizipieren, dass

- es Sackgassen gibt.
- man vor einer massiven Betonwand steht, für die es keine Tür
  gibt.
- ein Mensch einen enttäuscht, einem schadet und man dies einfach
  verarbeiten bzw. hinter sich lassen muss.
- das Maß voll ist.
- der Krug so oft zum Brunnen gegangen ist, dass er zerbrochen ist.

Da gibt es das wunderbare, sehr hilfreiche Sprichwort, das den **Indianern**
zugeschrieben wird und das so treffend ist: „Wenn Du merkst, dass Du ein totes
Pferd reitest, steige ab! Und versuche nicht, es wieder zu beleben oder gar auf
Deinem Rücken weiterzuschleppen!"

Was also muss man tun? Man muss handeln - konsequent und nachhaltig! Oft
muss man einen neuen, schwierig erscheinenden Weg einschlagen oder die
Opferrolle verlassen, um wieder aktiv zu werden. Wirklich erfolgreiche – und

glückliche - Menschen haben diesen Mechanismus in der Regel verstanden. Sie übernehmen Verantwortung für ihr Schicksal.

‚Leave it' kann man auch wörtlich verstehen: Psychologen stellen fest, dass es durchaus eine Option ist, die Situation einfach hinter sich zu lassen. Sie sagen, dass man ‚aus dem Feld' gehen soll. Das kann eine sehr hilfreiche Reaktion sein, um Abstand zu gewinnen. Die Experten sagen, dass das nichts mit Feigheit zu tun hat, sondern einfach neue Möglichkeiten und Wege eröffnet.

aus dem Feld gehen

Fehlt über längere Zeit die Begeisterung für eine berufliche Aufgabe, sollte man sich nicht allzu lange mit Ausreden beschäftigen, wie zum Beispiel, es sei eine ‚schlechte Phase'. Selbstbeschwichtigung, etwa mit der Bemerkung ‚ist doch eigentlich ein guter Job', hilft nicht. Das Gehalt wird dann zum Schmerzensgeld. Der Expertenrat lautet: "Wer sich mit der Arbeit quält, sollte schnell und bewusst handeln!"

> *Sie werden erst viele Male scheitern, bevor Sie in der Lage sind, auf diesem neuen Niveau nennenswerte Leistungen und Erfolge zu erzielen. Die wenigsten Menschen machen gerne Fehler - und verharren daher in ihrer Komfortzone.*
> **Anders Ericsson**

Es geht immer darum, bei Unzufriedenheit zu handeln und die Komfortzone zu verlassen. Da gilt wirklich das alte Sprichwort: „Lieber ein Ende mit Schrecken, als ein Schrecken ohne Ende!" Es muss gehandelt werden, auch gegen (eigene?) Widerstände! Es geht um Veränderungen ohne die immer wieder auftretende Angst vor Neuem, vor dem Versagen und vor Anstrengungen. Das Motto lautet: Mit Mut ‚zu neuen Ufern'!

Handlungsoptionen

Es geht in schwierigen oder missliebigen Situationen darum, Mut zu zeigen, Entscheidungen realistisch zu reflektieren und zu kalkulieren und anschließend entschlossen zu handeln. Welche **Handlungsoptionen** hat man dann?

- Hemmschwellen aktiv angehen
  Hemmschwellen sind Blockaden, die aus Erfahrungen, Gewohnheiten und hohen Erwartungen entstehen. Der erste Schritt wird schwerfallen, er erfordert wohl die meiste Willenskraft auf dem Weg, mutiger zu werden: Man konzentriere sich dazu nur auf das Ziel, zu dem der Schritt führen soll - nicht auf die Angst vor den Folgen. Die Hemmschwellen sinken. Zudem erfordert dieser Umgang mit einer Blockade auch eine grundsätzliche Offenheit für Lösungen. Wie war das: „wenn du denkst, es geht nicht mehr, kommt von irgendwo ein Lichtlein her". Keine Barriere ist (auf Dauer) unüberwindbar.

wenn du denkst, es geht nicht ....

- Mehr Vertrauen
  Ein mangelndes Vertrauen in die eigenen Fähigkeiten entwickelt sich aus Situationen, in denen man von sich selbst schon mal enttäuscht wurde. Auch andere Menschen können das Vertrauen enttäuscht haben. Bei anderen Menschen ist es oft einfacher, damit umzugehen. Man darf einfach keine (falschen) Erwartungen entwickeln. Es macht oft Sinn, mit dem Schlimmsten zu rechnen. Dann kann man auch nicht enttäuscht werden. Bei sich selbst sollte man indessen lernen, wenigstens sich selbst mehr zu vertrauen und vor allem zuzutrauen: Vertraue in deine Fähigkeiten. So sinkt auch die Angst vor den Folgen, und das Ziel kann mutig angegangen werden.

Glücklich, wer mit den Verhältnissen zu brechen versteht, ehe sie ihn gebrochen haben.
Franz von Liszt

- Unabhängiger werden
  Man gehört gerne einer sozialen Gruppe an. Man möchte sich zugehörig fühlen - und damit von anderen akzeptiert. Die Kehrseite der Medaille ist: man macht sich damit auch ein Stück weit von der Meinung anderer abhängig. Nimmt diese Abhängigkeit überhand, blockiert sie unseren Mut. Jede Entscheidung, jedes Handeln wird zuerst durch eine Art sozialen Filter geleitet: wie werden die anderen von mir denken? Wahr ist aber: man

kann es ohnehin nie allen recht machen. Um mutiger zu werden, sollte man akzeptieren, dass es immer Menschen gibt, die egoistisch sind, die man verärgert und die sich eventuell abwenden. Es darf auch da keine falschen Erwartungen geben.

- Gedankenhygiene betreiben
Die Gedankenwelt bestimmt massiv das Handeln. Viele sprechen gerne von ‚Megaproblemen', ‚katastrophalen Zahlen' oder einem ‚furchtbaren Desaster'. Das ist nicht gut! Eine derart übersteigerte XXL-Sprache erzeugt ganz leicht das Gefühl von Ohnmacht und Verzweiflung. Wir sind schnell in einer sehr negativen Betrachtung, vielleicht sogar Spirale. Hatte Mark Aurel nicht den Ratschluss: unser Leben ist das Produkt unserer Gedanken? Also raus aus dem Negativen, hin zu bejahender Haltung!

- Perfektionismus ablegen
Hinter Perfektionismus versteckt sich meist das Bedürfnis nach Beifall und nach dem Zuspruch anderer sowie letztlich nach Anerkennung. Es ist der Versuch, das Beste zu geben und ‚everybody's darling' zu sein. Da kann die Konsequenz nur sein: Weg mit solchen Schwarz-Weiß-Kategorien! Fehler sind normal. Neue Wege haben nun mal Risiken. Wenn man mehr wagt und verändert, erreicht man auch mehr. Der Mut kommt dann sogar aus der Fähigkeit, aus Fehlern zu lernen.

- Klein anfangen
Psychologen vergleichen den Mut gerne mit einem Muskel: je mehr man diesen trainiert, desto stärker wird er. Steht ein größeres Referat oder ein Vortrag bevor, und spricht man nicht so häufig vor großem Publikum? Dann fängt man erst einmal klein an! Man übt zu Hause, lässt Freunde und Familienmitglieder zuhören, gewöhnt sich an den Klang der Stimme und an Publikum. Man wird sicherer, und die Angst zu versagen sinkt.

mit Mut zu neuen Ufern

- Sich Deadlines setzen

  Man sollte die 72-Stunden-Regel nutzen: alles, was man sich vornimmt, muss man in den nächsten 72 Stunden beginnen, sonst sinkt die Wahrscheinlichkeit auf ein Prozent. Steht ein Termin beim Zahnarzt oder beim Chef an: sofort loslegen! Will man ein ernstes Gespräch mit einem Freund oder Familienmitglied führen, vereinbart man zeitnah das Treffen. Und dann geht man offen und konstruktiv darauf zu. Man sollte nicht zögern und nicht lange darüber nachdenken. Viel zu oft verfliegt die Entschlossenheit.

- Unterstützung holen

  Über eine schwierige Situation sollte man laut sprechen. Wägt man Risiken und Folgen eines Schrittes intensiv ab, hat aber noch immer nicht den Mut, den notwendigen ersten Schritt zu wagen, sollte man mit jemand Vertrautem darüber sprechen. Man sollte dabei offen und laut die Pro- und Contra-Argumente aussprechen. Oft hilft bereits das bloße Aussprechen. Hilfreich ist auch, wenn einem jemand offen, hilfsbereit und aufbauend zugewandt ist. Dann muss man dessen kritischen Anmerkungen als Unterstützung verstehen. Ein solch konstruktives Gegenüber kann wirklich helfen.

Wenn man in schwierige oder missliche Situationen kommt und sie überwinden will, muss man tatkräftig mit den Stolpersteinen, Hemmschwellen und Schwierigkeiten umgehen. Es hilft nur, ehrlich und offen zu sein und den aktuellen Handlungsbedarf klar zu sehen. Eine Entscheidung ist immer mit Energie, Aufwand und Konsequenzen verbunden. Voraussetzung ist indessen ein starker Wille zu Veränderung. Nur so kommt man zurück auf Wege, die irgendwann zur Zufriedenheit und zum Glücklich-sein führen.

> *Wer aus seiner gewohnten Bahn geworfen wird, meint manchmal, dass alles verloren ist. Doch in Wirklichkeit fängt nur etwas Neues an.*
> **Gisela Rieger**

Was nehme ich mit aus diesem Stichwort?

Immer wieder gibt es missliebige und schwierig zu bewältigende Situationen, in denen man zu Entscheidungen gezwungen ist, obwohl man sich und ‚eigentlich‘

mit dieser Situation gar nicht auseinandersetzen will. Dann geht es im Grunde darum, Entscheidungen zu fällen, um wieder handlungsfähig zu werden, Klarheit zu gewinnen und irgendwann auch wieder zufrieden und glücklich zu werden.

Unser Schicksal hängt nicht von den Sternen ab, sondern von unserem Handeln.
William Shakespeare

Für ganz verschiedene Problemsituation gibt es eine amerikanische Handlungsanweisung, die heutzutage sehr häufig bemüht wird: **Love it, change it or leave it.** Es gilt, sich mit den einzelnen Optionen ehrlich, vorurteilsfrei und intensiv auseinanderzusetzen. ‚Love it' bedeutet, man soll die Gegebenheit positiv sehen und sich damit arrangieren. ‚Change it' fordert dazu auf, die Einstellung zur Situation zu ändern. Das gilt vor allem, wenn es im Augenblick keine alternativen Wege gibt. Ein anderer Blickwinkel hilft, mit der Situation umzugehen, positive Aspekte zu erkennen und sogar Handlungsmöglichkeiten zu entwickeln. Wenn man alles ausprobiert hat, muss man ehrlich zu sich sein und absolut realistisch. Vielleicht wird es dann Zeit, die Situation zu verlassen. Änderungen müssen her, und das geht nur, wenn man aus der missliebigen Gegebenheit aussteigt. Man kann sogar einfach aus dem Feld gehen, die Situation hinter sich lassen und zunächst einmal keine Konsequenzen zu ziehen. In aller Regel finden sich mit Abstand dann Möglichkeiten und Wege.

Handlungsoptionen

Wenn man in schwierige oder missliebige Situationen kommt und sie überwinden will, muss man mit Stolpersteinen, Hemmschwellen und Schwierigkeiten umgehen. Es hilft nur, ehrlich und offen zu sein und den aktuellen Handlungsbedarf klar zu sehen. Eine Entscheidung ist immer mit Energie, Aufwand und Konsequenzen verbunden. Man sollte deutlich einige Handlungsoptionen sehen: Hemmschwellen aktiv angehen, mehr Vertrauen in sich entwickeln, unabhängig werden wollen, Gedankenhygiene betreiben, Perfektionismus ablegen, klein anfangen, Deadlines setzen und sich gegebenenfalls Unterstützung holen. Aber man darf sich stets sicher sein, dass es einen Ausweg gibt. Man muss aber bereit zum Handeln sein.

Wenn du denkst, es geht nicht mehr, kommt von irgendwo ein Lichtlein her.
Hilfreiche Lebensweisheit

Entscheidend ist oft ein starker Wille zu Veränderung. Stolpersteine sind dazu da, aus dem Weg geräumt zu werden. Und gegen Angst vor Neuem hilft ebenfalls die Aktion. Jeder Mensch, der Entscheidungsbedarf hat, muss bewusst, gezielt und angstfrei den ersten Schritt gehen und konsequent zu allem bereit sein.

Goethe ermuntert uns in einem Gedicht:

Feiger Gedanken,
bängliches Schwanken,
weibisches Zagen,
ängstliches Klagen
wendet kein Elend,
macht dich nicht frei!

Allen Gewalten
zum Trutz sich erhalten;
nimmer sich beugen,
kräftig sich zeigen,
rufet die Arme
der Götter herbei!
Goethe

Stichwort: Zurück zur bejahenden Grundhaltung

Da ist noch ein weiterer Stolperstein, über den wir nachdenken müssen und der uns den Weg zum Glücklich-sein versperrt: Menschen haben den fatalen Hang, unbedingt und mit allen Mitteln glücklich werden zu wollen. Grundlage ist, dass der Mensch sein Leben lang nach Glück strebt. Das hat schon Aristoteles festgehalten. Doch selbst wenn der Mensch das Glück einmal hat, vergeht es schon wieder. Glück ist kein Dauerzustand. Jene wunderbaren Glücksgefühle sind scheue Schmetterlinge, die viel zu rasch wieder davonfliegen. Immer, wenn wir ein Ziel erreicht haben und ‚eigentlich‘ zufrieden und vielleicht sogar glücklich sein sollten, brauchen wir wieder ein neues Ziel und eine neue

Belohnung. Da gibt es die fatalen Sätze, die mit der Wendung beginnen: „wenn ich erst einmal…". Wir scheinen gefangen in einem Hamsterrad.

Von der Tretmühle

In einem Aufsatz von Brickman und Cambell wird 1971 schon von einer ‚hedonistischen Tretmühle' gesprochen. Später haben sich eine ganze Reihe von Experten damit beschäftigt. Sie haben festgehalten, dass der Mensch die Tendenz hat, nach einem stark positiven oder sogar stark negativen Lebensereignis relativ schnell wieder zu einem stabilen, niedrigen Glücksniveau zurückzukehren. Das Streben nach Glück wird mit einer Tretmühle verglichen: Man arbeitet die ganze Zeit daran und bleibt doch am selben Platz. Danach wollen wir immer wieder glücklicher werden, kommen aber nicht weiter. Es gibt allerdings Unterschiede bei dem, was uns wirklich glücklich macht. Gibt es eine Fixierung auf ökonomische Erfolge, auf Gut und Geld, dann werden sich die glücklich-machenden Erfahrungen sicherlich sehr rasch abnutzen. Die materiellen Dinge werden nämlich uninteressanter.

> *Die besten Dinge im Leben sind nicht die, die man für Geld bekommt.*
> *Albert Einstein*

In Untersuchungen ist deutlich geworden, dass mehr Geld nicht zwangsläufig zu mehr Glück verhilft. Da gibt es deutliche Grenzen. Ab einem gewissen Einkommens-Niveau führt der Zuwachs zu keinem Glückszuwachs. Auch der Kaufrausch bringt keine langfristige Sicherung des Glücklich-seins. Selbst ein Lotteriegewinn führt nach einiger Zeit zu einem Rückgang der Glücksgefühle. Anders ist es zum Beispiel mit den wichtigen sozialen Kontakten. Die vermögen immer wieder, hilfreich zu sein und als Ausgangspunkt für das Glücklich-sein erlebt zu werden.

Der glücklich machende Effekt von Gut und Geld nutzt sich rasch ab.

Was ist wirklich wichtig?

Wir müssen festhalten, dass wir nicht permanent glücklich sein können. Das wäre auch fatal. Es ist völlig normal, dass man zu einem niedrigen Niveau zurückkommt. Man muss allerdings auch erkennen, dass dieses Glücksstreben durchaus als Motor für Vorwärts-Entwicklungen verstanden werden kann. Unser Belohnungssystem im Gehirn will, dass wir erfolgreich sind und uns belohnen. Allerdings haben wir bereits im Stichwort ‚Zufriedenheit' verstanden, dass das Vergleichen der Sargnagel der Zufriedenheit ist. Wenn wir immer nach dem Anderen schielen, mag uns das zu mehr Leistung motivieren. Es ist aber fraglich, ob wir dadurch wirklich zufriedener und glücklicher werden. Stattdessen verschwenden wir unsere Ressource ‚Lebenszeit'. Es stellt sich die Frage nach dem, was für uns wesentlich ist. Was macht uns wirklich glücklich? Was brauchen wir wirklich? Was sind wir bereit, dafür zu geben? Letztlich führt das zu einer realistischen Kontrolle unserer Bedürfnisse. Wir müssen weg von einer materiellen und hin zu einer stärker sozialen, emotionalen Orientierung. Das Hier und Jetzt muss in den Fokus gerückt werden. Die glücklich-machenden Kleinigkeiten und Momente müssen an Bedeutung gewinnen.

glücklich-machende Kleinigkeiten

Mit mehr Achtsamkeit müssen wir lernen, intensiv im Augenblick zu leben. Wir haben die wunderbare Chance, uns an schönen Momenten zu erfreuen und uns dem Genuss genau in diesem Augenblick hinzugeben. Das kann eine herrliche Melodie, ein wunderbarer Sonnenuntergang, ein wohlschmeckendes Glas Wein oder ein erfüllendes Gespräch mit einem Seelenverwandten sein.

Das Leben besteht aus Augenblicken, nicht aus Atemzügen.
Walt Disney

Was ist mit negativ empfundenen Stimmungen?

Wir haben uns mit der ‚Flüchtigkeit des Glücks' auseinandergesetzt und die glücklich-machenden Kleinigkeiten dagegengehalten. Ich möchte einen Schritt weiter gehen und mich mit dem Unglück und Pessimismus beschäftigen. Zudem gilt es, an die eher negativ empfundenen Grundstimmungen zu denken, die im Alltag auftauchen können und aus Psychologensicht sehr hilfreich sind: Ärger, Wut, Angst, Trauer, Ekel und Verachtung. Diese negativen Seiten unseres Lebens gehören zu unserem Leben. Wir müssen uns damit auseinandersetzen. Aber es ist mir im Voraus schon klar, dass diese negativen Seiten dazu da sind, überwunden zu werden.

"Wenn wir nicht (mehr) unglücklich sind, sind wir glücklich", lautet ein falscher Satz. Eine weitere Fehlannahme ist: „Unglück ist das Gegenteil von Glück." Zunächst halten wir fest: Glücksforscher haben Anhaltspunkte dafür gefunden, dass Glück und Unglück unabhängig voneinander auftreten:

- Hirnforscher haben festgestellt, dass positive und negative Gefühle im Gehirn an unterschiedlichen Stellen erzeugt werden. Bei negativen Gefühlen (‚Unglück') ist eher die rechte Seite des Stirnhirns aktiv, bei positiven Gefühlen (‚Glück') die linke Seite.
- Negative Gefühle schließen positive Gefühle nicht aus: weder physiologisch (also körperlich), noch emotional gilt ein ‚entweder - oder'. Wir können uns gleichzeitig glücklich und unglücklich fühlen.
- Psychologische Glücksforschung hat gezeigt, dass wir uns glücklich fühlen, wenn in unserem Leben die Zahl der positiv empfundenen Momente die der negativen überwiegt. Glück kann bzw. muss aktiv hergestellt werden und entsteht nicht einfach passiv, durch das Wegfallen von Unglücklich-sein, Schmerz oder Stress. Nach einem solchen Wegfall sind wir bestenfalls in einem neutralen Zustand, aber damit noch nicht glücklich. Die Psychologie hat diesen Sachverhalt erkannt und dafür den neuen Forschungsbereich ‚Positive Psychologie' gegründet. Dazu an anderer Stelle mehr.

Das Gegenteil von Glück im Sinne von ‚Glück haben', also dem Zufallsglück, ist Pech oder Unglück. Das psychologische Gegenteil von Glück, also von Glück im Sinne von ‚Glück empfinden', ist nach Auffassung von einigen Glücksforschern ‚Depression'. Zur Untermauerung dieser Behauptung finden sich in Philipp Mayrings Buch ‚Psychologie des Glücks' die folgenden Forschungsergebnisse:

- In mehreren unabhängigen Studien finden sich hohe negative Korrelationen zwischen dem Ausmaß von Glück und Depression, d.h. also: glückliche Personen sind signifikant weniger depressiv, depressive Personen sind signifikant weniger glücklich.
- Je mehr positive Lebensereignisse eine Person erlebt, desto weniger verschlechtert sich ihr psychischer Zustand über die Zeit in Richtung Depression.

Das kleine Gegenteil von Glück ist Langeweile, das große Gegenteil die Depression.
Stephan Lermer

Ob man diesen Ausführungen bis in die letzte Konsequenz der Krankheit folgen sollte, soll hier nicht relevant sein. Deutlich wird indessen bei allen bisherigen Überlegungen zu den negativen Situationen, dass dem Willen zum Glücklich-sein eine ganz entscheidende Bedeutung zukommt. Daraus resultiert eine Forderung nach Wollen, Bereitschaft und letztlich nach Aktion, wenn es um das Glücklich-sein geht. In der Literatur zeigt sich eine überraschende Übereinstimmung zwischen der antiken Philosophie, dem Buddhismus und den modernen Neurowissenschaften, die alle behaupten: Glücksgefühle sind eine Folge glücklich machender Gedanken und Handlungen, die durch Wiederholungen und Gewohnheiten trainiert werden können.

Wenn nichts Schlimmes vorliegt, schaffen es dennoch viele Menschen nicht, glücklich zu sein. Sie beschäftigen sich vor allem mit den Dingen, die nach ihren momentanen Maßstäben die vermeintlich Schlimmsten sind, selbst wenn es sich nur um eine kleine Magenverstimmung oder einen regnerischen Tag handelt. Aber um solche Einschränkungen geht es gar nicht. Die sind ohnehin vorübergehend und nicht wirkliches Unglück. Es sind Kleinigkeiten. Aber sie stehen vielen Menschen im Weg.

Von negativen Menschen fernhalten

Und da sind wir schon wieder bei den negativen Menschen, von denen wir uns ja fernhalten wollen. Es gibt so wunderbare Exemplare von notorischen Schwarzsehern und begeisterten Unglückspredigern, die wirklich alles kaputtreden können und nichts Positives sehen. Und da sind auch noch die Pessimisten, von denen ‚professionelle Pessimisten' sind. Auf solche negativen Menschen sollen wir nicht reagieren.

Je weniger Sie auf negative Menschen reagieren, desto positiver wird Ihr Leben werden.
Paolo Coelho

In der Psychologie ist Pessimismus eine Geisteshaltung oder sogar eine Basis-

Lebenseinstellung, die auf positive Erwartungen und Hoffnungen verzichtet. Aber für mich ist Pessimismus Gift für unser Leben, unsere Zufriedenheit und für Beziehungen. Mit dem Pessimismus will ich mich deshalb gar nicht länger aufhalten. Den sollten wir aus unserem Dunstkreis verbannen. Wenden wir uns lieber dem realistischen Optimismus oder noch besser der Zuversicht zu.

Optimismus

Nach Martin Seligman hängen Lebensqualität und Wohlergehen stark von einer optimistischen Erwartungshaltung dem Leben gegenüber ab. Diese Erwartungshaltung könne gelernt werden. Bereits 1990 veröffentlichte er das Buch "Learned Optimism" (‚Erlernter Optimismus‘). Damit begreift dieser wichtige Vertreter der ‚Positiven Psychologie‘ unsere Einstellung als Herausforderung.

> *Die wahren Optimisten sind nicht überzeugt, dass alles gut gehen wird,*
> *aber sie sind überzeugt, dass nicht alles schiefgehen kann.*
> *Johann von Schiller*

Wir sollten kurz bei dem Stichwort ‚**Optimismus**‘ bleiben. Das Wort kommt aus dem Lateinischen: Optimum bedeutet ‚das Beste‘. Es ist eine Lebensauffassung, in der die Welt oder eine Sache von der besten Seite betrachtet wird. Beschrieben wird nichts anderes als eine heitere und lebensbejahende Grundhaltung sowie eine zuversichtliche Erwartung hinsichtlich der Zukunft.

Martin Seligman untersuchte die Frage, was Optimisten von Pessimisten unterscheidet. Er fand, dass sie unterschiedliche Zuordnungen für Ursachen vornehmen. Die Optimisten sehen die Ursache für angenehme Ereignisse stabil in sich selbst. Unangenehme Ereignisse hingegen schreiben sie vorübergehenden, situationsbedingten Ursachen zu. Seligman geht noch weiter und stellt fest, dass **eine solche optimistische Lebenseinstellung erlernbar ist.**

> *Die kleinste Hoffnung ist besser als die schlimmste Befürchtung.*
> *Mark Twain*

Allerdings warnt Ernst Bloch in seinem Werk ‚Das Prinzip Hoffnung‘ vor ‚ungeprüftem Optimismus‘. Dazu passen neue Ergebnisse, die Tali Sharot et al vom University College London vorgelegt haben: das Gehirn ist sehr gut darin, positive Nachrichten über die Zukunft zu verarbeiten. Von Optimisten wird alles Negative einfach ignoriert. Allerdings werden dadurch die Risiken oft unterschätzt. Tali Sharot warnt sogar vor einem 'Optimismus-Bias': unsere Erwartungen für die Zukunft können unrealistisch optimistisch sein. Viele Menschen erwarten ein längeres, gesünderes und erfolgreicheres Leben, als es aus den realistischen Gegebenheiten heraus wahrscheinlich ist. Ergänzende Untersuchungen legen nahe, dass das Gehirn offensichtlich auswählt, auf welche Aussagen es hört. Nach Chris Chambers von der Cardiff University sollten deshalb beim Treffen von zukunftsträchtigen Entscheidungen viel klarer und kritischer Vorhersagen und Wahrscheinlichkeit einander gegenübergestellt werden, um zu realistischen Erwartungen, zu einem **realistischen Optimismus** zu kommen.

realistischer Optimismus

Bejahende Grundeinstellung

Auch wenn wir fortan kritischer mit den Zukunftserwartungen umgehen werden, sollten wir uns dennoch an der positiven Seite des Optimismus orientieren. Wichtig oder vielleicht sogar entscheidend ist eine bejahende Grundeinstellung. Diese positive Haltung muss von vielen Menschen offensichtlich täglich erarbeitet, ja zum Teil erkämpft werden. Sie ist indessen essentiell für jeden selbst, weil man durch sie einfach froher und zufriedener ist und zudem gesünder. Und man schafft Voraussetzungen, um glücklich zu sein.

bejahende Grundhaltung

Wir greifen Sencas Satz auf: „Das ‚Glück im Leben' hängt von guten Gedanken ab, die man hat." Je früher man dem Satz konsequent folgt und deshalb die Bedeutung der Emotionen akzeptiert und nutzt, desto früher kann man an einer positiven Grundstimmung arbeiten. Das hilft einem selbst und wird auch das Außenverhältnis optimieren.

Ein kleiner positiver Gedanke kann Ihren ganzen Tag verändern.
Zig Ziglar

Wie ist das mit der bejahenden Grundhaltung?

Nach William James gilt, dass unsere Erwartungen unser Verhalten beeinflussen. Es ist schon nicht leicht, das Glas als noch halb voll und nicht als schon halb leer zu erkennen. Und es ist schwer, negative Gedanken zu überwinden und an einer positiven Grundhaltung festzuhalten. Eines muss klar sein: Man muss jeden Tag aufs Neue hart an sich arbeiten oder einfach heute, jetzt damit anfangen. Ich weiß aus Trainings, wie schwer das fällt. Ein Austausch mit einem konstruktiven Partner oder gezielte Selbstgespräche bzw. ehrliche, schriftliche Selbstanalysen können ebenfalls bei dieser Hinwendung zu einer bejahenden Sicht der Ausgangsposition helfen. Es gilt, eine positive oder besser eine bejahende Grundhaltung zu entwickeln und/oder stets zu ihr zurückzukehren. Wir sollten uns angewöhnen, immer das halb volle Glas und nicht das halb leere zu sehen. Für uns Deutsche scheint dies eine sehr schwierige Aufgabe. Aber es lohnt sich. Wenn wir glücklich werden wollen, ist die Grundlage stets eine bejahende Stimmung: „Es wird alles gut." Oder es gilt die Kölsche Erkenntnis, dass man keine Angst vor dem Morgen haben muss: **„Et kütt, wie et kütt und et hätt noch immer jot jejange."**

Und es gilt auf alle Fälle der alte Kinderreim:

> *Wenn du denkst, es geht nicht mehr, kommt von irgendwo ein Lichtlein her.*

Ich habe nach Trainings erlebt, wie sehr eine konsequente Beachtung der Emotionen und der Bedürfnisse zu einer bejahenden Grundhaltung im Leben und zu einer positiven Einstellung zu anderen führen kann. Man muss es sich nur immer wieder vornehmen und daran arbeiten. Als hilfreich hat es sich zudem erwiesen, jenes Vornehmen einer bejahenden Grundhaltung immer wieder laut (für sich selbst) zu wiederholen. Mehrfache Wiederholungen helfen, Botschaften, also auch diese Selbst-Motivation, im Unterbewusstsein zu verankern. Dabei ist entscheidend, dass diese Botschaften aus echter Überzeugung gesprochen werden. Durch Wiederholungen erreicht man dann das Unterbewusstsein. Ziel ist **die Verankerung** dieser positiven Botschaften.

> *Du bist nie zu alt, um ein neues Ziel zu setzen oder einen neuen Traum zu träumen.*
> **C.S. Lewis**

Und wobei hilft die bejahende Grundhaltung?

Es geht darum, dass du mehr Freude, Liebe, Spaß und Dankbarkeit und alle anderen positiven Emotionen, die es sonst noch so gibt, in dein Leben integrierst. Dabei geht es nicht darum, sich an den positiven Emotionen festzukrallen, sondern einfach viele positive Emotionen im Leben zu integrieren. Und ganz besonders geht es darum, die Grundeinstellung und Haltung auf **Bejahen** und auf positive Gefühle hin zu orientieren.

> Eine bejahende Grundhaltung ist eine unabdingbare Grundlage für notwendige positive Effekte im Leben.

In der Folge bauen sich bessere soziale Kontakte auf und die Beziehungen zu anderen Menschen können optimiert werden. Zudem werden durch eine bejahende Grundlage innovative und kreative Ideen möglich. Die Motivation und der Erfolg können zunehmen. Bejahende Menschen lassen sich nicht mehr so stark stressen, das heißt, sie können mit Druck und hoher Arbeitslast deutlich besser umgehen. Zudem haben Experten sogar die förderliche Wirkung einer bejahenden Grundhaltung auf die Gesundheit nachgewiesen.

Schlussendlich hat die bejahende Grundhaltung auch Einfluss auf unsere Alltags-Befindlichkeit. Das heißt, uns geht es generell besser und wir bauen beispielsweise stärkere Resilienz auf. Und das kann dazu führen, dass wir mit stressigen Situationen deutlich besser umgehen, negative Emotionen weniger, dafür positive Emotionen stärker spüren. Unser Alltagsleben orientiert sich mehr zur positiven Seite. Wir werden zufriedener und dankbarer. Das kann am Ende den Weg zum Glücklich-sein öffnen.

Was nehme ich mit aus diesem Stichwort?

Wir haben uns mit der hedonistischen Tretmühle beschäftigt und mit dem flüchtigen Schmetterling ‚Glücksgefühl'. Dagegen setzen wir auf die sich immer wieder bietenden Gelegenheiten, glücklich-machende Kleinigkeiten und Augenblicke zu erkennen und auszukosten. Zudem stellen wir dem Unglück und dem Pessimismus den realistischen Optimismus und die realistischen

Erwartungen gegenüber. Die negativen Aspekte unseres Lebens, wie Unglück, Depression und Pessimismus gehören zu unserem Leben. Wir müssen uns damit auseinandersetzen. Aber es ist mir im Voraus schon klar, dass diese negativen Seiten dazu da sind, überwunden zu werden. In diesem Zusammenhang erkennen wir die Bedeutung guter Gedanken und einer positiven Grundhaltung.

Ein guter Gedanke stählt des Menschen Herz.
Schiller

Unser Belohnungssystem im Gehirn will, dass wir erfolgreich sind und uns belohnen. Allerdings haben wir bereits im Stichwort ‚Zufriedenheit' verstanden, dass das Vergleichen der Sargnagel der Zufriedenheit ist. Wenn wir immer nach dem Anderen schielen, mag uns das zu mehr Leistung motivieren. Es ist aber fraglich, ob wir wirklich zufriedener und glücklicher werden. Letztlich führt das zu einer realistischen Kontrolle unserer Bedürfnisse. Wir müssen weg von einer materiellen und hin zu einer stärker sozialen, emotionalen Orientierung.

Konsequente bejahende Grundhaltung

Eine konsequente Beachtung der Emotionen und der Bedürfnisse kann zu einer dankbaren und zufriedenen Grundhaltung im Leben und zu einer positiven Einstellung zu anderen führen. Man muss es sich nur immer wieder vornehmen und daran arbeiten. Als hilfreich hat es sich zudem erwiesen, jenes Vornehmen einer zufriedenen, bejahenden Grundhaltung immer wieder laut (für sich selbst) zu wiederholen. Mehrfache Wiederholungen helfen, Botschaften, also auch diese Selbst-Motivation, im Unterbewusstsein zu verankern. Dabei ist entscheidend, dass diese Botschaften aus echter Überzeugung gesprochen werden. Durch Wiederholungen erreicht man dann das Unterbewusstsein. Ziel ist die Verankerung einer bejahenden Grundhaltung durch meine Wiederholung.

Eine bejahende Grundhaltung ist eine unabdingbare Grundlage für notwendige positive Effekte im Leben.

In der Folge bauen sich bessere soziale Kontakte auf und können die Beziehungen zu anderen Menschen optimiert werden. Zudem werden durch eine bejahende Grundlage innovative und kreative Ideen möglich. Bejahende

Menschen lassen sich nicht mehr so stark stressen, das heißt sie können mit Druck und hoher Arbeitslast deutlich besser umgehen. Zudem haben Experten sogar die förderliche Wirkung einer bejahenden Grundhaltung auf die Gesundheit nachgewiesen. Unser Alltagsleben orientiert sich mehr zur positiven Seite. Wir werden zufriedener und dankbarer. Das kann am Ende den Weg zum Glücklich-sein öffnen.

Stichwort: Wieder zum Lächeln finden

Ich stelle fest: Auf dem Weg zum Glücklich-sein gibt es zahlreiche Stolpersteine und stellen sich uns Widrigkeiten in den Weg. Mir ist aus der Literatur deutlich geworden, dass es Möglichkeiten gibt, aktiv solche Widrigkeiten zu überwinden. Eine Möglichkeit ergibt sich durch die Ausbildung von Resilienz. Das bedeutet, die seelische Widerstandskraft zu stärken - besonders in schwierigen Lebenssituationen. Also beschäftige ich mich jetzt mit Resilienz.

Was bedeutet Resilienz?

Beginnen wir mit einer Herleitung und nutzen wir eine Betrachtung der Bundeszentrale für gesundheitliche Aufklärung. Der Begriff ‚Resilienz' stammt vom lateinischen Wort ‚resilire' ab, was so viel bedeutet wie ‚zurückspringen' oder ‚abprallen'. Ähnlich den Gummibällen sollen wir Menschen nach einer ‚Verformung' sofort wieder in die ursprüngliche Form zurückspringen. Es gibt Menschen, die durchleben eine Herausforderung oder Krise nach der anderen, müssen einiges aushalten und werden kräftig von den widrigen Umständen ‚zusammengequetscht'. Sie schaffen es aber, sich danach wieder komplett davon zu erholen, sich sogar anzupassen und wieder auszudehnen. Resilienz beschreibt also das Phänomen, dass manche Menschen mental gesund und tapfer bleiben, obwohl ihnen das Leben ganz schön zusetzt, zum Beispiel durch eine Krise, eine Katastrophe, ein Drama, eine Behinderung oder eine Bedrohung.

> Resilienz ist die psychische Widerstandskraft.

In der Wissenschaft wird Resilienz auch als psychische Widerstandskraft oder -fähigkeit bezeichnet. Im allgemeinen Sprachgebrauch gibt es eher bildhafte Beschreibungen wie zum Beispiel: ‚Resilienz ist das Immunsystem der Psyche' oder ‚Resilienz ist deine persönliche Abprall-Kraft'. Häufig wird Resilienz als ein Prozess beschrieben: Ein dynamischer Prozess, der eine positive Anpassung im Kontext mit erheblichen Herausforderungen oder Krisen umfasst. Die Fähigkeit zur Resilienz entwickelt sich in einem dynamischen Interaktionsprozess zwischen Individuum und Umwelt und ist eine variable Größe über die gesamte Lebensspanne eines Menschen. Wesentlichen Einfluss auf die Resilienz-

Entwicklung haben Schutzfaktoren. Dabei wird zwischen persönlichen und sozialen Schutzfaktoren unterschieden. Als persönliche Schutzfaktoren bezeichnet man individuelle Lebenskompetenzen, Persönlichkeitsmerkmale und spezifische Bewältigungsstrategien, aber auch körperliche Schutzfaktoren wie ein stabiles, widerstandsfähiges Immunsystem und körperliche Gesundheit. Unter sozialen Schutzfaktoren versteht man Faktoren der sozialen Umwelt eines Menschen. Hier wird häufig die Sicherung von Grunderfordernissen wie angemessener Ernährung, ausreichendem Wohnraum und Erwerbsarbeit genannt. Diese Faktoren haben jedoch eher eine allgemein positive Wirkung auf die Gesundheit. Als stabilster Prädiktor für eine resiliente Entwicklung wurde eine unterstützende und zugewandte Beziehung identifiziert. Zudem geht es um den wirksamen Ausbau von Fähigkeiten in den Bereichen Selbst- und Fremdwahrnehmung, Selbstregulation, Problemlösefähigkeiten, soziale Kompetenz sowie aktive Bewältigungskompetenzen und letztlich sogar Umgang mit Stress.

Ein guter Teil der Lebenskunst ist die Resilienz.
Alain de Botton

Was tun?

Um aber nicht in Definitionen zu verharren, müssen wir die wesentlichen Punkte aus der Definition in mögliche Handlungshinweise verwandeln. Grundlage wäre die Frage: Was muss ich tun, um bei Lebenskrisen, Rückschlägen, Verlusten, Konflikten, Leid mehr Resilienz zu entwickeln oder zu verstärken? Antwort: Ich muss mich üben in Akzeptanz, Optimismus, Lösungsorientierung, Selbstreflexion, Übernahme von Verantwortung, sozialen Beziehungen und Zukunftsgestaltung. „Es ist wie es ist" und „Ich akzeptiere, was nicht zu ändern ist". Das ist meine Reaktion auf fordernde Situationen. Der Volksmund sagt so schön: „Erstens kommt es anders, zweitens als man denkt." In diesem eigentlich unmöglich formulierten Satz steckt viel Weisheit. Es nutzt nichts, im Vergangenen zu verharren, und es bringt erst recht nichts, sich im Spekulieren auf das mögliche Morgen zu verlieren. Ich muss im Hier und Jetzt bleiben und mich mit dem Augenblick beschäftigen. Da geht es schlichtweg um Akzeptanz. Es geht nicht anders, ich muss schon wieder die wunderbare Kölner Alltagsweisheit zitieren, die mich seit meiner Kölner Zeit immer begleitet hat: „Es kütt wie et kütt. Et hätt noch immer jot jejange."

Die Fähigkeit, im Moment zu leben, ist ein wichtiger Baustein der geistigen Gesundheit.
Abraham Maslow

Wenn ich an einer widrigen Situation nichts ändern kann, dann hilft nur, sie hinzunehmen. Worauf ich indessen Einfluss habe, ist der Umgang damit. Haben wir uns nicht in einem früheren Stichwort bereits mit missliebigen Situationen beschäftigt und die Optionen ,love it, change it, leave it' näher betrachtet? Akzeptanz löst Stress und sorgt für mehr Zufriedenheit mit unseren Entscheidungen. Viele Dinge, die unsere Leben beeinflussen, liegen schlicht und einfach nicht in unserer Hand. Es liegt dagegen sehr wohl in unserem Einflussbereich, wie wir diese Dinge betrachten und vor allem damit umgehen. Also verwandle ich schwierige Situationen in Herausforderungen und in Handlungsbedarf und sehe primär Chancen und Möglichkeiten.

Es liegt an mir und daran, wie ich die Situation empfinde

Eine große Hilfe dabei ist ein realistischer Optimismus. Diesen Begriff haben wir bereits bearbeitet; gleichwohl mag es eine Erinnerung sein: Das Glas ist nicht halb leer, sondern halb voll. Menschen mit einer optimistischen Lebenseinstellung sind überzeugt, dass das Leben für sie trotz aller Tiefschläge immer auch Gutes bereithält. „Alles wird gut", ist ihr Mantra. Wichtig ist allerdings, dass der Optimismus von keiner rosaroten Brille geprägt ist, sondern von einer durchaus realistischen Sicht auf die Dinge. Aber man sollte sich auf die positiven Aspekte konzentrieren und Verallgemeinerungen vermeiden. Ein guter Satz ist in diesem Zusammenhang: „Diesmal hatte ich keinen Erfolg, nächstes Mal wird es klappen." Diese positive und lebensbejahende Grundhaltung führt zu einem hoffnungsvollen, auf konkrete Zusammenhänge gerichteten Blick in die Zukunft. Optimisten sind davon überzeugt, dass Krisen und Herausforderungen nur temporär sind und sich letztlich ins Positive auflösen.

Eine Krise kann ein produktiver Zustand sein. Man muss ihm nur den Beigeschmack der Katastrophe nehmen.
Max Frisch

Mit Optimismus ist jedoch nicht das reine Schönreden von Problemen gemeint. Vielmehr sollte eine gesunde Balance zwischen negativen und positiven Möglichkeiten und Betrachtungsweisen gegeben sein. Das Schlechte wird also nicht ausgeblendet, sondern der Fokus wird auf eine positive Betrachtungsweise und auf eine mögliche **Lösung** gelenkt.

Lösungsorientierung

Da muss jetzt die Qualität ‚Lösungsorientierung' angesprochen werden. Das bedeutet, sich nicht im Problemwälzen ergehen, sondern sich der Lösung zuwenden. Kernsatz sollte sein: „Ich suche nach Lösungen, nicht nach Schuldigen." Kein Grübeln mehr, kein ständiges Wälzen des Problems. Keine rückwärts orientierte Betrachtung, sondern eine vorwärts gewandte Überlegung nach möglichen Wegen aus der Krise oder hin zu Lösungen. Widerstandsfähige Menschen denken in Möglichkeiten und Lösungen, statt in Problemen. Immer wieder werden wir in unserem Leben mit Krisen und Herausforderungen konfrontiert, die uns nachts wachhalten und die auf den ersten Blick unüberwindbar scheinen. Resilienten Menschen gelingt es, in diesen Situationen einen kühlen Kopf zu bewahren, sich zu besinnen und nach Auswegen zu suchen. Die Fragen, die ich mir stelle, muss lauten: „Was kann ich tun, um die derzeitige Situation zu überwinden? Was sind die nächsten, sinnvollen Schritte? Wer kann mir helfen?"

Aktion ist gefordert

Resiliente Menschen bemitleiden sich nicht dauerhaft selbst, denn sie wissen, dass dies nichts ändert. Es geht einfach um Aktion. Es geht darum, aus der Passivität und dem Gefühl der Hilflosigkeit auszusteigen und in ein selbstbewusstes und aktives Handeln zu wechseln. Damit das gelingt, ist es ratsam, die Selbstreflexion zu trainieren und die eigenen Einstellungen sowie Glaubenssätze auf den Prüfstand zu stellen und, falls nötig, zu verändern. Ein gesundes Selbstwertgefühl und starkes Selbstvertrauen tragen ebenfalls dazu bei, dass es uns leichter fällt, Eigenverantwortung zu übernehmen.

Ich beschäftige mich nicht mit dem, was getan worden ist. Mich interessiert, was getan werden muss.
Marie Curie

Zudem sollen wir uns aktiv mit unseren Bedürfnissen auseinandersetzen. Was will ich? Und was muss ich ändern? Wie gehe ich besser mit in meiner augenblicklichen Lage um? Man sollte sich durchaus Schwächen eingestehen. Es kann helfen, sich verborgene Bedürfnisse bewusst zu machen und aufzuschreiben. Dann gilt es, zu überlegen, warum sie bislang unerfüllt blieben. Oft braucht es auch ein gutes Zeit- und Gesundheitsmanagement.

Um mehr Resilienz zu entwickeln, gilt es, Verantwortung zu übernehmen und zwar Verantwortung für sich selbst. Ich muss mit der Situation fertig werden. Da ist es oft auch wichtig, sich von der Ansicht zu befreien, dass die Anderen schuld sind. Ich muss meine Vorstellungen und meine Wünsche klar erkennen und deutlich machen. Da gilt es, zu der eigenen Meinung zu stehen und die Initiative zu ergreifen. Auch im Umgang mit einem Gegenüber ist dies wichtig. Im Beruf und in der Freizeit sollte man Transparenz in seinem Denken, in seinen Äußerungen und im Handeln haben.

Nimm dir Zeit zum Nachdenken, aber wenn die Zeit zum Handeln gekommen ist, dann höre auf nachzudenken und handle.
Napoléon Bonaparte

Tragfähige soziale Bindungen

Oft ist es in schwierigen Situationen wichtig, tragfähige soziale Bindungen zu haben. Besonders in schweren Zeiten braucht man manchmal Menschen, mit denen man sich austauschen kann, die zuhören und denen man vertrauen kann. Man selbst sieht den Wald oft vor lauter Bäumen nicht, ein Außenstehender hat vielleicht einen anderen Blick auf die Dinge. Bindungen zu anderen Menschen sind außerdem wichtig für die psychische Gesundheit und können Erkrankungen wie Burn-out vorbeugen. Diese Säule der Resilienz beinhaltet den Aufbau und Ausbau eines starken und persönlichen Unterstützer-Netzwerks und einer ausreichenden Kontaktfreude. Ein solches Beziehungsnetzwerk kann aus dem Partner, aus Freunden, Familienangehörigen und Menschen aus dem privaten und beruflichen Umfeld bestehen. In aller Regel sind die nächsten Verwandten die wichtigsten Kontaktpersonen. Im Idealfall besitzen die Mitglieder dieses

Netzwerks unterschiedliche Fähigkeiten, die in Krisenzeiten und bei Herausforderungen hilfreich und nützlich werden. Das gute Gefühl, im Notfall auf externe Unterstützung zurückgreifen zu können, erhöht automatisch das Selbstvertrauen und stärkt die Resilienz bei aufkommenden Krisen, Stress und Herausforderungen.

Gäbe man einem Menschen alle Herrlichkeiten der Welt, was hilft's ihm, wenn er keinen Freund hat, dem er's sagen kann?
Catharina Elisabeth Goethe

Bejahende Zukunftsgestaltung

Bei der Entwicklung von Resilienz spielt auch eine bejahende Zukunftsgestaltung eine große Rolle. Die Zukunft beginnt in der Gegenwart. Wir müssen uns von Vergangenem lösen. Ja, aus Fehlern soll man lernen. Jedoch sollte man nicht darüber grübeln, was man anders hätte machen können. Der aktuelle Moment ist wichtiger, und für eine positive Zukunft sollte man sich auf Werte, die eigene Kraft und eine klare Orientierung verlassen. Wenn man von einem Weg überzeugt ist, dann wird man auch die nötige Ausdauer und Stärke entwickeln, Ziele zu erreichen. Zu einer positiven Zukunftsplanung gehört unter anderem die klare Ausformulierung von erreichbaren Zielen. Oft ist es dabei hilfreich, die Ziele schriftlich zu formulieren.

Wir haben uns gerade mit einer Qualität beschäftigt, die man als 'nach vorne gerichtete Perspektivplanung' bezeichnen könnte. Diese braucht es auch, um schwere Krisen zu überwinden. Wir wollen uns nicht in der Krisenbetrachtung verlieren; nur so viel sei festgehalten: Schwierige Situationen bis hin zu Lebenskrisen und Leiden gehören einfach zum Leben. Sie müssen durchlebt und überwunden werden. Denn es ist möglich, Krisen zu bewältigen und an ihnen zu wachsen. Es geht darum, mit Zuversicht Wege aus solchen schwierigen Situationen zu finden. Der Spruch, den meine Oma an der Wand hängen hatte, bahnt die Hoffnung: „Wenn du denkst, es geht nicht mehr, kommt von irgendwo ein Lichtlein her." Wenn sich Stolpersteine und Widrigkeiten in den Weg stellen, ist Resilienz gefordert. Da gilt es, die Herausforderung anzunehmen, mit realistischem Optimismus und lösungsorientiertem Vorgehen sowie einer bejahenden Zukunftsgestaltung mutig und mit Zuversicht die Stolpersteine wegzuräumen und Wege zu finden. Ich bin überzeugt: Es geht weiter!

Wenn ich mich frage, was nach der Überwindung von Widrigkeiten und Stolpersteinen kommt, bin ich wieder beim Titel dieses Stichworts: Wieder zum Lächeln finden. Teil eins ist erfüllt: Wir haben uns intensiv mit der Resilienz und der seelischen Widerstandskraft beschäftigt. Jetzt sollten wir zum Lächeln finden. Das Lächeln ist so wichtig in unserem Leben. Es ist gesund, stärkt die Immunabwehr, unterstützt eine bejahende Grundhaltung und vermehrt die wunderbare Lebensfreude.

Zum Lächeln finden

Lebensbejahend und lächelnd durch die Welt zu gehen, muss oft hart erarbeitet und vor allem stetig trainiert werden. Ich werde zeigen, es lohnt sich. Wer also nett zu sich selbst und vielleicht in der Folge auch zu anderen sein möchte, sollte jenes wunderbare Hilfsmittel nutzen: das Lächeln.

> *Jeder Tag ohne Lächeln ist ein verlorener Tag.*
> **Charlie Chaplin**

Lächeln ist ein Gesichtsausdruck, der durch das Spannen der Muskelpartien vor allem in der Nähe der Mundwinkel, aber auch um die Augen erzeugt wird. Bei Menschen ist das Lächeln normalerweise ein Ausdruck der Freude, des guten Willens und dient zum Beispiel der Kontaktaufnahme. Ein Lächeln macht den Sender sympathisch - aber nur ein echtes Lächeln. Ein solches authentisches Lächeln ist begleitet von hochgezogenen Wangen und Fältchen um die Augen sowie einem Senken der Augenbrauen. Besonders die kleinen Fältchen in den Augenwinkeln zeigen ein echtes Lächeln an. Der französische Psychologe Gauillaume-Benjamin Duchenne hat bereits im 19. Jahrhundert darauf hingewiesen. Deshalb spricht man auch vom **Duchenne-Lächeln**.

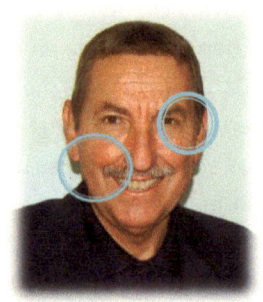

Medizinisch gesprochen zieht sich der Musculus orbicularis oculi, der das gesamte Auge umschließt, zusammen. Ein unechtes Lächeln erkennen Sie an nicht aktiven Muskeln rund um die Augen.

echtes Lächeln

Es gilt, die Überschrift über den Tag positiv zu gestalten - jeden Tag! Dazu sollte man sich einfach **am Morgen anlächeln** und sich am besten noch vor dem Zähneputzen ,die Zähne zeigen'. Es muss allerdings ein wirkliches Lächeln mit den angesprochenen Veränderungen von Mund- und Augenwinkeln sein. Man kann auch von einer Selbst-Suggestion sprechen. Wenn das Lächeln echt ist, wirkt es auf einen selbst. Und man wird durch das Lächeln positiv in den Tag starten.

> Schenke dir morgens im Spiegel ein echtes Lächeln.

Gleichzeitig sollte in aller Regel der Wille zu einer gewissen bejahenden Grundhaltung vorhanden sein. Dann klappt es auch mit der Eigenmotivation und der positiven Einstellung. Die Grunderkenntnis hinter dieser als **,facial feedback'** bezeichneten Technik: die Simulation eines Gefühls kann das Gefühl erzeugen.

Beginn den Tag mit einem Lächeln, so verheißt er viel Glück. Denn immer, wenn du lächelst, lächelt dir der Tag zurück.
Friedrich Nitzsche

Passiert dann am Tag Negatives oder gerät man in eine Abwärtsspirale von negativen Gedanken, sollte man nicht nur laut „Stopp!" rufen, sondern auch tapfer dagegen anlächeln. Genau dann sollte man vor einem Spiegel ein Lächeln versuchen. Damit kann man wirklich die Situation verbessern. Eine solche Lächel-Aktion kann zur echten ,Ersten Hilfe' werden.

Lächeln als erste Hilfe

Was macht das Lächeln?

Ein Zulächeln wirkt auch ansteckend auf Gesprächspartner. Bereits 1998 wurde in einer Studie aus Alaska nachgewiesen, wie sehr sich die Stimmung von Menschen aufhellen kann, wenn sie angelächelt werden. Robert Soussignan schrieb dazu 2002 in ‚Emotions', dass Lächeln ‚einfach glücklich macht'.

Ein Lächeln wirkt auf Sender und Empfänger. Dabei wird es sofort vom Unterbewusstsein aufgenommen. Man weiß heute, dass Lächeln das eigene Wohlbefinden steigert und die Immunlage verbessert. Zudem optimiert es den Umgang mit anderen. Glücksforscher haben es auch so formuliert: Lächeln ist die kürzeste Verbindung zwischen zwei Menschen. Und das Lächeln kehrt zurück. Übrigens: Lächeln wird in jeder Sprache verstanden. „Das Lächeln ist ein universelles Kommunikationsmittel", sagt Willibald Ruch, Professor für Persönlichkeitspsychologie und Diagnostik an der Universität Zürich.

Das Lächeln, das du aussendest, kehrt zu dir zurück.
Indisches Sprichwort

Erkenntnisse zur Psychologie des Lächelns

- **Lächeln steckt an**

Wer jemanden lächeln sieht, lächelt fast automatisch mit. Den Grund dafür hat Sophie Scott vom University College in London im Jahr 2006 herausgefunden: Unser Gehirn spiegelt positive Emotionen gerne wider. In ihrer Studie spielte Scott Testpersonen verschiedene Reaktionen von Menschen vor: Gelächter, Jubel und ängstliche Geräusche. Gleichzeitig erfasste sie per Hirnscan, was sich im Gehirn ihrer Probanden abspielte. Und dabei beobachtete sie, dass die Emotionen unterschiedliche Resonanz erzeugen. Besonders stark reagierte das Gehirn bei positiven Gefühlen.

Zeig mir ein Lächeln, und ich zeige dir eins zurück.
Vanilla Ice

- **Lächeln macht sofort glücklich**

Grundlos lächeln ist Quatsch? Von wegen. Lächeln macht glücklich - unabhängig davon, ob wir wirklich einen Grund zur Freude haben. Das fand unter anderem der französische Psychologe Robert Soussignan

2002 heraus. Forscher konnten zeigen, dass ein Lächeln sofort glücklicher macht und für bessere Stimmung sorgt. Erstaunlich ist dabei, dass es unserem Gehirn egal ist, ob es einen Grund für das Lächeln gibt. Selbst wenn man grundlos vor sich hinlächelt, wird man sich besser fühlen. Die am Lächeln beteiligten Muskeln signalisieren den grauen Zellen, dass man lächelt und daraufhin werden sofort Glückshormone freigesetzt.

Lächle, es ist der Schlüssel, der zum Schloss des Herzens passt.
Anthony J. D'Angelo

- **Lächeln tröstet**

Manchmal lächeln wir, obwohl uns gar nicht danach ist und das ist in peinlichen Situationen, in einem Streit oder wenn der Lieblingsverein verliert. Dahinter stecken zwei Motive: Wir verbergen unsere wahren Gefühle vor anderen und verschaffen uns und anderen damit gleichzeitig Trost.

Es dauert nur einen Bruchteil einer Sekunde, um zu lächeln und zu vergessen, aber für jemanden, der es brauchte, kann es ein Leben lang halten.
Steve Maraboli

- **Babylächeln aktiviert das Belohnungszentrum**

Auch Neugeborene können lächeln. Wissenschaftler haben dafür den schönen Ausdruck ‚Engelslächeln' geprägt. Genauso himmlisch fühlen sich Mütter, wenn sie ihr Baby lächeln sehen, wie Lane Strathearn vom US-College Baylor in Gehirnscans zeigte. Wenn Mütter ihre eigenen Kinder lächeln sahen, wurde das Belohnungszentrum in ihrem Gehirn am stärksten aktiviert.

- **Lächeln macht sympathisch**

Diesen Effekt kann man wunderbar im Alltag beobachten. Wenn man verschiedene Menschen im Umfeld betrachtet, ist einem der lächelnde Mitmensch sofort sympathisch. Ein Lächeln spricht Menschen an, signalisiert Offenheit für Kommunikation, Ehrlichkeit und Vertrauenswürdigkeit. Zudem steigen Menschen, die häufiger lächeln, im Ansehen ihrer Mitmenschen und werden von diesen häufiger weiterempfohlen.

Das Lächeln spricht charmant zu den Menschen, ohne ein Wort zu sagen.
Dr. T. P. Chia

- **Lächeln lässt uns sogar besser lernen**

Die Effekte des Lächelns werden häufig unterschätzt oder auf Freude und Zufriedenheit beschränkt. Tatsächlich können Sie Ihre Lernfähigkeit durch Lächeln verbessern. Zu diesem Ergebnis kam eine Untersuchung an der Marquette Universität in Wisconsin. Die Forscher zeigten, dass sich Teilnehmer, die 30 Minuten nach einem Lernvorgang lachten, die gelernten Inhalte besser merken konnten.

- **Lächeln macht kreativ**

Das Gehirn belohnt Lebensfreude mit gesteigerter Denkleistung und neuen Sichtweisen. Zu diesem Ergebnis kamen Untersuchungen der Universität Toronto. Im Vergleich zu Kontrollgruppen war die Aufnahme- und Analysefähigkeit von lächelnden und gut gelaunten Probanden deutlich gesteigert und auch bei kreativen Aufgaben schnitten sie besser ab.

- **Man kann sich an ein Lächeln gut erinnern**

Andere Menschen werden sich besser an einen Menschen erinnern, wenn er lächelt. Es ist nicht unsere Nase oder ein markantes Zeichen in einem Gesicht, an das sich andere Menschen erinnern. Auch das Lächeln ist unverkennbar. Wenn man also möchte, dass man sich an einen erinnert, sollte man lächeln. Wissenschaftler um Arnaud D'Argembeau und Martial van der Linden haben das untersucht. Das Ergebnis: Die

Probanden erinnerten sich an die lächelnden Porträts deutlich besser. Sobald sie versuchten, sich Auffälligkeiten wie eine besonders ausgeprägte Nase oder einen intelligenten Gesichtsausdruck zu merken, erinnerten sie sich spürbar schlechter.

Die einfachste positive Handlung ist ein Lächeln.
Maxime Lagacé

- **Durch ein Lächeln kann man aus einer Masse herausstechen**

Wie kann man aus einer Menschenmenge herausstechen? Man sollte lächeln und die Zähne zeigen. Psychologen um Gernot Horstmann von der Universität Bielefeld haben das herausgefunden. Wenn Menschen eine Menschentraube scannen, fallen jene Personen mehr auf, deren Zähne sichtbar sind. Dieser sogenannte Face-in-the-crowd-Effekt basiert auf einem menschlichen Instinkt, um schnell zwischen Freund und Feind unterscheiden zu können. Wer lächelt, ist ein Freund und entsprechend keine Gefahr.

Nichts, was du trägst, ist wichtiger als dein Lächeln.
Connie Stevens

- **Lächeln vermag die Lebenssituation langfristig zu verbessern**

Wissenschaftler der Universität von Kalifornien in Berkeley analysierten in einer Langzeitstudie die Porträts der Frauen in College-Jahrbüchern und wie sehr diese lächelten. 30 Jahre später zeigte die Auswertung, dass die Gruppe der strahlend Lächelnden überwiegend glücklich verheiratet war und Höchstwerte in physischer und psychischer Gesundheit zeigte. Eine andere Studie aus der Wayne State University in Michigan verfolgte das Lächeln auf Fotos von Baseballspielern. In der Langzeitbeobachtung zeigte sich ein erstaunlicher Unterschied in der Lebenserwartung: Wer nicht lächelte, wurde durchschnittlich 72,9 Jahre alt, ein leichtes Lächeln erhöhte den Schnitt bereits auf 75 Jahre und wer ein echtes und herzliches Lächeln zeigte, hatte eine Lebenserwartung von 79,9 Jahren.

In seinem Lächeln liegt der Schlüssel, mit dem wir den ganzen
Menschen entschlüsseln.
Thomas Carlyle

- **Lächeln verbessert die Job- und Aufstiegschancen**

Im Bewerbungsprozess geben oft Kleinigkeiten den Ausschlag. Identische Ausbildung, vergleichbare Berufserfahrung, ähnliche Soft Skills sind vorhanden. Dann bekommt der Kandidat den Zuschlag, der im persönlichen Gespräch den besseren Eindruck macht. Und dabei spielt das Lächeln eine große Rolle. Vor allem ein selbstbewusstes Lächeln macht den Menschen sympathisch, und zugleich wirkt er kompetent, zielstrebig und ehrgeizig.

Und auch bei den Aufstiegschancen spielen das Lächeln und die gute Laune eine entscheidende Rolle. Untersuchungen zeigen, dass gut gelaunte Mitarbeiter nicht nur beliebter sind, sondern von ihren Vorgesetzten auch besser bewertet und öfter befördert werden.

Von der Kraft des Lächelns

Das Academy of Management Journal veröffentlichte die sogenannte **Busfahrer-Studie**. Sie beschreibt das Lächeln als Selbst-Motivation und als Öffnung zum anderen. Allerdings darf das Lächeln nicht erzwungen sein. Eine positive Grundstimmung gilt als conditio sine qua non. Ein gespieltes Lächeln, wie es z.B. von Busfahrern gefordert wurde, stimmt den gezwungen Lächelnden nur noch trübsinniger. Ergänzend wurde 2005 in einer Studie der Universität Frankfurt gezeigt, dass Menschen, die beruflich ständig zum Lächeln angehalten waren, psychisch gefährdet sind. Beruflich erzwungene ‚Dauer-Lächler' waren Burnout-gefährdet und anfällig für Depressionen. Besonders betroffen waren Flugbegleiter und Verkäufer.

Von Forschern um Tara Kraft von der Universität von Kansas wurde 2012 die Kraft des Lächelns analysiert. Dabei gelang es sogar **Stress** ‚wegzulächeln'. Das Lächeln funktioniert selbst dann, wenn man lieber das Gegenteil machen würde. Es hat sich gezeigt, dass diejenigen Probanden, die gelächelt hatten, hinterher über einen ruhigeren Herzschlag verfügten.

Zudem fühlten sie sich auch subjektiv weniger gestresst. Die Psychologin folgert aus der Studie, dass ein **wirklich gewolltes Lächeln** helfen kann, mit einer Stress-Situation besser fertigzuwerden. Deshalb empfiehlt es sich, in einer Stress-Situation ein ‚sehr gezieltes und gewolltes Lächeln' einzusetzen und die Kraft des Lächelns zu nutzen.

Täglich lächle Dein Gegenüber an und erlebe die Wunder, die dann geschehen.
Constanze Paula Hofmann

Wie kann man durch die Kraft des Lächelns das soziale Miteinander beeinflussen?

- Man zeigt echte Freude: Ein ehrliches Lächeln, das aus echter Freude wächst, ist verbindend, steckt an und fördert die Beziehung. Man ist authentisch und teilt seine Freude mit anderen.
- Man lächelt zur Begrüßung: Man eröffnet ein Gespräch oder eine Begegnung mit einem Lächeln. Es ist eine freundliche Art, auf andere zuzugehen und den ersten Eindruck positiv zu gestalten.
- Man ist höflich und zeigt Respekt: Man verwendet ein höfliches Lächeln, das Respekt und Freundlichkeit gleichzeitig signalisiert. Dies ist hilfreich in formellen Situationen.
- Man zeigt ein Lächeln als Feedback: Man zeigt ein Lächeln, um positives Feedback zu geben und Anerkennung zu zeigen. Menschen fühlen sich geschätzt und unterstützt, wenn man mit einem Lächeln reagiert.
- Man lächelt und nimmt Augenkontakt auf: Indem man ein Lächeln mit Augenkontakt verbindet, verstärkt man die zwischenmenschliche Verbindung. Ein Lächeln, das von einem Blick in die Augen begleitet wird, wirkt besonders warm und einladend.
- Man zeigt durch ein Lächeln Empathie: Man verwendet Sie ein einfühlsames, empathisches Lächeln, um Mitgefühl und Verständnis in schwierigen, hochemotionalen Situationen auszudrücken. Es kann anderen helfen, sich verstanden und akzeptiert zu fühlen.
- Man lächelt, um die Stimmung aufzulockern: In einer ungezwungenen und informellen Atmosphäre kann ein offenes, frisches Lächeln oder

sogar ein ehrliches die Stimmung verbessern und zu einer entspannten Atmosphäre beitragen.

Es ist wichtig, die Situation und den sozialen Kontext zu berücksichtigen und Ihr Lächeln entsprechend anzupassen. Ein gut platziertes Lächeln kann dazu beitragen, Harmonie, Offenheit und Freude in zwischenmenschlichen Beziehungen zu fördern. Je öfter und intensiver man lächelt, umso mehr fördert man eine positive Stimmung, nimmt positiven Kontakt auf und unterstützt soziale Interaktionen.

Und wie lange muss ich lächeln, um eine Wirkung auf mich selbst zu haben? Experten empfehlen: „Lächeln Sie einfach. Oder verziehen Sie wenigstens Ihr Gesicht zu einem Lächeln. Ihrem Hirn ist es egal, ob Sie sich gut oder schlecht dabei fühlen. Es unterscheidet da nicht. Lächeln Sie einfach weiter, mindestens 90 Sekunden lang. Die Muskeln, die daran beteiligt sind, signalisieren Ihrem Gehirn: Es wird gelächelt." Das setzt dann Glückshormone frei, so genannte Endorphine, und die erzeugen Gefühle des Wohlbefindens. Es kommt auf einen Versuch an. In der nächsten Stress-Situation, wie zum Beispiel im Stau, sollte man bewusst lächeln. Ideal ist es, dies in den Spiegel zu tun. Experten meinen, das könne die Intensität des Stress-Erlebens vermindern.

> Ein sehr gezieltes und gewolltes Lächeln kann sogar gegen Stress helfen.

Grundsätzlich gilt: wer sich gut fühlt, der lächelt. Und umgekehrt gilt, wer lächelt, fühlt sich gut. Wer über Schwieriges oder Unangenehmes lächeln kann, geht leichter damit um. Übrigens: auf Bali gehört das Lächeln zum guten Ton. Warum eigentlich nicht bei uns? Und da gibt es möglicherweise noch eine Wirkung:

Immer in Gedanken zu lächeln, erhält dem Gesicht die Jugend.
Frank Gelett Burgess

Was nehme ich mit aus diesem Stichwort?

Auf dem Weg zum Glücklich-sein gibt es zahlreiche Stolpersteine und stellen sich uns Widrigkeiten in den Weg. Ich habe in früheren Stichworten schon deutlich gemacht, dass man Widrigkeiten und Stolpersteine überwinden kann: Man muss aktiv werden. Eine Möglichkeit, die ich noch nicht angesprochen habe, ist, indem man die Ausbildung von Resilienz steigert. Das bedeutet, die seelische Widerstandskraft sollte gestärkt werden - besonders in schwierigen Lebenssituationen. Im allgemeinen Sprachgebrauch gibt es eher bildhafte Beschreibungen wie zum Beispiel: ‚Resilienz ist das Immunsystem der Psyche‘ oder ‚Resilienz ist die persönliche Abprall-Kraft‘. Die Frage lautet: Was muss ich tun, um bei Lebenskrisen, Rückschlägen, Verlusten, Konflikten und Leid Resilienz zu entwickeln und zu verstärken? Antwort: Ich muss mich üben in Akzeptanz, Optimismus, Lösungsorientierung, Selbstreflexion, Übernahme von Verantwortung, sozialen Beziehungen und Zukunftsgestaltung.

„Es ist wie es ist" und „Ich akzeptiere, was nicht zu ändern ist". Das ist meine Reaktion auf sehr fordernde Situationen. Der Volksmund sagt so schön: „Erstens kommt es anders, zweitens als man denkt." In diesem eigentlich unmöglich formulierten Satz steckt so viel Weisheit. Ich muss im Hier und Jetzt bleiben und mich mit dem Augenblick auseinandersetzen. Da geht es schlichtweg um Akzeptanz der Situation - jetzt. Und da muss ich auch schon wieder jene wunderbare Kölner Alltagsweisheit zitieren, die mich seit meiner Kölner Zeit immer begleitet hat: „Es kütt wie et kütt. Et hätt noch immer jot jejange." Das ist eine sehr bodenständige Reaktion, die einerseits vorbehaltlos akzeptiert, was ist, und zugleich eine positive Perspektive vermittelt. Dabei ist das ‚es kütt wie et kütt‘ ein wunderbares Beispiel von realistischer Akzeptanz, verbunden mit unerschütterlichem Grundvertrauen und bejahender Grundstimmung. Abraham Maslow hat es ein wenig anders formuliert: ‚Die Fähigkeit, im Moment zu leben, ist ein wichtiger Baustein der geistigen Gesundheit. Also verwandle ich schwierige Situationen in Herausforderungen und sehe vor allem den Handlungsbedarf sowie mit realistischen Optimismus Chancen und Möglichkeiten.‘

In drei Worten kann ich alles zusammenfassen, was ich über das Leben gelernt habe: Es geht weiter.
Robert Frost

Realistischer Optimismus und eine klare Lösungsorientierung

Große Hilfen dabei sind ein realistischer Optimismus und eine klare Lösungsorientierung. Zur Erinnerung: Das Glas ist nicht halb leer, sondern halb voll. Menschen mit einer optimistischen Lebenseinstellung sind überzeugt, dass das Leben für sie trotz aller Tiefschläge immer auch Gutes bereithält. „Alles wird gut", ist ihr Mantra. Wichtig ist allerdings, dass der Optimismus von keiner

rosaroten Brille geprägt ist, sondern von einer durchaus realistischen Sicht auf die Dinge. Aber man sollte sich auf die positiven Aspekte konzentrieren und Verallgemeinerungen vermeiden. Wenn es einmal nicht geklappt hat mit einer Entscheidung, ist ein guter Satz: „Diesmal hatte ich keinen Erfolg, nächstes Mal wird es klappen." Diese positive und lebensbejahende Grundhaltung führt zu einem hoffnungsvollen, auf konkrete Zusammenhänge gerichteten Blick in die Zukunft. Optimisten sind davon überzeugt, dass Krisen und Herausforderungen nur temporär sind und sich letztlich ins Positive auflösen. Realistische Optimisten sind überzeugt: Lösungen werden sich finden.

Zum Lächeln finden

Wir wollen widrige Situationen überwinden und wieder zum Lächeln finden. Das Lächeln ist so wichtig in unserem Leben. Es ist gesund, stärkt die Immunabwehr, unterstützt eine bejahende Grundhaltung und vermehrt die wunderbare Lebensfreude. Aber lebensbejahend und lächelnd durch die Welt zu gehen, muss oft hart erarbeitet und vor allem stetig trainiert werden. Es lohnt sich. Wer nett sein will zu sich selbst und vielleicht in der Folge auch zu anderen, sollte jenes wunderbares Lebenselixier nutzen: das Lächeln.

> *Jeder Tag ohne Lächeln ist ein verlorener Tag.*
> *Charlie Chaplin*

Bereits am Morgen sollte man die Überschrift über den Tag positiv angehen: man sollte sich dazu einfach am Morgen im Spiegel anlächeln. Es muss allerdings ein wirkliches Lächeln mit den notwendigen Veränderungen von Mund- und Augenwinkeln sein. Es klappt mit der Eigenmotivation oder besser Eigen-Suggestion, wenn man sich morgens im Spiegel ehrlich anlächelt. Die Grunderkenntnis hinter dieser als **‚facial feedback'** bezeichneten Technik: die Simulation eines Gefühls kann das Gefühl erzeugen.

Das Lächeln, das du aussendest, kehrt zu dir zurück.
Indisches Sprichwort

Ein Lächeln wirkt also auf den Sender selbst. Dabei wird es sofort vom Unterbewusstsein aufgenommen. Man weiß heute, dass Lächeln das eigene Wohlbefinden steigert und die Immunlage verbessert. „Das Lächeln ist ein universelles Kommunikationsmittel", sagt Willibald Ruch, Professor für Persönlichkeitspsychologie und Diagnostik an der Universität Zürich.

Was macht das Lächeln?

Lächeln macht sofort glücklich, Lächeln steckt an, Lächeln tröstet, Lächeln macht sympathisch, Lächeln fördert die Kreativität, Lächeln lässt uns besser lernen, Lächeln verbessert Ein- und Aufstiegs-Chancen, und an ein Lächeln kann man sich gut erinnern.

Zeig mir ein Lächeln, und ich zeige dir eins zurück.
Vanilla Ice

Die Kraft des Lächelns ist nicht zu unterschätzen. In einer amerikanischen Studie hat sich gezeigt, dass diejenigen Probanden, die gelächelt hatten, hinterher über einen ruhigeren Herzschlag verfügten. Zudem fühlten sie sich auch subjektiv weniger gestresst. Die Psychologin Tara Kraft beschreibt in einer Studie, dass ein wirklich gewolltes Lächeln sogar helfen kann, mit einer Stress-Situation besser fertigzuwerden. Deshalb empfiehlt es sich, in einer Stress-Situation ein sehr gezieltes und gewolltes Lächeln einzusetzen. Es kommt auf einen Versuch an: in der nächsten Stress-Situation, wie zum Beispiel im Stau, sollte man bewusst lächeln - am besten in den Spiegel. Experten empfehlen: „Lächeln Sie einfach." Das setzt dann Glückshormone frei, so genannte Endorphine, und die erzeugen Gefühle des Wohlbefindens.

Ein Lächeln ist das schönste Make-up, das eine Frau tragen kann.
Marilyn Monroe

Fazit

Menschen, die mehr lächeln, sind aufnahmefähiger und kreativer. Lächeln stärkt die körpereigenen Abwehrkräfte, das Immunsystem und verbessert die Lebenserwartung. Zudem setzt es Endorphine frei. Lächeln löst also viele

Reaktionen in uns und in anderen aus. Lächeln kann wunderbar in einen positiven Tag führen. Lächeln kann erste Hilfe bedeuten und ein probates Kommunikationsmittel sein.

Ich habe gesehen, wie die härtesten Herzen durch ein einfaches Lächeln weich wurden.
Goldie Hawn

Wer sich gut fühlt, der lächelt. Und umgekehrt gilt, wer lächelt, fühlt sich gut. Wer über Schwieriges oder Unangenehmes lächeln kann, geht leichter damit um. Ein gewinnendes Lächeln ist so wichtig und richtig. Eine Grundlage dazu sollte eine bejahende Grundhaltung sein. Ideal wäre es, immer wieder eine Grundstimmung mit heiterer Gelassenheit zu finden oder zu ihr zurückzukehren. Das Lächeln mit seinen vielfältigen Wirkungen kann dabei eine große Hilfe sein. Dann ergibt sich ein Mehr an Gemütsruhe und Ausgeglichenheit in positiv angenehmer, lebensfroher Haltung, und das wäre eine wunderbare Voraussetzung, um zufriedener und vielleicht glücklicher zu sein.

Stichwort: Achtsamkeit und im Hier und Jetzt

Mir ist der Begriff ,Achtsamkeit' mehrfach begegnet. Besonders in Quellen zum Thema ,Positive Psychologie' finden sich umfangreiche Abhandlungen zur Achtsamkeit. Es scheint mir notwendig, dass ich mich jetzt damit beschäftige, zumal die Achtsamkeit sofort zum ,Hier und Jetzt' führt. Ein Thema, das zentral ist und mich immer wieder beschäftigt.

Stellen wir eine Definition voran: ,Achtsam sein' bedeutet, den gegenwärtigen Moment bewertungsfrei und bewusst wahrzunehmen. Dabei bedeutet ,bewusst', dass man sich entscheidet, seine Aufmerksamkeit absichtlich auf den gegenwärtigen Moment zu konzentrieren, sich nicht ablenken zu lassen und nicht abzuschweifen. Das ist eine zentrale Forderung an mich und ,eigentlich' an jeden Menschen.

Der US-amerikanische Sozialpsychologe Professor Todd Kashdan, ein wichtiger Vertreter der Positiven Psychologie, schreibt ergänzend: „Mindfulness (Achtsamkeit) ist die Fähigkeit, ganz im Hier und Jetzt zu sein, ohne sich von Gedanken, Gefühlen oder Umständen ablenken oder überwältigen zu lassen.

Achtsamkeit bedeutet nicht nur körperlich, sondern vor allem auch mental im Hier und Jetzt zu sein. Die meisten Menschen hängen mit ihren Gedanken im Gestern fest. Sie beschäftigen sich intensiv mit der Vergangenheit. Oder sie machen sich Sorgen um das Morgen. Meist wird das Grübeln über die Zukunft von der Hoffnung begleitet, dass sich irgendwann schon ein zufriedenstellender Zustand ergeben wird. Ein achtsamer Mensch hingegen achtet auf den Moment, lebt den Moment, ohne ihn jedoch zu bewerten. Das ist ein entscheidender Aspekt der Achtsamkeit."

> Auf den Moment achten, ohne ihn zu bewerten

Wir neigen dazu, alles permanent zu bewerten. Achtsam zu sein bedeutet indessen, Bewertungen sein zu lassen und sich auf das zu konzentrieren, was gerade abläuft. Eine einfache Übung zur Achtsamkeit besteht darin, sich auf den Atem zu konzentrieren und dadurch Distanz zu den Gedanken zu schaffen.

Achtsamkeit ist ein aufmerksames Beobachten, ein Gewahrsein, das völlig frei von Motiven oder Wünschen ist, ein Beobachten ohne jegliche Interpretation oder Verzerrung.
Jiddu Krishnamurti

Wie komme ich zur Achtsamkeit?

Durch Achtsamkeit lenken Sie Ihren Fokus weg von Stress und Hektik. Sie konzentrieren sich stattdessen bewusst auf das Hier und Jetzt und nehmen wahr, was um Sie herum passiert. Ob zu Hause, in der Stadt, auf dem Arbeitsweg oder im Job: Was sehe ich? Was rieche ich? Wie fühle ich mich? Konzentrieren Sie sich gezielt auf jede einzelne Wahrnehmung. Diese Achtsamkeit entschleunigt sofort und lässt sich jederzeit im Alltag anwenden.

Kitzelt die Sonne mein Gesicht? Oder plätschert der Regen aufs Vordach? Es sind unzählige Eindrücke, die wir sonst einfach ignorieren. Durch den achtsamen Umgang mit unserer Wahrnehmung gelangen wir zu mehr Ruhe, innerem Frieden und bekommen den Kopf frei.

Achtsamkeit ist nicht schwierig, wir müssen uns nur daran erinnern,
achtsam zu sein.
Sharon Salzberg

Der Neurowissenschaftler Tobias Esch erinnert an die Harvard-Professorin Ellen Langer. Die Psychologin gilt als ‚Mutter der Achtsamkeit' und ist berühmt geworden mit einem sozialen Experiment in den 70er-Jahren. Sie versetzte eine Gruppe von über 70-Jährigen in ihre Jugend zurück. Sie ahmte deren frühere Lebensumstände bis ins Detail nach: inklusive Möbel, Kleider, Musik, Filme und Fernsehnachrichten aus dieser Zeit. Sie wollte herausfinden, ob daraus physiologische, biologische oder medizinische Konsequenzen entstehen. Und siehe da: Die Probanden waren beweglicher, frischer im Geist, und sogar ihre Gesichter hatten sich verjüngt.

„Wenn eine Gruppe von älteren Männern so dramatische Veränderungen in ihr Leben bringen können, dann können wir das auch", schreibt Ellen Langer über das mittlerweile klassische Experiment aus dem Jahr 1979. "Im Lauf der Jahre habe ich immer stärker den Glauben an die Behauptung verloren, die Biologie sei unser Schicksal. Es sind nicht unbedingt unsere Körper, die unserem Leben Grenzen setzen, sondern eher unsere Überzeugungen über diese Grenzen."

aktives Wahrnehmen

Für Langer bedeutet Achtsamkeit bewusstes Denken, bewusst im Hier und Jetzt zu sein und einen Prozess des aktiven Wahrnehmens. Ihrer Meinung nach sind wir oft gedankenlos und gehen erschreckend achtlos durchs Leben. Viele unserer Probleme lassen sich auf die eine oder andere Form von **Gedankenlosigkeit** zurückführen. Ellen Langer stellt zu Schwierigkeiten mit der Achtsamkeit fest: „Jeder sagt: ‚Sei im Moment', und das ist nett, aber das ist eine Art leere Anweisung, denn jeder glaubt, er sei in der Gegenwart. In der Gegenwart zu sein scheint eine sehr einfache Sache, die einfach dadurch entsteht, dass man neue Dinge wahrnimmt. Wenn Sie aber neue Dinge bemerken, werden Sie feststellen, dass Sie das, was Sie zu wissen glaubten, nicht so gut wussten, wie Sie dachten, Sie wüssten es. Dann richtet sich Ihre Aufmerksamkeit ganz natürlich darauf. Es führt nicht nur zu Engagement, es ist die Essenz des Engagements. Es ist buchstäblich und im übertragenen Sinne belebend."

Unachtsamkeit

Und Langer ergänzt zur Unachtsamkeit: „Achtsamkeit lässt sich am besten erreichen, wenn man von vornherein vermeidet, unachtsam zu sein. Um Unachtsamkeit zu vermeiden, müssen wir uns klar machen, dass die Wahrheit jeder Information von ihrem Kontext abhängt. Wenn wir also etwas wahrnehmen, sollte uns bewusst sein, dass es sich nie um eine absolute Tatsache handelt. Um achtsam zu bleiben, müssen wir einen gesunden Respekt vor Unsicherheit kultivieren. Um einer Sache achtsam zu begegnen, sollten wir aktiv und bewusst nach Unterschieden suchen. Das tun wir nicht, sobald wir glauben, ein Ding, einen Ort, einen Sachverhalt oder einen Menschen bereits in- und auswendig zu kennen. Die Erwartung von etwas Neuem dagegen hält uns wachsam und achtsam."

Achtsamkeit bedeutet, dass wir ganz bei unserem Tun verweilen, ohne uns ablenken zu lassen.
Dalai Lama

Achtsamkeitsübungen

Das können Anzeichen dafür sein, dass Achtsamkeitsübungen notwendig sind:

* Schlechte Laune, Ärger

* Plötzlicher Stress

* Unzufriedenheit

* Versagensangst

* Konzentrationsschwäche

* Zukunftsangst

Bei den unterschiedlichen Achtsamkeitstechniken geht es vor allem darum, die Selbstwahrnehmung zu verbessern und den eigenen Gefühlen und Gedanken mehr Aufmerksamkeit zu schenken. Zum Achtsamkeitstraining gehören unter anderem verschiedene Meditationsformen. Ein Beispiel ist der sogenannte ‚Bodyscan', eine Methode, bei der man gedanklich durch den Körper wandert.

Aber auch ein Waldspaziergang kann ein Achtsamkeitstraining sein, wenn man dabei besonders auf Düfte, Geräusche oder andere Sinneseindrücke achtet. Gut untersucht ist die Mindfulness-Based-Stress-Reduction (MBSR), ein standardisiertes Verfahren, das Elemente wie Meditation und Atemübungen verbindet. Es gibt im Internet unzählige Angebote für Achtsamkeitstrainings, von ‚den fünf wichtigsten' bis zu 56 (!) Übungen. Die Webseiten sind voll von ihnen.

Was tun im Alltag?

Im alltäglichen Leben geht es immer wieder darum, achtsamer zu sein und sich auf den Moment zu konzentrieren.

auf den Moment konzentrieren

Ich möchte einige wenige Achtsamkeits-Übungen ansprechen, die ich selbst ausführe und mit denen ich gute Erfahrungen gemacht habe.

- **Innehalten**
  Wenn der Büro-Stress hochkocht, wenn man sich ärgern muss oder wenn es zuhause wieder einmal drunter und drüber geht, gilt es, die ‚Bremse zu betätigen' - nur kurz, aber gezielt. Ich sage laut: „Stopp!" und meine es auch so. Dann versuche ich, mich auf meinen Atem zu konzentrieren und gezielt ein- und auszuatmen. Damit fokussiere ich mich für einige Minuten ganz auf meine Atemzüge und bin weg vom aktuellen Geschehen. Wenn das nicht gelingt, erfolgt ein zweiter Stopp-Ruf mit weiteren Beruhigungsaktivitäten. Danach versuche ich, wieder in den Alltag einzutauchen mit den Fragen: „Was ist wirklich los? Warum war ich jetzt so aufgebracht, so hektisch?" Und ich stelle fest: „Jetzt komme ich erst einmal runter und dann geht es auch wieder."

- **Atemübungen**
  Wenn die Kurzübung nicht ausreicht, muss eine längere Atemübung her. Dann kommt eine Übung über 5 - 10 Minuten, bei der ich den Atem kontrolliere. Wichtig sind dabei die Beobachtung des Brustkorbs und die Ausdehnung in den Bauchraum. Wenn ich merke, dass ich gedanklich

abschweife, versuche ich mich neu zu konzentrieren. Wenn keine Achtsamkeit entsteht und keine Konzentration auf den Moment, greife ich auf meine Mentalübungen zurück.

- **Achtsam beim Nordic Walking**
  Ich mache gerne Nordic Walking. Ich nutze die Zeit, um mich ganz auf die Strecke und das Walken zu konzentrieren. Ich fokussiere mich auf meine Atmung und meine Schritte. Dabei bewege ich mich bewusst. Ich nehme den Druck meiner Muskeln wahr. Meine Beine, Arme und meinen ganzen Körper sowie die Stöcke setze ich gezielt ein. Meine Gedanken sind bei mir und beim Laufen. Zugleich beobachte ich die wunderbare Natur, nehme Gerüche, Geräusche wahr und spüre Wind oder Sonne. Ich genieße die Bewegung in der Natur und spüre die mentale Entspannung durch körperliche Anspannung.

- **Achtsam beim Essen**
  Viel zu oft isst man, ohne sich auf die Tätigkeit zu konzentrieren. Besonders wenn ‚man Stress hatte‘ oder im Alltagstrott ist, geschieht das Essen eher nebenbei. Achtsam zu essen bedeutet zunächst, sich zu fragen, ob und was man essen möchte und ob man auch ausreichend Zeit hat. Ich verstehe Essen als Genussmoment. Mehr noch, ich begreife das Kochen bereits als entspannend und als meditative Tätigkeit. Da braucht es Abstand zum Alltag, sorgfältige Planung, ausreichende Zeit und jede Menge Muße. Und war dieser wunderbar kreative Akt des Kochens erfolgreich, gilt es in Ruhe und mit Freude das Gekochte zu genießen. Da kann man sich voll auf den Moment konzentrieren und sich ganz dem Genuss hingeben.

- **Achtsam Musik hören**
  Viel zu oft ‚konsumiert‘ man Musik nebenbei. Man ist unterwegs oder man ist mit anderen Dingen beschäftigt, und die Musik läuft. Achtsam Musik hören bedeutet für mich, dass ich mich auf das Musikhören konzentriere. Ich höre gerne klassische Musik und bin dann ganz in dem Stück. Oft beschwingt die Musik oder ein Lieblingsstück sorgt für wunderbare Gefühle, Freude und Glücklich-sein.

- **Dankbar sein**

  Diese Übung mache ich jeden Abend. Vor dem Schlafen gehe ich den Tag durch, lasse in den Sinn, was mich bewegt hat. Der Schwerpunkt liegt indessen auf dem, was ich als angenehm und schön empfunden habe. Ich danke für das, was ich habe, sowie für Erlebnisse, die mich berührt haben und von denen ich überzeugt bin, dafür dankbar sein zu müssen. Wichtig ist mir, das Gefühl der Dankbarkeit intensiv auszukosten. Denn das macht glücklich. Experten schätzen, dass ein gutes Gefühl mindestens 20 Sekunden in der Wahrnehmung bleiben muss, um eine positive Auswirkung zu haben, die dann sogar im Hirn messbar wäre.

  Be thankful for what you have; you'll end up having more. If you concentrate on what you don't have, you will never, ever have enough.
  Oprah Winfrey

Ich gehe noch einmal an den Anfang dieses Stichwortes. Da hatte ich Todd Kashdan zitiert, der Achtsamkeit definiert als die Fähigkeit, ganz im Hier und Jetzt zu sein, ohne sich von Gedanken, Gefühlen oder Umständen ablenken oder überwältigen zu lassen. Und genau mit diesem Begriff ‚Im Hier und Jetzt' wollen wir uns fortan auseinandersetzen. Im Hier und Jetzt zu verharren, das ist eine zentrale Forderung an jeden Menschen in unserem Kulturkreis.

  Die Fähigkeit im Moment zu leben ist ein wichtiger Baustein der geistigen Gesundheit.
  Maslow

Warum schaffen wir es nicht ins Hier und Jetzt?

Was es bedeutet es, im Hier und Jetzt zu leben? Um dieser Frage näher zu kommen, stellen wir uns erst einmal die Gegenfrage: Warum schaffen wir es oft nicht, im Hier und Jetzt zu leben?

Auf diese Frage gibt es viele Antworten.

- Wir sind zu stark im Arbeiten an Zukünftigem verankert und glauben, uns erst etwas gönnen zu dürfen, wenn alles ‚perfekt erledigt ist'. Deshalb wollen wir uns erst einmal keine Pause gönnen.

- Wir glauben, es nicht verdient zu haben, dass es uns gut geht. Deshalb treiben wir uns immer weiter an.

  Ein Mann ist reich im Verhältnis zur Zahl der Dinge, auf die er verzichten kann.
  Henry David Thoreau

- Wir haben nicht gelernt, loszulassen und uns einfach unseres Lebens zu freuen. Wir grübeln oder räsonieren über die Vergangenheit.

- Wir haben Angst, uns in der Zukunft falsch zu entscheiden. Deshalb denken wir die einzelnen Alternativen immer wieder durch.

- Uns fehlt das Vertrauen in unsere Fähigkeiten. Deshalb quälen wir uns mit Sorgen, etwas nicht zu schaffen.

- Wir haben Angst vor dem Neuen. Deshalb grübeln wir über die Zukunft. Dabei sollte man den Satz von Herrn Schmidt beachten:

  Wer die Zukunft fürchtet, verdirbt sich die Gegenwart.
  Lothar Schmidt

- Wir haben nicht gelernt, in uns hineinzuhören. Deshalb spüren wir uns und unsere Bedürfnisse nicht.

- Wir vergleichen uns ständig mit anderen und zweifeln an unserem Wert als Mensch. Deshalb kommen wir innerlich nicht zur Ruhe.

  Das Vergleichen ist das Ende des Glücks und der Anfang der Unzufriedenheit.
  Søren Kierkegaard

- Unser Alltag besteht aus Plänen, Besorgungen und Pflichten. Wenn wir eine Sache abgehakt haben, konzentrieren wir uns auf die nächste. Wir arbeiten Pläne ab, leben nicht im Hier und Jetzt.

Wie kann man im Hier und Jetzt leben?

Im Hier und Jetzt zu leben bedeutet, dass

- unsere Gedanken nicht in der Vergangenheit liegen und wir uns nicht mit schmerzlichen Erinnerungen quälen.

- wir unsere Gedanken nicht in die Zukunft verlieren und wir uns nicht darum sorgen, was uns Schlimmes passieren könnte.

- unsere Gedanken bei der Aufgabe sind, die wir gerade erledigen.

- wir die augenblickliche Erfahrung nicht bewerten und nicht mit vergangenen Erfahrungen vergleichen.

- wir spüren, was sich im Augenblick in unserem Körper ereignet und was wir fühlen.

- wir im Augenblick bei uns sind.

- wir unsere Träume nicht auf später aufschieben, sondern jetzt verwirklichen.

Was ist mit den Alltagsrealitäten?

Und was ist mit schwierigen Situationen und der Zukunft? Was ist mit all den Menschen, die im Hier und Jetzt leiden, verletzt, frustriert sind? Emotionen finden immer in der Gegenwart statt. Wenn sich jemand Sorgen macht, tut er dies in der Gegenwart. Wenn jemand leidet, ist dies aktuell, jetzt, in diesem Moment. Menschen brauchen in solchen Situationen Hilfe. Sie müssen aus diesen Situationen herauskommen, Wege finden, Perspektiven entwickeln. Oft hilft die Erfahrung, dass es immer ein Auf und Ab gibt. Und oft entwickelt man seine eigenen Hilfsstrategien aus den (schlechten) Erfahrungen von früher. Ja, und da gibt es auch noch meinen Lieblingssatz: ‚Wenn du denkst, es geht nicht mehr, kommt von irgendwo ein Lichtlein her'. Es gibt immer einen Weg. Und manchmal kommt eine ‚helfende Hand'.

> *Die beste Stelle, eine helfende Hand zu finden, ist am Ende des eigenen Arms.*
> ***Anonym***

Kann die ‚frohe Botschaft' vom Hier und Jetzt also total falsch sein? Ja, sie ist falsch, wenn sie so gemeint ist, dass man schwierige Situationen ausblenden will und die Zukunft gar nicht als relevant sieht. Selbstverständlich muss ich die aktuelle Situation ‚im Griff haben' oder ‚in den Griff bekommen', schwierige Phasen überwinden. Und selbstverständlich muss ich mir auch Gedanken um die

Zukunft machen. Je früher, desto besser. Es ist schlimm für viele, zu spät oder keine Perspektiven zu entwickeln. Aber im Hier und Jetzt zu sein, schließt das keinesfalls aus.

Wir können weder die Zeit zurückdrehen noch alles Komplizierte und Komplexe um uns herum einfach verschwinden lassen. Gerade weil die Zukunft so unvorhersehbar ist, brauchen wir Orientierung auf Wichtiges im Hier mehr denn je. Wir müssen mit der Beschleunigung und Komplexität des Lebens intelligent Schritt halten. Gerade weil wir Schwierigkeiten haben, diese Komplexität erfolgreich zu bewältigen, müssen wir auch an der Zukunft arbeiten. Allerdings ist das erfolgreiche Tun von heute die beste Vorbereitung auf Zukünftiges.

> *Die Zukunft hängt davon ab, was wir heute tun.*
> **Mahatma Gandhi**

Die Jetztzeit-Propheten und die Zukunftsmanager können sich aber versöhnen, wenn sie verstehen, dass auch die Zukunft nur im Jetzt existiert, in unseren Köpfen. Damit es uns im Hier und Jetzt wirklich gut geht, muss die Zukunft in unseren Köpfen ‚gestaltet‘ und wohlbestellt‘ sein. Sonst sind wir in dieser komplexen und schnellen Welt orientierungs- und hilflos. Nur wenn auch die Zukunft im Hier und Jetzt ihre Wirkung entfalten kann, sind wir wirklich weise und ‚ganz bei uns‘. Wir müssen lernen, im Hier und Jetzt zu sein und dabei auch die Zukunftsgestaltung mit einzubeziehen. Es geht nicht um die Prognose der nicht prognostizierbaren Zukunft. Es geht um Weitblick für langfristig sinnvolle Entscheidungen in der Gegenwart, es geht um die Entwicklung tragfähiger Perspektiven. Das ist unsere Pflicht als verantwortungsvoller Mensch.

> *Zukunft lässt sich planen, wenn man kreativ und mutig genug ist, sie selbst zu gestalten.*
> **Goethe**

Selbstachtsamkeit

Vielleicht sollte ich am Ende des Stichwortes kurz den Begriff ‚**Selbstachtsamkeit**‘ aufnehmen. Auch wir selbst sollen die Fähigkeit üben, ganz im Hier und Jetzt zu sein, ohne uns von Gedanken, Gefühlen oder Umständen ablenken zu lassen. Achtsamkeit bedeutet nicht nur körperlich, sondern vor allem auch mental im Hier und Jetzt zu sein. Man beschäftigt sich viel zu oft mit

Vergangenem. Oder man macht sich Sorgen um das Morgen, grübelt und hofft, dass sich irgendwann schon ein zufriedenstellender Zustand ergeben wird. Viel zu oft bewerten wir den Moment, bevor wir ihn ausgelebt haben.

Achtsamkeit = Gegenwart + Bewusstsein

Die Selbstachtsamkeit soll davor bewahren, sich selbst im Weg zu stehen, Angst vor Neuem zu entwickeln. Stattdessen soll sie uns helfen, vorbehaltlos, zunächst ohne Bewertung den Moment zu leben. Zugleich soll man immer wieder die Fähigkeit erproben und festigen, die eigenen Gefühle wahrzunehmen. Man sollte sich ehrlich und offen mit den Gefühlen beschäftigen. Mit Sicherheit muss man sich dafür Zeit nehmen und sich intensiv mit dem beschäftigen, was einen bewegt. Vielleicht sollte man alle aufkommenden Gedanken und Gefühle sammeln und schriftlich festhalten. Es kann helfen, einen ehrlichen Status zu erheben, Klarheit zu finden, Handlungsbedarf zu erkennen und schließlich mögliche Handlungsoptionen zu finden. Wichtig ist, dass man sich mit den Gefühlen, die mit unseren Gedanken verbunden sind, sehr klar auseinandersetzt. Da geht es um die Befriedigung von Bedürfnissen, um Ängste, Unsicherheiten, aber auch um Zuversicht und Selbstachtung. Und es geht auch darum, schöne Momente zu erkennen und auszukosten. Gute Gefühle verschaffen uns dann schöne Erinnerungen.

> *Wenn wir achtsam sind, schöne Momente erkennen und feiern, können wir später von diesen Erinnerungen zehren.*
> **Meik Wiking, Glücksforscher**

Fazit

Ich fasse zusammen: Achtsamkeit ist die Fähigkeit, ganz im Hier und Jetzt zu sein, ohne sich von Gedanken, Gefühlen oder Umständen ablenken oder überwältigen zu lassen. Bewertungen zu vermeiden. Achtsamkeit bedeutet vor allem, mental im Hier und Jetzt zu sein. Unsere Verabredung mit dem Leben findet im gegenwärtigen Augenblick statt. Und der Treffpunkt ist genau da, wo wir uns gerade befinden. Achtsame Momente sind dann solche, in denen wir unsere Aufmerksamkeit auf die aktuellen Bewusstseinsinhalte lenken, auf die eigenen Gedanken, Gefühle und Körperempfindungen, die Situation im Hier und Jetzt aufmerksam wahrnehmen und dem jetzigen Augenblick wertungsfrei begegnen.

Bereitsein ist viel, warten können ist mehr, doch erst: den rechten Augenblick nützen ist alles.
Arthur Schnitzler

Wer an die Kraft der Gedanken glaubt, wer sich und die Welt bejaht, wer achtsam ist, wer mit Gelassenheit, mit Tatkraft und Weisheit agiert, alle Wege der Gedanken nutzt und sich gezielt mit positiven und negativen Gedanken auseinandersetzt, der kann glücklich leben in einer als glücklich empfundenen Welt. Entscheidend ist, dass man nicht im Gestern verharrt oder sich im sinnlosen Grübeln über das Morgen verliert, sondern im Hier und Jetzt, in dem Moment lebt, unvoreingenommen, sicher über die eigenen Fähigkeiten und offen für zukünftige Entwicklungen und, wenn es denn passt, - glücklich.

Lebe voll den Augenblick,
denn er kommt nie mehr zurück.
Genieße ihn in dem Moment,
bevor das Leben weiterrennt.
Detlev Geiger

Was nehme ich mit aus dem Stichwort?

Wer dauerhaft unter Stress steht, kann krank werden. Genau deshalb ist es so wichtig, zu lernen, die alltäglichen Herausforderungen gelassener annehmen zu können. Doch wie kann das gehen? Eine Möglichkeit der Stressbewältigung und Gesundheitsvorsorge ist die jahrtausendealte Praxis der Achtsamkeit, um innerlich ruhiger und gelassener zu werden.

Wenn die Achtsamkeit etwas Schönes berührt, offenbart sie dessen Schönheit. Wenn sie etwas Schmerzvolles berührt, wandelt sie es um und heilt es.
Thich Nhat Hanh

Achtsamkeit bedeutet, Dinge so sein zu lassen und anzunehmen, wie sie sind, ohne sie unbedingt verändern zu wollen. Nach Jon Kabat-Zinn, US-Mediziner und Begründer der modernen Achtsamkeit, sind achtsame Momente solche, in denen wir

- unsere Aufmerksamkeit auf die aktuellen Bewusstseinsinhalte lenken, auf die eigenen Gedanken, Gefühle und Körperempfindungen,

- die Situation im Hier und Jetzt aufmerksam wahrnehmen und

- dem jetzigen Augenblick wertungsfrei begegnen.

Achtsamkeit ist von Augenblick zu Augenblick gegenwärtiges, nicht urteilendes Gewahrsein, kultiviert dadurch, dass wir aufmerksam sind. Achtsamkeit entspringt dem Leben ganz natürlich. Sie kann durch Praxis gefestigt werden.
Jon Kabat-Zinn

Wer seine Aufmerksamkeit immer wieder auf den gegenwärtigen Moment lenkt, nimmt innerlich automatisch Abstand von Sorgen und Ängsten, die sich mit der Vergangenheit oder Zukunft beschäftigen. Langfristig kann Achtsamkeit bewirken, dass man

- die Herausforderungen im Leben besser annimmt,

- mehr im jetzigen Augenblick verweilt und

- ein intensiveres Selbstmitgefühl und Verständnis für sich entwickeln kann.

Wer Augenblicke unbemerkt vorüber lässt, darf sich nicht wundern, wenn er nach und nach von Stunden, Tagen, Jahren und schließlich von seinem Leben einen großen Teil als verloren zu beklagen hat.
Daniel Sanders

Die Hälfte der Zeit sind wir geistig abwesend - egal, ob wir etwas tun, was uns Spaß bringt oder uns unangenehm ist. Wir sind entweder im Gestern oder verlieren uns im Morgen. Aber wie schaffen wir es, im Jetzt zu leben?

Schon Buddha sagte: „Unsere Verabredung mit dem Leben findet im gegenwärtigen Augenblick statt. Und der Treffpunkt ist genau da, wo wir uns gerade befinden."

7

Gegenwärtig sein

Mit vier praktischen Tipps übt und lernt man, gegenwärtig zu sein - im Hier und Jetzt zu leben. Und es ist klar: Je mehr man übt, umso besser wird man.

- Aufmerksam sein
  Überall müssen wir warten: an der Kasse im Supermarkt, an der roten Ampel, auf den Bus, beim Arzt. Und was machen wir in der Wartezeit? Wir denken so für uns hin. Dabei denken die meisten über Dinge nach, die sie später noch zu tun haben, oder sie denken zurück an vergangene Ereignisse. Jedenfalls denkt man über Dinge nach, die entweder in der Vergangenheit oder in der nahen Zukunft liegen. Man ist nicht im gegenwärtigen Augenblick, im Jetzt.

  Wenn man das nächste Mal irgendwo warten muss, sollte man versuchen, dem Moment seine volle Aufmerksamkeit zu geben. Im Wartezimmer kann man sich mit sich beschäftigen. Wie fühle ich mich gerade? Was geht in meinem Körper vor sich? Was beschäftigt mich gerade? Ich atme gezielt und konzentriere mich auf mich. Die Geräusche um mich herum blende ich aus. Ich will bewusst für ein paar Momente aufmerksam sein. Das ist ein guter Anfang, um daraus langsam eine Gewohnheit zu machen und gezielt aufmerksam zu sein. Ein anderes Beispiel könnte sein: Ein kurzer Spaziergang in der Natur, bei dem ich alles um mich herum mit allen Sinnen wahrnehme.

- Beobachten
  Der nächste Schritt ist: beobachten. Dies ist schon etwas mehr, als für kurze Zeit aufmerksam auf die Umgebung zu achten. Wenn man mit Arbeitskollegen eine Besprechung hat, dann beobachte man, was alles vor sich geht. Man spricht nicht. Man beobachtet nur. Es gilt, auf die Worte und Gesten der anderen zu achten und auf deren Körpersprache. Man höre auf den Tonfall. Man nehme alles wahr, was passiert. In der Folge wird man immer genauer fast jede Kleinigkeit registrieren. Man sollte dieses Beobachten üben, so oft es geht.
- Atmen
  Wenn man Aufmerksamkeit und Beobachten eine Weile geübt hat, sollte man sich auf das Atmen konzentrieren. Um dies zu üben, ist abends,

bevor man einschläft eine gute Möglichkeit. Man beobachte für 10 Minuten aufmerksam das Heben und Senken des Bauches. Noch besser ist es, das bewusste Atmen auch am Tag zur Entspannung und zur Rückgewinnung von Achtsamkeit einzusetzen.

- Achtsamkeitsübungen

    Nachdem man gelernt hat, sich 10 Minuten auf das Atmen zu konzentrieren, kann man mit Achtsamkeitsübungen im Sitzen beginnen. Man sollte sich Anleitung holen und mit 10 Minuten beginnen, bevor man die Übungen erweitert. Es geht bei den Übungen darum, zu lernen, bewusst in seinen Handlungen zu leben. Dann fließt auch die volle Energie in alles, was man tut. Man ist konzentrierter und nicht mehr abgelenkt durch Gedanken an Zukunft oder Vergangenheit. Man lebt im Hier und Jetzt. Es gibt eine Fülle von Achtsamkeitsübungen, die man nur empfehlen kann.

Und was ist mit schwierigen Situationen und der Gestaltung der Zukunft? Kann die ‚frohe Botschaft' vom Hier und Jetzt falsch sein? Ja, sie ist falsch, wenn sie so gemeint ist, dass man schwierige Situationen ausblenden will und die Zukunft gar nicht als relevant sieht. Selbstverständlich muss ich die aktuelle Situation ‚im Griff haben', schwierige Phasen überwinden. Und selbstverständlich muss ich mir auch Gedanken um die Zukunft machen. Je früher, desto besser. Es ist schlimm für viele, zu spät oder keine Perspektiven zu entwickeln. Aber im Hier und Jetzt zu sein, schließt das keinesfalls aus.

Hier und Jetzt und der Alltag

Im Hier und Jetzt leben: Das hört sich immer so einfach an und ist so schnell gesagt, aber es ist so schwer umzusetzen! Die Gedanken wandern einfach viel zu oft in die Zukunft, die offenen Fragen drängen sich ins Bewusstsein und belagern das Denken. Vor den vermeintlich schönen Moment schieben sich graue Wolken. Ich bin nicht der Strahlemann, der den ganzen Tag fröhlich ist und sich an der Schönheit der Natur und der Gesundheit der Mitmenschen und dem Essen auf dem Tisch und der Sonne am Himmel erfreut. So möchte ich sein. Im Hier und Jetzt bin ich es aber nicht. Zumindest nicht so durchgehend, wie ich es gerne wäre. Immer wieder komme ich ins Grübeln über unsere Zukunft. Oder ich ärgere mich über Vergangenes. Ich frage mich: Was möchte ich wirklich? Was sind meine Prioritäten? Ich muss nur aufpassen, dass ich mich nicht verliere.

Laufe nicht der Vergangenheit nach und verliere dich nicht in der Zukunft. Das Leben findet hier und jetzt statt.
Buddha

Im Hier und Jetzt sein, aber trotzdem die Zukunft im Blick behalten. Sich Gedanken machen und Zukunftsmodelle im Kopf durchspielen, aber diese Gedanken nicht den Tag bestimmen lassen. Stattdessen den Blick auf das Wichtige lenken: auf das, was jetzt ist. Wie sollte man also sein? Ausgeglichener, ruhiger, weniger von den momentanen Emotionen beherrscht. Man sollte nachdenken, bevor man spricht, und zudem erkennen, was wirklich wichtig ist. Vor allen Dingen sollte man sich nicht von widersprüchlichen Gefühlen irritieren lassen, die das Hier und Jetzt dominieren wollen.

‚Im Hier und Jetzt leben‘ ist eine Floskel, die gerne verwendet und leider selten umgesetzt wird. Wir Menschen sind auf Fortschritt programmiert, denken an die nächsten Schritte und die daraus folgenden Pläne. Ärger über Vergangenes plagt uns viel zu oft. Unser Gedankenkarussell steht niemals still. Der Autopilot ist eingeschaltet und manövriert uns durch den Alltag. Wir bemerken oft gar nicht, wie wenig wir im Alltag anwesend sind, wie oft wir mit den Gedanken abschweifen.

Wir brauchen viele Jahre, bis wir verstehen, wie kostbar Augenblicke sein können.
Ernst Ferstl

Deshalb ist es so wichtig, zu bemerken, dass sich das Gedankenkarussell beständig dreht. Dies ist der erste Schritt, um im Hier und Jetzt zu leben. Es geht nicht darum, Probleme zu verdrängen, sondern ihnen den Platz einzuräumen, der ihnen gebührt. Nicht mehr und nicht weniger. Und auch all die anderen wunderbaren Dinge, die uns täglich widerfahren, bekommen im Hier und Jetzt die ihnen zustehende Aufmerksamkeit. Im Hier und Jetzt hat alles seinen Platz und nicht nur das, zu dem uns unsere Gedanken ständig hinziehen wollen. Deshalb helfen regelmäßige Achtsamkeitsübungen. Mich auf den Augenblick zu konzentrieren, ist eine andauernde Herausforderung.

Deshalb rufe man sich immer wieder den Satz ins Gedächtnis: "Ich muss jetzt gerade nirgends hin und habe gerade nichts anderes zu tun". Stattdessen spüre man in sich hinein, nehme seinen Atem wahr und seinen Körper. Man achte auf die unmittelbare Umwelt und nehme den Augenblick so an, wie er ist. Und damit lebt man im Hier und Jetzt, bewältigt Stresssituationen gelassener und geht am Abend mit dem Gefühl ins Bett, heute wirklich gelebt zu haben. Und dieses Gefühl ist unabhängig davon, ob man etwas Einmaliges oder den ‚normalen Alltag' erlebt hat. Gerade für jenen normalen Alltag sollte man dankbar sein. Es gilt, mit Dankbarkeit die kleinen Dinge im Leben wertzuschätzen. Es gibt so viele Dinge, die nichts kosten und den Tag doch so viel wertvoller machen.

Man warte nicht bis morgen, um im Hier und Jetzt zu leben. Genau heute, genau jetzt ist dafür der richtige Zeitpunkt. Im Hier und Jetzt ist der einzige Moment, in dem ich wirklich am Leben bin. Im Hier und Jetzt ist der beste Moment meines Lebens.

Wichtige Formel: Achtsamkeit und Glück

Todd Kashdan, ein wichtiger Vertreter der ‚Positiven Psychologie' und ein Experte für Achtsamkeit, hat bei seinen Überlegungen zur Achtsamkeit und zum Glück eine coole Formel für die Sachzusammenhänge gefunden, die ebenso einfach wie spektakulär ist. Danach gilt: Glück = (Mx16+Cx1+Lx2) + (Tx5+Nx2+Bx30).

$$\text{Glück} = (M \times 16 + C \times 1 + L \times 2) + (T \times 5 + N \times 2 + B \times 30)$$

Mit anderen Worten: M = Live in the Moment: idealerweise 16x am Tag, den Moment bewusst genießen, achtsam sein. C = Be Curious: neugierig sein, raus aus der Komfortzone! Einmal täglich etwas Neues wagen. L = Do something you love: 2x am Tag in deiner Freizeit oder im Job etwas tun, was man liebt. T = think of others first: fünfmal täglich an andere Menschen denken, sie zum Beispiel zum

Lachen bringen. N = nurture relationships: nimm dir zweimal täglich Zeit, Beziehungen zu pflegen, Zeit für Partner, Freunde oder Familie zu haben. B = take care of your body: nimm dir Zeit für deinen Körper, idealerweise 30 Minuten am Tag. Danke, Mr. Kashdan! Eigentlich ist alles ganz einfach mit der Achtsamkeit und dem Glück!

Stichwort: Genuss

Ich hatte gerade die Achtsamkeit im Visier und mich auf das Hier und Jetzt konzentriert. Da passt das Thema ‚Genuss' wunderbar. Geht es da nicht auch darum, etwas in dem Moment, in dem Augenblick wertzuschätzen und auszukosten? Ich sorge für Bilder im Kopf: Da gibt es einen wunderbaren Sonnenuntergang. Man steht da, sieht die Pracht und ist richtig ergriffen. Da wird in der Küche gewerkelt und geschnippelt. Man greift in den Kühlschrank, denn es soll einen Schluck Küchenwein geben. Der schmeckt einfach gut, und man ist begeistert. Man hört auf Klassik Radio das Lied 'Smile'. Ach, da ist es wieder und wie schön! Man macht laut, und die Musik packt einen - wie immer. Man hört intensiv zu und ist selig.

Oder es ist Hochzeitstag. Der Mann geht mit seiner Frau in ein Lokal, um das Ereignis gebührend zu feiern und selbstverständlich bedeutet das auch, gemeinsam ein schönes Essen in trauter Zweisamkeit zu genießen. Die Speisen sind gut, der Wein passt hervorragend. Die Turteltäubchen delektieren sich und schwelgen in dem wunderbaren, gemeinsamen Genuss. Ja, sie kosten den Moment richtig aus, ein wohliges Gefühl stellt sich ein, und sie lächeln sich beseelt zu.

Wer Hunger hat, der isst, wer Appetit hat, der genießt.
Monika Kühn-Görg

Es gäbe noch eine Fülle weiterer Situationen, die man beschreiben könnte und die einen wunderbaren körperlichen oder geistigen Genuss bescheren. Es macht Sinn, solche Momente dann aber auch sehr gezielt und intensiv auszukosten und dem nachzuspüren, was dieser Augenblick mit einem macht. Es kann eine echte Seelenmassage sein. Man ist angenehm angetan. Man fühlt sich wohl und genau in dem Moment empfindet man einen Zustand des Frohsinns, der Freude, der

Gelöstheit. Das Herz geht einem auf. Sehen, Schmecken, Hören, Fühlen und Befinden sind eins.

Ein solcher Moment voll Genuss macht glücklich. Und sind wir da nicht wieder bei den glücklich-machenden Kleinigkeiten, die uns die Glücksforscherin Sonja Lyubomirsky als wichtige Glücksmomente ans Herz legt? Die amerikanische Schriftstellerin Perl S. Buck ergänzt dazu, dass es in unseren Händen liegt, auch in alltäglichen Gegebenheiten Wunderbares zu entdecken. Dies sei wahre Lebensweisheit und ein Schlüssel zum Glücklich-sein.

> *Die wahre Lebensweisheit besteht darin, im Alltäglichen das Wunderbare zu sehen.*
> **Pearl S. Buck**

Was ist Genuss?

Der Genuss sind solche schönen Momente, solche Augenblicke, die selig machen und froh, sie sind wahre Glücksmomente. Es sind immer mehr oder minder kurze Phasen, die aus genussvollen Momenten entstehen, uns berühren und uns für kurze Zeit vollständig glücklich machen können. Genuss muss indessen nicht auf wenige Situationen im Leben beschränkt werden. Hat uns nicht Frau Buck aufgefordert, in alltäglichen Gegebenheiten Genuss zu entwickeln? Vor allem dann, wenn wir erkennen, dass Genuss der Schlüssel zu einem erfüllten, zufriedenen und frohen Leben sein kann. Und das kann täglich geschehen. Wir müssen es nur wollen. Wie sehr kann ein geselliges Essen uns Genuss bringen!

> *Für mich liegt der Wert des Essens im geselligen Ereignis.*
> **Nikos Apostolopoulos**

Genuss ist im Grunde eine natürliche Reaktion des Menschen. Wenn uns etwas gefällt, berührt oder schmeckt, wir Freude daran haben oder es uns guttut, genießen wir es instinktiv. Aber in den letzten Jahren und sogar Jahrzehnten ist genau dieses Genießen, die pure Freude am Genuss, zum Teil sogar in Verruf geraten. Es wurde in dieser ergebnisorientierten und schnelllebigen Welt kolportiert, dass der, der innehält und genießt, unproduktiv und faul sei. Zudem wird der Genuss oft auf die Kulinarik beschränkt. Dabei wird das Potential negiert, das Genuss als positive, froh machende Ressource für unseren gesamten Alltag bereithält.

Alle sinnlichen Genüsse regen bei edlen Naturen den Geist an. Bei unedlen Naturen jagen sie ihn davon.

Waldemar Bonsels

Wie ist das mit dem Genießen?

Schaut man in Wikipedia 2023, dann liest man, welch ein breites Erscheinungsbild von Genuss es gibt: „Genuss ist eine positive Sinnesempfindung, die mit körperlichem und/oder geistigem Wohlbehagen verbunden ist. Beim Genießen wird mindestens ein Sinnesorgan erregt. In etwa lassen sich kulinarische Genüsse, zum Beispiel als Bestandteil der Ess- und Trinkkultur, geistige Genüsse, wie das Hören von Musik oder das Lesen interessanter Lektüre, sowie körperliche Genüsse, zum Beispiel als Teil der Sexualität oder bei einer Massage, unterscheiden. Am häufigsten wird der Begriff im Zusammenhang mit Essen und Trinken verwendet, aber auch mit dem Konsum von Tabak. Allgemein gelten Kaffee, Tee, Schokolade, Kakao, Tabakwaren und alkoholische Getränke als Genussmittel, bei denen psychotrope Substanzen mehr oder weniger stark am Zustandekommen des Genusserlebnisses beteiligt sind. Der kulinarische Genießer wird oft als Feinschmecker oder Gourmet bezeichnet."

Genuss ist etwas Gutes!

Ein wesentlicher Punkt sollte deutlich herausgestellt werden: Genuss ist etwas Gutes. Genuss-Experten wie der Psychologe Dr. Rainer Lutz widersprechen der Geringschätzung von Genuss. „Genuss ist elementarer Bestandteil der Selbstfürsorge und trägt zur seelischen Balance bei - denn ein sinnliches Leben ist Teil eines sinnvollen Lebens."

Momente des Genießens helfen uns, uns vor dem Stress im Alltag zu schützen, stellen den negativen Gefühlen positive entgegen und können Wege zum Glücklich-sein öffnen. Wollen wir zu jenem ‚sinnlicheren Leben‘ gelangen, das uns Dr. Lutz als Folge des Genusses verspricht, sollten wir sorgsam mit dem Genuss umgehen und uns den folgenden Überlegungen stellen:

- Genuss muss als etwas Positives verstanden werden

  Wir haben gerade davon gelesen, dass in der Gesellschaft noch immer eine eher negative Betrachtung von Genuss kursiert. Aber wir haben auch gelesen, dass uns der Genuss positive Gefühle und Wege zum Glücklichsein öffnen kann. Deshalb muss man sich von negativen gesellschaftlichen Betrachtungen lösen. Stattdessen muss man in seinem Leben so oft es nur geht nach Genussmomenten suchen und sie dann ganz konsequent auskosten.

  Kein Genuss ist vorübergehend; denn der Eindruck, den er zurücklässt, ist bleibend.
  Johann Wolfgang von Goethe

- Genuss ist nicht beschränkt auf besondere Momente

  Um etwas zu genießen, bedarf es keiner besonderen Anlässe. Das Genießen sollte in unseren Alltag einkehren. Wenn es geht und wenn sich Möglichkeiten ergeben, sollten wir die Genuss-Momente intensiv auskosten. Immer wieder sind kleine, feine Augenblicke da, die man genießen könnte. Man sollte sich dann die Zeit nehmen und sich auch entsprechend gütlich tun. Es muss nichts Großes sein: Hier ein schöner Abendhimmel, dort ein toller Schluck Wein oder das eine immer wieder Gänsehaut produzierende Lied. Die kleinen, schönen Momente sind wertvoll; wir sollten sie auskosten. Und ergibt sich tatsächlich ein größerer Moment oder ist etwas zu begehen, dann versteht sich das einfach als eine größere Chance, etwas zu genießen. Das schafft die Möglichkeit, solche besonderen Momente auch genussreich zu ‚zelebrieren‘.

  Das Leben sollte man ‚Just in time‘ genießen.
  Volker Harmgardt

- Man sollte gezielt nach dem Genuss suchen

  Es gibt vieles, was Genuss bereitet. In aller Regel sagt uns unser Körper, was uns gefällt, schmeckt, Freude bereitet und unsere Seele streichelt. Wir sollten eine sensible Antenne für mögliche Genussmomente entwickeln. Zudem haben wir - wenn wir zu den Genussverwöhnten gehören - ja auch schon Momente erlebt, die uns Genuss verschaffen. Wir wissen, was zu tun ist, wie wir uns darauf einstellen und was wir erleben können. Die Zeit und die Muße dazu müssen indessen gegeben sein.

Es ist besser, zu genießen und zu bereuen, als zu bereuen, dass man etwas nicht genossen hat.
Giovanni Boccaccio

- Wir sollten uns Zeit nehmen für den Genuss
  Genuss braucht Zeit. Beim schnellen Konsumieren entsteht kein Moment des Genusses. Man muss sich Zeit nehmen, um Genuss zu entwickeln. Man kann sich - auch im Alltag - bewusst Momente des Genießens suchen und intensiv auskosten. Nur, wer sich Zeit lässt, wird mit der Wirkung echten Genusses belohnt.

- Genuss geht nicht nebenbei
  Genießen braucht die ungeteilte Aufmerksamkeit. Man muss sich auf die Wirkung konzentrieren, die ein Genuss auslöst. Wer etwas isst und dabei in seinem Handy liest, kann nicht genießen. Ebenso wenig klappt der Genuss, wenn man Musik hört und Zeitung liest. Die Konzentration auf beides ist nicht möglich. Also braucht es auch die Fokussierung.

Es gibt so vieles, was uns guttut: süßes Nichtstun nach einem anstrengenden Arbeitstag, fiebriges Versunkensein beim Lesen eines spannenden Krimis, der Ausblick von einem hohen Berg ins weite Tal, die Wonne, am Strand zu sitzen und hinaus aufs Meer zu schauen.

Genuss ist auch eine Frage der Phantasie.
Markus M. Ronner

Wie genießt Deutschland?

Wenn man über körperliche und geistige Genüsse nachdenkt, stellt sich die Frage nach dem ‚Wie' beim Genießen. Birgit Weidt hat sich 2019 in ‚Psychologie heute' mit der Frage auseinandergesetzt. Ausgangspunkt ihrer Überlegungen war eine Untersuchung des Instituts für Ernährungspsychologie an der Universität Göttingen mit dem Titel: ‚Was und wie genießt Deutschland?'. Auf den vorderen Plätzen landeten bei der Studie ‚Entspannen und Ausruhen', dann erst kam das ‚Essen'. Weiterhin wurde angegeben: ‚Zeit mit der Familie verbringen', ‚draußen etwas unternehmen', ‚Flirten' und ‚Lieben'. Genuss sei wichtig, meinten die Allermeisten, doch gleichzeitig hatte mehr als die Hälfte der

Befragten den Eindruck, dass sie nicht ausreichend genießen. Wenn das so ist, dann stellt sich nach Meinung von Frau Weidt die Frage: Was kann man tun, um wirklich zu genießen?

Was sollte man beim Genießen beachten?

Und schon folgt eine weitere Auflistung von wertvollen Anregungen. Bitte nicht böse sein, wenn sich dabei (vermutlich gewollte) Redundanzen ergeben. Das ist meine Sache mit der ‚Verankerung‘.

- Genuss intensiv erleben
  Nichts ist lustfeindlicher als Stress und Hektik, wenn es darum geht, den Moment intensiv zu erleben. Wer genießen will, sollte innehalten, um im Augenblick zu schwelgen und sich auf die wohltuende Sinnesempfindung zu konzentrieren. Wer das bewusst tut, sammelt Empfindungen, und es entsteht somit eine Art sinnliche Kopfbibliothek.
  „Je aufmerksamer wir mit dem umgehen, was uns umgibt, je mehr wir uns angewöhnen, genau zu schmecken oder zu riechen, und all diese Reize variieren, desto differenzierter wird unser Urteil sein", so der Psychologe und Therapeut Rainer Lutz, der sich auf das Thema ‚Genuss‘ spezialisiert hat. Das braucht Zeit. „Es ist eben ein Irrtum zu glauben, dass wir unsere Sinne ‚haben‘ und sie einfach so funktionieren. Was wir haben, sind unsere Möglichkeiten, und die verkümmern, wenn wir sie nicht regelmäßig nutzen."

> Genuss braucht Zeit!

- Das Auskosten lernen
  Auch wem das Auskosten eines Genusses nicht in die Wiege gelegt wurde, kann es lernen. Dabei gilt es, die eigenen ‚Bremsen‘ und verinnerlichten Verhinderungsregeln aufzuspüren, um diese nach und nach zu lockern. Folgende Fragen sind bei dieser Selbsterkundung hilfreich: Was brauche ich genau in diesem Moment? Was würde mir jetzt Genuss bereiten? Was fühle, spüre, rieche und schmecke ich gerade jetzt? Dann sollte man sich

Punkt zum Thema ‚Genuss' muss deutlich herausgestellt werden: Genuss ist etwas Gutes. Genuss-Experten wie der Psychologe Dr. Rainer Lutz widersprechen der Geringschätzung von Genuss. „Genuss ist elementarer Bestandteil der Selbstfürsorge und trägt zur seelischen Balance bei - denn ein sinnliches Leben ist Teil eines sinnvollen Lebens."

Jung bleiben bedeutet, weiterhin neue Gewohnheiten anzunehmen, Dinge zu hinterfragen und das Abenteuer Leben zu genießen.
Bettina Heck

Was ist wichtig zum Thema ‚Genuss'?

Genuss ist nicht auf besondere Momente beschränkt. Stattdessen sollte man im Alltag nach Genuss suchen. Und wenn Genuss entsteht, sollte man sich Zeit nehmen, um sich intensiv darauf zu konzentrieren. Es gilt, den Genuss intensiv auszukosten. Und ebenso wichtig ist es, dass der Genuss eine Frage der Qualität, nicht der Quantität ist. Ein Übermaß kann die Wirkung konterkarieren.

Bucket List

Wir sollten eine Liste mit den Dingen erstellen, die wir im Leben noch unbedingt machen wollen. Im Englischen gibt es deshalb die ‚Bucket List'. Und ich kenne einige Menschen, die ihre Bucket List geschrieben haben und die versuchen, so viele Punkte wie möglich noch in diesem Leben ‚abzuarbeiten'. Ich finde so eine Liste prima. Es darf nur kein Stress aufkommen, aber eine gewisse konsequente Umsetzungsbereitschaft sollte man von sich abfordern, egal in welchem Alter man ist. Denn es kann sich sehr offensichtlich die Chance auf schöne Momente und Genuss eröffnen. Und solche schönen Momente sind in aller Regel glücklich-machende Momente und hinterlassen schöne Erinnerungen.

Kein Genuss ist vorübergehend, denn der Eindruck, den er zurücklässt, ist bleibend.
Goethe

Was sollte man beim Genießen beachten?

Nach Meinung von Genuss-Experten sollte man sich beim Genießen die Frage stellen: Was sollte man beim Genießen beachten? Und schon habe ich (wieder) einige Anregungen zur Wiederholung und Verankerung aufgelistet:

- Man sollte den Genuss intensiv erleben. Es geht darum, in lustvollen Momenten Stress und Hektik auszusperren. Wer genießen will, sollte einen Moment innehalten, um im Augenblick zu schwelgen und sich dem Genuss auch hinzugeben.
- Das Auskosten kann man lernen. Auch wenn das Auskosten eines Genusses uns nicht unbedingt in die Wiege gelegt wurde, steht fest: man kann es lernen. Dabei gilt es, die eigenen Bremsen und verinnerlichten Verbotsregeln aufzuspüren, um sie nach und nach zu lockern. Folgende Fragen können dabei hilfreich werden: Was brauche ich genau in diesem Moment? Was erlebe ich gerade? Welche Sinne werden gerade angesprochen? Man sollte sich die Fragen beantworten und umgehend ans Auskosten gehen. Je aufmerksamer man ist, desto intensiver genießt man.
- Man sollte sich voll auf den Moment konzentrieren. Die Konzentration sollte vollständig auf dem gegenwärtigen Augenblick liegen. Man sollte ,eigentlich' nie mehrere Dinge gleichzeitig tun. Und man sollte sich auch ohne spontane Bewertungen dem Genuss hingeben. Eine solche nichtwertende Haltung führt nach einiger Übung zu einer wohltuenden Gelassenheit.
- Man sollte offen sein für neue sinnliche Erfahrungen. Man sollte neues ausprobieren. Man sollte sich bewusst neuen sinnlichen Erfahrungen aussetzen. Denn wer sich zeitlebens an das Gleiche hält, verpasst nicht nur unentdeckte Freuden, sondern lässt die Sinne verkümmern. Umgekehrt gilt: Genuss intensiviert das Erleben. Er aktiviert das Lustzentrum und stimuliert jene Gehirnregionen, die für unser Wohlbefinden verantwortlich sind.
- Man nehme sich Zeit für die einfachen Dinge. Genießen ist keine Frage des Geldes, auch mit kleinem Einkommen und wenig Geld lässt sich die Genussfähigkeit steigern. Wie wunderbar ist zum Beispiel eine gegenseitige Rückenmassage mit dem Partner bei leiser Klaviermusik oder

wie köstlich ein ofenwarmes Brot mit Butter und Salz (und vielleicht frischem Schnittlauch). Genuss ist im Alltag oft eine Frage des Wollens und kann zur Abwehr von Lustkillern dienen. Man sollte sich gezielt Zeit nehmen für die kleinen Freuden des Lebens.

- Den Genuss sollte man beschränken. Vorsicht: bei einem Zuviel ist Genuss kaum noch möglich, denn Sättigung schließt Genuss aus. Der Genuss geht in das Konsumieren über.

Ich muss die Schlusssätze aus dem Kapitel wiederholen, weil es sich lohnt, sie zu wiederholen. Da geht es um den Umgang mit dem Genuss: „Ein Genuss war uns beschert, und unsere Seele wurde gestreichelt." Ist es nicht schön, wenn ein solcher Satz ein wenig in einem nachhallt? Man bleibt in einer frohen, positiven Stimmung. Und solche schönen Momente voll Genuss sind hervorragende Voraussetzungen zum Glücklich-sein.

Es lebe der Genuss,
den man auch leben muss.
Schwelge voll in dem Moment,
bevor das Leben weiterrennt.
Such so Momente, koste sie voll aus,
mach dir Glücksmomente draus.
Detlev Geiger

Stichwort: Schöne Momente - Poesie des Augenblicks

Ich habe gerade mein Gedicht zum Genuss zitiert, der zum Glücksmoment werden kann. Jetzt möchte ich mich noch deutlicher auf den schönen Moment, den glücklich-machenden Moment fokussieren. Poetisch nenne ich das Stichwort: Poesie des Augenblicks. Unser aller Ziel, so Aristoteles, ist es, Glück zu erleben. Aber es ist ja bereits deutlich geworden, dass es dabei nicht um eine langanhaltende Qualität geht, sondern viel mehr um das Glücklich-sein für eine kurze Weile oder manchmal nur für einen Augenblick. Experten sagen uns, dass die Suche nach einem anhaltenden Glück so gut wie nie erfolgreich ist. Und realistisch betrachtet, kann es gar kein langes Verweilen im Glück geben. Wohl aber kann sich für eine mehr oder minder kurze Weile Glücklich-sein einstellen. Anders ist es mit den Qualitäten, Zuständen und Gefühlen auf dem Weg zum

Glücklich-sein. Die können durchaus länger anhalten. Ich denke da an Zufriedenheit, Dankbarkeit, Gelassenheit, Geborgenheit, Lebensfreude, Wohlergehen und Zuversicht. Eine oder viele dieser Qualitäten können möglicherweise zum Glücklich-sein führen. Der Weg wird dann zum Ziel. Im allgemeinen Sprachverständnis wird indessen nicht zwischen Glücklich-sein und Glück unterschieden. Ich möchte dies aber explizit tun. Und dazu passt auch ein Sinnspruch von Buddha:

Es gibt keinen Weg zum Glück. Glücklichsein ist der Weg.
Buddha

Deutlich ist uns: Man muss stetig etwas für das Glücklich-sein tun. Das ist ein lebenslanger, aktiver Prozess. Es gibt nicht den Zeitpunkt, an dem man final glücklich ist. Aber jeder neue Tag bringt eine neue Chance zum Glücklich-sein.

Jeder neue Tag bringt eine neue Chance zum Glücklich-sein.

Wann sind die Deutschen glücklich?

Ergänzen wir einige epidemiologische Erkenntnisse zum Glücklich-sein: Wie unterschiedlich die Faktoren gewertet werden, zeigt eine Befragung der Hohenheimer Wissenschaftler Lau und Kramer. Danach bezeichneten sich 72 Prozent der Befragten als ,grundsätzlich glücklich', weil sie in einem intakten Elternhaus aufgewachsen waren. 64 Prozent fanden es wichtig, dass sie sich rundum wohl fühlten. Sich über die kleinen Dinge des Lebens zu freuen, war für 62 Prozent der Befragten entscheidend. Glücklich waren 61 Prozent, wenn sie mit der Familie zusammen waren. Glück und Zufriedenheit setzten 58 Prozent der Befragten gleich. Für 54 Prozent war es wichtig, mit sich und der Welt im Reinen zu sein, sowie Beruf und Privatleben in ein ausgewogenes Verhältnis zu bringen. Glücklich machte es 47 Prozent, wenn sie die Kunst beherrschten, den Augenblick zu genießen. Bei 35% Prozent war es wichtig, sich über einen Erfolg bzw. über eine Leistung zu freuen. Selbstbestimmt zu leben, brachte 33 Prozent der Befragten Glücksmomente. Etwas Unerwartetes oder Unverhofftes zu erleben, machte 32 Prozent glücklich. Nur 12 Prozent glaubten, dass Glück eine Veranlagung ist, die man von Natur aus hat.

Da waren schon sehr viele Parameter, die uns bereits mehrfach begegneten und auch der World Happiness Report ‚lässt grüßen': Denn 61% der Befragten waren glücklich, wenn sie mit der Familie zusammen waren, 54 % wenn sie eine gute Work-Life-Balance hatten, 62% wenn sie sich über die kleinen Dinge im Leben freuen konnten und 47% wenn sie den Augenblick genießen konnten. Damit zeigt sich deutlich, wo die Menschen nach glücklichen Momenten suchen und wo sie nach allem, was wir wissen, auch erfolgreich sein können.

Viele Menschen versäumen das kleine Glück, während sie auf das Große vergebens warten.
Pearl S. Buck

Eine andere Quelle ergänzt diese Daten: Jan Delhey, Soziologe und Glücksforscher an der Magdeburger Universität, hat nach Bedingungen für das Glücklich-sein gesucht. Danach spielen eine Reihe von gesellschaftlichen Faktoren eine Rolle, so Delhey, aber auch individuelle.

Welche Faktoren können zum Glücklich-sein führen?

Jan Delhey kam durch seinen Doktorvater Wolfgang Zapf auf sein Thema. Der hatte die amerikanische Glücksforschung in den 1970er-Jahren nach Deutschland geholt. "Damals war das ›subjektive Wohlbefinden‹ noch ein völlig neuer Begriff", erzählt Delhey. Er findet dieses Forschungsgebiet bis heute interessant und spannend. ‚Glücklich zu sein', sei erst in der wohlhabenden Gesellschaft zum zentralen Lebensziel der Bevölkerung geworden. Der Wissenschaftler hat sogar eine Formel dafür entwickelt: Haben + Liebe + Sein = Glück.

Haben + Liebe + Sein = Glück

„Menschen sind dann glücklich, wenn sie ausreichend Geld zur Existenzsicherung haben, wenn sie gute soziale Kontakte zum Partner, zur Familie, zu Freunden haben, und wenn sie einen Sinn in ihrem Leben sehen", sagt der Wissenschaftler. „Nach der Wende haben besonders im Osten Gesundheit, Partnerschaft, Familie und der Job an Bedeutung für die Lebenszufriedenheit gewonnen. Je reicher die Gesellschaft, umso weniger wichtig sind die materiellen Dinge." Die drei Faktoren ‚Haben, Lieben und Sein‘ können laut Delhey je nach Typ unterschiedlich gewichtet sein, aber kein Aspekt kann einen anderen völlig ersetzen.

Das Glück wohnt nicht im Besitze und nicht im Golde, das Glücksgefühl ist in der Seele zu Hause.
Demokrit

Ergänzung zum Wohneigentum

Zum Thema ‚Haben‘ vielleicht noch eine interessante Analyse. Die Frage wurde 2022 gestellt: welche Rolle spielt beim Glücklich-sein der Besitz von Wohneigentum? Antwort gibt eine Untersuchung aus Hohenheim. Zum Thema ‚Wohneigentum und Glück‘ befragte der Lehrstuhl für Kommunikations-theorie an der Universität Hohenheim unter Leitung von Professor Frank Brettschneider 2.788 Personen in Baden-Württemberg und 1.442 im restlichen Deutschland. „Das Ergebnis ist eindeutig", so Brettschneider. „Knapp zwei Drittel der Wohneigentümer geben an, dass ihr Immobilienbesitz sie glücklicher macht." Erwähnenswert ist, dass die Studie im Auftrag der Stiftung ‚Bauen und Wohnen‘ der LBS Baden-Württemberg durchgeführt wurde.

In einer Wohnung kann man wohnen, baden, küchen und schlafzimmern.
Erhard Horst Bellermann

Unser Glücklich-sein und die anderen

Glücklich-sein hängt auch zumindest teilweise von anderen ab: In Langzeitstudien fragten Forscher der Harvard Universität Amerikaner, was für sie Glück bedeutet. In ‚The Grant-Study‘ wurden 268 Harvard-Absolventen aus den Jahrgängen 1939 - 1944 regelmäßig befragt und in der ‚Glueck Study‘ 456 Männer, die alle als Kinder in den ärmeren Vierteln von Boston aufgewachsen waren. Die Forscher um den Studienleiter Robert Waldinger, Direktor der ‚Harvard Study of Adult Development‘, verfolgten über Jahrzehnte Lebensgeschichten, berufliche Karrieren und Gesundheitszustände. Waldinger erklärt als Fazit aller Untersuchungen: „Gute Beziehungen machen uns glücklicher und gesünder. Punkt."

Die Betonung liege dabei auf gut, so Waldinger. „Es geht nicht um die Anzahl der Freunde." Es sei die **Qualität der nahen Beziehungen**, die zähle. Das heiße nicht, dass man sich nicht mal so richtig zanken dürfe, so Waldinger. Denn das Gefühl, trotz aller Querelen und Unstimmigkeiten immer auf den anderen zählen zu können und sich sicher zu fühlen, sei viel ausschlaggebender für eine gute und stabile Beziehung.

> *Lasst uns dankbar sein für die Menschen, die uns glücklich machen. Sie sind die charmanten Gärtner, durch die unsere Seelen blühen.*
> **Marcel Proust**

Wie ist das mit der Zweisamkeit?

Es gibt auch Ergebnisse, die zeigen, welche positiven Auswirkungen die Liebe auf unsere emotionale Stabilität und die Gesundheit hat. Menschen, die sich lange Zeit sehr einsam fühlten und keine stabilen Beziehungen führten, fühlten sich nicht nur unglücklich, ihre Gesundheit wurde im Alter merklich schlechter, ihre Gehirnfunktionen nahmen eher ab und sie starben früher als die, die ihre Beziehungen als gut und stabil einschätzten. „Die Teilnehmer, die im Alter von 50 Jahren von glücklichen zwischenmenschlichen Beziehungen berichteten, waren dann später im Alter von 80 Jahren am gesündesten", berichtet Waldinger aus den Harvard-Daten.

> *Willst Du glücklich sein im Leben, trage bei zu and'rer Glück;*
> *denn die Freude, die wir geben, kehrt ins eigne Herz zurück.*
> **Marie Calm**

Glücklich-sein bedeutet für jeden etwas anderes

Ich versuche, meine bisherigen Erkenntnisse zusammenzutragen: das Glücklich-sein bedeutet für jeden etwas anderes. Wohlstand, Intelligenz, Alter und Wissen spielen keine maßgebliche Rolle beim individuellen Glücklich-sein. Wir müssen uns unseren sich ändernden Lebensbedingungen und den daraus resultierenden Schwierigkeiten anpassen; dennoch können wir sehr leicht zufrieden sein. Ganz offensichtlich **ist unsere Einstellung entscheidend**. Wollen wir überwiegend gelassen, heiter und froh sein sowie gute, sogar liebevolle Beziehungen pflegen, dann erreichen wir das auch. Halten wir uns für einen Menschen, der glücklich sein kann und will, dann werden wir es sein. Nicht nur mein Fazit: wir sind unseres Glückes Schmied.

> Wir sind unseres Glückes Schmied.

Wir können jederzeit daran arbeiten, glücklich zu sein und Wohlbefinden sowie Lebensfreude zu entwickeln. Das bestätigt auch die Glückforscherin Sonja Lyubormirsky, über die ich bereits geschrieben habe. Sie hat zu der Disposition zum Glücklich-sein jene bereits zitierte Untersuchung betrieben und festgestellt: Zu 50% ist es unsere Erbmasse, zu 10% sind es die aktuellen Lebensumstände und zu 40% sind wir für unser Glücklich-sein selbst verantwortlich. Mit anderen Worten: wir sind in der Lage, aktiv am Glücklich-sein zu arbeiten. Frau Lyubomirsky geht sogar noch einen Schritt weiter und fordert von uns, wir sollen viel häufiger schöne Momente bewusst genießen. Und wichtig seien die Momente, die sich aus glücklich-machenden Kleinigkeiten ergeben.

Die wichtigen kleinen Glücksmomente

Die kleinen Glücksmomente bereichern unser Leben ungemein. Wir müssen nur ein wenig die Augen offenhalten und uns solcher Glücksmomente bewusst werden. Denn bewusst werden sie uns meist dann, wenn wir sie plötzlich nicht mehr vorfinden. Die französische Schriftstellerin Francoise Sagan hat es einmal passend auf den Punkt gebracht: „Man weiß selten, was Glück ist, aber man weiß meistens, was Glück war."

Jeder von uns hat wohl seine sehr persönlichen Momente oder Augenblicke des Glücklich-seins. Oft kann schon eine kleine Abwechslung, etwas Neues Freude in unser Leben bringen. Es muss jedenfalls nicht immer etwas Großartiges und Außergewöhnliches sein. Ich habe dazu ein wunderschönes Bild mit einem Text gesehen, und der Text war so: „Ich kann nicht lange bleiben", flüstert der Glücksmoment. „Aber ich lege dir eine Erinnerung in dein Herz."

Jemand hat mir mal gesagt, die Zeit würde uns wie ein Raubtier ein Leben lang verfolgen. Ich möchte viel lieber glauben, dass die Zeit unser Gefährte ist, der uns auf unserer Reise begleitet und uns daran erinnert, jeden Moment zu genießen.

Jean-Luc Picard

Ich bin bereits beim Stichwort ‚Genuss' auf schöne und genussvolle Momente eingegangen und erinnere hier daran. Da gibt es einen wunderbaren Sonnenuntergang. Man steht da, sieht die Pracht und ist ergriffen. Man kocht und brutzelt. Man greift zu einem Schluck Küchenwein. Der ist einfach gut, und man ist begeistert. Man hört ein Lied. Man macht laut und die Musik packt einen - wie immer.

Jeder Tag schenkt uns zahlreiche Augenblicke und genussvolle Erlebnisse. Denn insbesondere die kleinen alltäglichen Dinge lassen uns Momente des Glücks erleben. Man muss nur aufmerksam sein und sich die Momente bewusst machen. Und wichtig ist mir, dass auch eine sportliche Leistung, eine spannende Szene in einem Buch oder ein Erfolg bei einem beruflichen Projekt einen solchen Glücksmoment bescheren kann.

Beglückend kann auch ein Flow sein. Zu einem Flow-Zustand kommt es dann, wenn man sich ganz in einer Aktivität verliert und dabei die Zeit und alles, was um einen herum passiert, völlig vergisst. Ich weiß, wovon ich schreibe.

Das Leben besteht aus Möglichkeiten, aus Chancen, die man ergreifen sollte.

Dalai Lama

Es gibt so einfache und dennoch so beglückende Momente im Alltag. Man muss nur offen sein, sie sehen und mit allen Sinnen im Hier und Jetzt sein. Dann kann man genießen; es greift die Poesie des Augenblicks, und man ist glücklich. Vielleicht liegt die Schönheit des Augenblicks dann gerade in seiner Flüchtigkeit.

Ich habe bei einem Bekannten ein Schild gesehen, das über seinem Schreibtisch hängt. Darauf war die Aufforderung zu lesen: ‚Immer mal wieder: Kurz anhalten, durchatmen, lächeln und froh weitermachen.' Auch so kann man sich glücklichmachende Momente verschaffen.

> Immer mal wieder:
> Kurz anhalten, durchatmen, lächeln und froh weitermachen.

Unglück

Seit 2500 Jahren ist das Glück auch literarisch ein Dauerbrenner. Über dessen Gegenteil jedoch, das Unglück, wird nur selten geschrieben. Die meisten Menschen wissen oft erst, was sie glücklich macht, wenn sie Unglück erfahren und daraus lernen müssen. Sie müssen Scheitern, Verlust, Einsamkeit, Verzweiflung, Schmerz, Krankheit oder Tod überwinden. Wer derart unglücklich ist, malt sich gerne aus, wie es wäre, wieder glücklich zu sein, und tut alles dafür.

Unglück bildet den Menschen und zwingt ihn, sich selber zu erkennen.
Johann Wolfgang von Goethe

Mir scheint die Regel zu gelten: Nur wer das Unglück kennt, weiß auch das Glück zu schätzen. An einzelnen Episoden des Unglücks können Menschen wachsen. Das Unglück mag uns auch antreiben, ein anderes, erfolgreicheres Leben anzustreben oder zu erarbeiten. Es scheint zu gelten: Das Unglück kann zu einem Motor gesellschaftlichen Fortschritts werden. Vielleicht kann das Streben, aus dem Unglück herauszukommen, schlussendlich sogar zu einem besseren Leben führen.

Das Glücklich-sein und die positiven Gefühle: Grenzen beachten

Glücksforscher sprechen von einem subjektiven Wohlbefinden, das für jeden etwas anderes bedeuten kann. Im Kontext der ‚Positiven Psychologie' ist es gekennzeichnet vom häufigen Auftreten positiver Gefühle und seltenem Auftreten negativer Emotionen. Sie warnen im Zusammenhang mit Glück aber auch vor einer ‚toxischen Positivität': Gefühle wie Trauer oder berechtigte Unzufriedenheit dürften nicht einfach übertüncht werden. Für die Experten ist der Schlüssel zum Glücklich-sein, das eigene Leben in die Hand zu nehmen, es aktiv zu gestalten und das Beste aus allen Situationen zu machen. Das sollte uns indessen nicht blind machen. Denn selbst ein glückliches Leben ist nicht ohne Düsternis - sagt auch Carl Jung:

*Selbst ein glückliches Leben ist nichts ohne Düsterkeit, und das Wort
,glücklich' würde seine Bedeutung verlieren, würde es nicht von der
Traurigkeit ausbalanciert werden.*
Carl Jung

Angst vor dem Glücklich-sein

Manche Menschen haben sogar Angst vor dem Glücklich-sein. Psychologen sind
diesem Phänomen auf der Spur und suchen zugleich nach Auswegen für genau
jene Menschen. Nicht alle öffnen freudig ihre Tür, wenn das Glück anklopft.
Manche Menschen scheinen regelrecht nach Misserfolg und Unzufriedenheit im
Leben zu suchen. Sie fürchten sich davor, dass es ihnen zu gut geht, und dämpfen
Freudengefühle.

,Fear of happiness' nennen Forscher dieses Phänomen. Wie die US-
Fachzeitschrift ,Scientific American' berichtet, setzen einige Menschen
Glücklich-sein sogar mit einer gewissen Form von Faulheit gleich: für sie
ist Glück unmoralisch. Die Angst vor dem Glück stehe oft in engem
Zusammenhang mit einer Depression, fand der Psychiater Paul Gilbert vom
britischen Kingsway Hospital 2014 heraus. Bei der Arbeit mit depressiven
Patienten war Paul Gilbert aufgefallen, dass die Betroffenen oft große Probleme
hatten, sich selbst Freude oder Genuss zuzugestehen. "Wenn
man ihnen helfen will, sich besser zu fühlen, reagieren sie beunruhigt",
erklärt Gilbert. "Sie sagen: Heute mag es mir gut gehen, aber morgen passiert
bestimmt etwas Schlimmes." Andere fühlten sich unwohl, wenn sie sich nicht
ständig um etwas Sorgen machten. Wieder andere fürchteten, wenn sie sich
über etwas sehr freuten, werde es ihnen wieder weggenommen.

Kein Unglücklichsein gleicht der Erwartung des Unglücklichseins.
Pedro Calderón de la Barca

Die Furcht vor Freude am Leben sei mit dem Aberglauben verknüpft, dass
ein Mensch, der glücklich ist, mit etwas Negativem rechnen muss - quasi mit
einer ,Bestrafung für das Glück', weiß der Salzburger Psychiater und
Neurologe Manfred Stelzig: „Das kann ein Schicksalsschlag oder eine
Krankheit sein, etwas, das unausweichlich Menschen, die gerade noch
glücklich waren, im nächsten Moment trifft." Auch Jürgen Margraf, Professor für
klinische Psychologie an der Ruhr-Universität Bochum, bestätigt: "Es gibt

solche Sorgen. Sie können für die Betroffenen belastend sein und einer guten Lebensführung im Weg stehen." Die Angst vor dem Glück habe, was den Leidensdruck angehe, aber in der Regel nicht den gleichen Stellenwert wie Phobien oder andere Angststörungen.

Warum versuchen manche Menschen gezielt, Glücksgefühle zu ignorieren? In einer Studie von 2003 befragte die Psychologin Joanne Wood von der University Of Waterloo (Kanada) Probanden über deren länger zurückliegende oder kürzlich erlebte Erfolgsmomente. Wie sich zeigte, gingen manche etwa mit ihrem guten Abschneiden in einer Klausur auf eigenwillige Art um: statt den Erfolg auszukosten, versuchten sie ihre Freude zu dämpfen, sich zu beruhigen oder abzulenken. Vor allem Studierende mit einem niedrigen Selbstwertgefühl zeigten dieses Verhaltensmuster.

Glücklich-sein kann man lernen und muss man wollen

„Glücklich wird nur, wer lernt, wie man glücklich ist", betont der Hamburger Psychologe und klinische Psychotherapeut Rainer Tschechne, Autor des Buches ‚Die Angst vor dem Glück. Warum wir uns selbst im Weg stehen'. Man müsse nach Glücksmomenten in den augenblicklichen Umständen suchen: „Nur wenn wir unseren Blick schärfen für die Glücksbausteine, die bereits jetzt in unserem Leben zu finden sind, können wir Wege finden, in der Zukunft von Tag zu Tag etwas glücklicher zu werden."

Glücklich wird nur, wer lernt, wie man glücklich ist.

Die Psychologin Sonja Lyubomirsky, von der wir bereits mehrfach gelesen haben, hat sich in Umfragen mit Aktivitäten auseinandergesetzt, die Menschen glücklich(er) machen. Als Ergebnis ihrer Umfragen kam eine ganz illustre und auch ungewöhnlich anmutende Aktivitätenlisten zusammen. Daraus entstand dann die Idee von Frau Lyubomirsky, dass jeder Mensch seine 10, 15 oder 20 ‚happy habits' oder ‚glücklich-machenden Gewohnheiten' definieren könnte. Es sollte eine spontane Liste von ernsten und witzigen Aktivitäten sein, die einem just in dem Augenblick einfallen und das Potenzial haben, glücklich zu machen. Es geht nach Sonja Lyubomirsky darum, Glücksmomente zu provozieren. Hier eine kleine Kostprobe: Entwickle Dankbarkeit, lächle dich öfters am Tag im Spiegel an, vermeide Grübeleien und Vergleiche, schmecke das erste Getränk des Tages sehr bewusst, pflege Beziehungen, finde Flow-Aktivitäten, trage Sorge für deinen Körper, rieche täglich an einer Blume, umarme täglich jemanden, berühre etwas Natürliches, lächle täglich einen Fremden an, mache ein Selfie mit Kussmund, ordne eine Sache am Tag, höre ein Lied, das du magst und freue dich darüber, streiche einen Punkt aus deiner To-do-Liste („Nein, das mache ich nicht!"). Warum sollte man eine solche Liste von ‚happy habits' nicht einmal ausprobieren?

> *Das Leben besteht aus kleinen Freuden. Glück besteht aus winzigen Erfolgen. Die Großen passieren zu selten. Und wenn man nicht auch die kleinen Erfolge sammelt, bedeuten die großen überhaupt nichts.*
> **Norman Lear**

Von der Bereitschaft

Die Menschen sind sehr oft nicht auf das Hier und Jetzt konzentriert und zu sehr mit den Lebensumständen und der Arbeit befasst. Sie sind nicht offen für die vielen wunderbaren Augenblicke, die sich allein durch die Natur ergeben: eine schöne Blume, der Sonnenaufgang oder ein wunderbarer Sonnenuntergang. Vieles kann uns begegnen, wenn wir eine gewisse Offenheit entwickeln. Es sind nicht die großen Glücksereignisse, nach denen wir suchen sollten, sondern die vielen wunderbaren Augenblicke.

Glücksbereitschaft

Der ‚große Wurf' wird überbewertet und der Zauber der kleinen Dinge unterschätzt. Man muss deshalb eine Sensibilität für den Augenblick, für den schönen Moment entwickeln. Man könnte von einem ‚vorbereiteten Geist' oder einer ‚Glücksbereitschaft' sprechen. Es lohnt sich, immer offen und bereit zu sein. Die Antennen müssen allzeit ausgefahren sein.

> *Glücklich sind viele Menschen, aber sie finden niemand, der sie rechtzeitig darauf aufmerksam macht.*
> **Alexander Engel**

Schöne Momente durch soziale Beziehungen

Schöne Momente gibt es auch durch soziale Beziehungen. Experten sprechen davon, sich Quality Time zu gönnen. Der Begriff ‚**Quality Time**' hat seinen Ursprung in den USA. Im deutschsprachigen Raum wird der Ausdruck seit Mitte der 2010er genutzt. Er bedeutet, dass man gezielt eine gewisse Zeit seine ganze Aufmerksamkeit und Wertschätzung dem Partner, Familienmitgliedern oder Freunden widmet. Diese Zeit sollte genutzt werden für Gespräche, Spiele, gemeinsame Spaziergänge oder das gemeinsame Zubereiten einer Mahlzeit. Durch diese besonders zugeeignete Zeit sollten die sozialen Beziehungen gestärkt werden. Auch dafür sollte man offen sein und nach solchen intensiven Momenten suchen.

Und wenn man alleine lebt oder trotz Partner bzw. Familie einmal Zeit nur für sich alleine haben möchte? Dann erkläre die nächsten Stunden zur absoluten ‚**Me Time**'! Im hektischen Alltag finden wir meistens gar keine Zeit, um uns nur auf uns selbst zu konzentrieren. Jetzt gibt es keine Ausreden mehr. Eine ‚Me Time' kann ganz unterschiedlich aussehen. Man muss herausfinden, was ein Mensch braucht und, vor allem, was einem guttut.

Zurück zu den schönen Momenten. Auf jeden Fall sollen wir nach den schönen Momenten aktiv suchen und, wenn sie da sind, diese glücklichen Augenblicke auch genießen. Es macht dann auch nichts, wenn es nur kurze Momente sind, Hauptsache es sind Momente glücklich-machender Kleinigkeiten, die die Seele berühren.

> *Lerne jede Minute deines Lebens zu genießen. Sei jetzt glücklich. Warte nicht auf etwas anderes, was dich zukünftig glücklich machen könnte. Denke daran, wie wertvoll deine Zeit ist, egal ob bei der Arbeit oder mit der Familie. Jede Minute sollte genutzt und gewürdigt werden.*
> ***Lord Nightingale***

Was nehme ich mit aus dem Stichwort?

Jetzt möchte ich mich auf den schönen Moment, auf den glücklich-machenden Moment fokussieren. Poetisch nenne ich das Stichwort: Poesie des Augenblicks. Unser aller Ziel, so Aristoteles, ist es, Glück zu erleben. Aber es ist ja bereits deutlich geworden, dass es ‚eigentlich' nicht um eine langanhaltende Qualität geht, sondern dass das Gück sehr oft als das Glücklich-sein für eine kurze Weile oder manchmal nur für einen Augenblick daherkommt. Anders ist es mit den Qualitäten, Zuständen und Gefühlen auf dem Weg zum Glücklich-sein. Die können durchaus länger anhalten. Ich meine, man sollte nach Zufriedenheit, Dankbarkeit, Gelassenheit, Geborgenheit, Lebensfreude, Wohlergehen, Zuversicht und Genuss und einigem mehr streben. Eine oder viele dieser Qualitäten können dann schlussendlich zum Glücklich-sein führen. Der Weg wird so zum Ziel. Im allgemeinen Sprachverständnis wird indessen häufig nicht zwischen Glücklich-sein und Glück unterschieden. Ich möchte dies aber explizit tun. Buddha hat ein klares Verständnis:

> *Es gibt keinen Weg zum Glück. Glücklichsein ist der Weg.*
> **Buddha**

In Umfragen zeigte sich, dass 61% der befragten Menschen glücklich waren, wenn sie mit der Familie zusammen waren, 54 %, wenn sie eine gute Work-Life-Balance hatten, 62%, wenn sie sich über die kleinen Dinge im Leben freuen konnten, und 47%, wenn sie den Augenblick genießen konnten. Damit zeigt sich deutlich, wo die Menschen im Alltag nach glücklichen Momenten suchen und wo sie nach allem, was wir wissen, auch erfolgreich sein können.

Der Glücksforscher Jan Delhey stellt fest: „Menschen sind dann glücklich, wenn sie ausreichend Geld zur Existenzsicherung haben, wenn sie dann gute soziale Kontakte zum Partner, zur Familie, zu Freunden haben und, wenn sie einen Sinn in ihrem Leben sehen." Und er fokussiert damit auf einen Dreiklang des Glücklich-seins: Haben, Lieben, Sein.

Wo findet sich Glücklich-sein?

Sicher ist, dass das Glücklich-sein für jeden etwas anderes bedeutet. Wohlstand, Intelligenz, Alter und Wissen spielen keine maßgebliche Rolle beim individuellen Glücklich-sein. Wir müssen uns unseren sich ändernden Lebensbedingungen und den daraus resultierenden Schwierigkeiten anpassen. Dennoch können wir zufrieden sein. Ganz offensichtlich ist unsere Einstellung entscheidend. Wollen wir überwiegend gelassen, heiter und froh sein sowie gute, sogar liebevolle Beziehungen pflegen, dann erreichen wir das auch. Halten wir uns für einen Menschen, der glücklich sein kann und will, dann werden wir es auch sein. Nicht nur mein Fazit: wir sind unseres Glückes Schmied. Wir können jederzeit daran arbeiten, glücklich zu sein und Wohlbefinden sowie Lebensfreude zu entwickeln.

Jeder sei der Schmied seines Glücks.
Appius Claudius Caecus

Das bestätigt auch die Glückforscherin Sonja Lyubormirsky, über die ich bereits geschrieben habe. Sie hat zu der Disposition zum Glücklich-sein Untersuchungen betrieben und festgestellt: Zu 50% ist es unsere Erbmasse, zu 10% sind es die aktuellen Lebensumstände und zu 40% sind wir für unser Glücklich-sein selbst verantwortlich. Mit anderen Worten: wir sind in der Lage, aktiv am Glücklich-sein zu arbeiten.

Oft kann schon eine kleine Abwechslung, etwas Neues, Freude in unser Leben bringen. Es muss jedenfalls nicht immer etwas Großartiges und Außergewöhnliches sein. Und zugleich ist das mit den schönen Momenten oft etwas Flüchtiges. Ich habe dazu ein wunderschönes Bild mit einem Text gesehen. Der Text lautet: „Ich kann nicht lange bleiben", flüstert der Glücksmoment. „Aber ich lege dir eine Erinnerung in dein Herz."

Beglückende Momente im Alltag

Es gibt viele einfache und dennoch so beglückende Momente im Alltag. Man muss nur offen dafür sein, sie sehen, und das geht nur, wenn man mit allen Sinnen im Hier und Jetzt ist. Dann kann man genießen, es greift die Poesie des Augenblicks, und man ist glücklich. Vielleicht liegt die Schönheit des Augenblicks dann gerade in seiner Flüchtigkeit.

Freude lässt dein Herz schnell schlagen,
dieser Augenblick ist schön.
Du tust kaum zu atmen wagen,
könnt er doch zu rasch vergehn.
Detlev Geiger

Ich habe bei einem Bekannten ein Schild gesehen, das über seinem Schreibtisch hängt. Darauf war die Aufforderung zu lesen: ‚Immer mal wieder: Kurz anhalten, durchatmen, lächeln und froh weitermachen.' Auch so kann man sich glücklich-machende Momente verschaffen.

Jeder Tag schenkt uns zahlreiche genussvolle Augenblicke. Denn insbesondere die kleinen alltäglichen Dinge lassen uns Momente des Glücks erleben. Man muss nur aufmerksam sein. Zudem gilt, dass auch eine sportliche Leistung, eine spannende Szene in einem Buch oder ein Erfolg bei einem beruflichen Projekt einen Glücksmoment bescheren kann. Zudem kann auch ein Flow glücklich machen. Zu einem Flow-Zustand kommt es dann, wenn man sich ganz in einer Aktivität verliert und dabei die Zeit und alles, was um einen herum passiert, völlig ignoriert. Ich weiß, wovon ich schreibe.

Wenn es um schöne Momente geht, dann erlebt man sie auch im sozialen Miteinander mit Partnern, Familie oder Freunden. Experten sprechen von **Quality time**. Es bedeutet, dass man eine gewisse Zeit seine ganze Aufmerksamkeit und Wertschätzung bewusst einer Beziehung widmet. Auch dafür muss man offen sein und eine gewisse Beziehungsbereitschaft entwickeln. Solche Begegnungen im sozialen Miteinander können intensive Momente und besonders verbindende Augenblicke bescheren, die schließlich glücklich machen.

Der ‚große Wurf‘ wird überbewertet und der Zauber der kleinen Dinge unterschätzt. Aber man muss eine Sensibilität für den Augenblick, für den schönen Moment entwickeln. Man könnte von einem ‚vorbereiteten Geist‘ oder einer ‚Glücksbereitschaft‘ sprechen. Es lohnt sich, stets offen und bereit zu sein. Und wenn sich schöne Momente, wunderbare Augenblicke ergeben, können sie Balsam für die Seele sein. Wichtig ist deshalb, die wunderbaren Augenblicke auch zu erkennen und sie dann intensiv zu genießen.

> *Viele Menschen versäumen das ‚kleine Glück‘, während sie auf das Große vergebens warten.*
> *Pearl S. Buck*

Stichwort: Ist Glück eine Entscheidung?

„Glück ist kein Geschenk des Himmels, sondern das Ergebnis der inneren Einstellung." Das haben Glücksforscher kategorisch festgehalten. Die Feststellung ist meiner Meinung nach sehr zugespitzt, aber sie trifft im Kern zu. Ich will Glück durch Glücklich-sein ersetzen und festhalten: Will man glücklich sein, dann muss man etwas dafür tun. Es ist die **Entscheidung für Aktion**. Es gilt, aktiv zu suchen nach glücklich-machenden Momenten, nach glücklich-machenden Kleinigkeiten. Aber Voraussetzung ist, eine Sensibilität für den Augenblick, für den schönen Moment zu entwickeln. Man könnte von einem ‚vorbereiteten Geist' oder einer ‚Glücksbereitschaft' sprechen. Es gehört zudem eine gewisse grundsätzliche Entscheidung für eine bejahenden Grundeinstellung und Offenheit dazu. Ich gehe mit einer bejahenden Einstellung durch das Leben und bin stets bereit für glücklich-machende Momente.

Gehen wir auf die Betrachtung der kanadischen Psychotherapeutin Sarah Kuburic ein. In einem Interview mit USA TODAY stellte sie 2022 fest: Glück ist eine Entscheidung. Glück ist ihrer Meinung nach kein Zufallsprodukt, sondern etwas, das man sich gezielt erarbeiten kann. Sie ist der Meinung, dass wir mit unseren täglichen Entscheidungen dazu beitragen können, zu unserem individuellen Glück zu gelangen. „Glück ist ein Spiegelbild der Art und Weise, wie wir uns entscheiden, unser Leben zu leben", hebt die Expertin hervor. Ich finde, wir sollten diese Expertin weiter zu Wort kommen lassen. Es sind Gedanken, die es wert sind, dass wir uns damit beschäftigen.

Die Psychotherapeutin ist davon überzeugt, dass die folgenden fünf Aktivitäten dabei helfen, das Leben glücklicher zu gestalten:

- **Dankbarkeit empfinden**

  Momente der Dankbarkeit zu erleben, kann zu mehr Glück führen. Der Grund dafür liegt darin, dass eine angenehme Emotion wie Dankbarkeit einen Menschen erfüllen kann. Dann ist nicht gleichzeitig Platz für negative Gefühle wie Angst oder Ärger. Gerade in kritischen Situationen neigen wir dazu, uns auf die negativen Dinge zu fokussieren. Ganz rasch verlieren wir den Blick für die positiven Aspekte des Lebens. Was muss passieren? Man muss ganz radikal „Stopp" sagen und dem auch folgen. Damit hat man die Chance, den Blick auf positive Gegebenheiten zu lenken und sich wieder der Dankbarkeit zu öffnen.

  Dankbar zu sein, kann man lernen. Man kann damit beginnen, dass man sich abends als Tagesbilanz überlegt, wofür man an diesem Tag dankbar ist. Das können große und besonders kleine Dinge sein. Vieles, was man für selbstverständlich hält, sollte Anlass für ehrliche Dankbarkeit geben. Und im

Alltag passiert so viel, was man dankbar registrieren sollte: Das Lächeln eines Kindes, eine schöne Blume am Weg fällt auf, oder ich genieße am Abend den ersten Schluck. Tom Felton spricht mir aus dem Herzen:

Was immer das Leben mir zuwirft - ich nehme es und bin dankbar dafür.
Tom Felton

- **Bewusstsein für das Hier und Jetzt**

Es ist so wichtig, achtsam zu sein und im Hier und Jetzt zu leben. Viel zu oft hängen wir gedanklich noch in der Vergangenheit, grübeln über Ereignisse oder Entscheidungen, die wir nicht mehr ändern können. Wir verharren im Gestern. Und auch das Gegenteil passiert allzu oft: Unsere aktuellen Gedanken kreisen um zukünftige Ereignisse. Man bedenkt mögliche Szenarien, beschäftigt sich mit den Konsequenzen und setzt sich mit der Nervosität und mit Ängsten auseinander. Dabei gehorchen weder Vergangenes noch Zukünftiges der augenblicklichen Kontrolle. Das Gestern ist vorbei, und das Morgen kommt ohnehin anders als man denkt. Und bei alledem vergisst man im Hier und Jetzt zu sein. Das Leben passiert jetzt. Und glücklich kann man nur im Hier und Jetzt sein.

Wo auch immer du bist, sei ganz da.
Jim Elliot

- **Ziele setzen**

Da sind oft so viele Aufgaben und Aktivitäten, die in Beruf und Freizeit erfüllt werden wollen. Ein scheinbar nicht zu bewältigender Berg von Verpflichtungen tut sich auf. Und zudem stört da noch die allgegenwärtige Angst vor Neuem. Wo soll man anfangen? Man muss sich Ziele setzen, Zwischenschritte planen und den Handlungsbedarf sortieren. Dem sich aufbauenden Gefühl des Verlorenseins muss man durch Orientierung, Struktur und Tatkraft entgegenwirken und so kann man dem Leben Sinn und Orientierung geben. Etwas zu haben, auf das man mit Offenheit für Neues hinarbeitet, kann sehr hilfreich sein.

Ziele zu setzen, ist der erste Schritt, das Unsichtbare in das Sichtbare zu verwandeln.
Tony Robbins

Zudem zeigt sich, dass Menschen, die sich Ziele setzen, diese auch eher erreichen. Sie legen den Fokus auf diese, erkennen, was sie weiterbringt, und befreien sich von Dingen, die sie daran hindern, ihr Ziel zu erreichen. Und Aktion vermag auch die Angst vor Neuem zu überwinden und die Tür zum Glücklich-sein zu öffnen.

- **Aktiv helfen**

Für Menschen, die glücklich sein wollen, ist es auch wichtig, sich gebraucht zu fühlen, die eigene Arbeit als sinnvoll anzusehen und ein gewisses Maß an Verbundenheit zu spüren. Studien zeigen, dass sich Menschen glücklicher fühlen, wenn sie anderen Menschen zu Hilfe kommen. In der ‚Positiven Psychologie' wird das aktive Helfen sogar als eine von sechs grundlegenden Tugenden gesehen. So stärken positive zwischenmenschliche Interaktionen nachweislich die eigene Persönlichkeit und das Glücksempfinden.

Ein weiterer positiver Effekt kann sein: Wer sich selbstlos um andere kümmert, bekommt in der Regel auch etwas zurück. Selbstlose Menschen sind beliebt und zeichnen sich durch stabile Beziehungen sowie ein starkes Umfeld aus. Wer gibt, macht so nicht nur andere glücklich, sondern kann auch seine eigenen Glücksgefühle befriedigen.

Tue so viel Gutes, wie du kannst, und mache so wenig Gerede wie nur möglich darüber.
Charles Dickens

- **Akzeptanz für das Unkontrollierbare**

Es gibt Dinge im Leben, die lassen sich nicht kontrollieren. Ob große Ereignisse des Weltgeschehens, wie die Pandemie und Kriege, oder aber die kleinen Dinge, wie ein Regenschauer. Man muss lernen, Situationen und Umstände, die man nicht beeinflussen kann, einfach hinzunehmen. Wenn wir uns mit diesen nicht zu ändernden Tatsachen aufhalten, verlieren wir den Blick für das Wesentliche. Dies hindert uns auf Sicht daran, glücklich zu werden.

Alles im Leben hat seinen Sinn. Manchmal braucht man etwas Abstand, um ihn zu erkennen.
Unbekannt

Weiter zu ‚Glück ist eine Entscheidung'

Soweit einige Ideen von Sara Kuburic. Ich teile in großem Maße die grundsätzlichen Ansätze und finde, sie gibt gute Hinweise auf dem Weg zum Glücklich-sein. Ich möchte mich noch ein wenig weiter mit der Hypothese beschäftigen, wonach Glück eine Entscheidung ist. Dazu muss ich auf eine weitere Entscheidung eingehen, die wichtig und zielführend wird: Heraus aus dem Nachdenken über Gestern und weg vom Sinnieren über Zukünftiges. Ganz intensiv muss ich im Hier und Jetzt verankert sein. Nur dann kann ich mich mit den gegenwärtigen Optionen auseinandersetzen. Und auch nur im Hier und Jetzt kann ich den Weg zum Glücklich-sein finden.

> *Verweile nicht in der Vergangenheit, träume nicht von der Zukunft,*
> *konzentriere den Geist auf den jetzigen Moment.*
> **Buddha**

Meine ‚kleinen Entscheidungen'

Ich habe mich seit einigen Jahren mit dem beschäftigt, was man tun kann, um aktiv Wege zu mehr Glücklich-sein zu finden. Es hat sich eine Liste von Teilschritten ergeben. Damit kommt es zu einer ganzen Reihe von mehr oder minder kleinen Entscheidungen auf klare Fragen. Meine Liste ist sehr auf mich zugeschnitten. Vielleicht kann sich der eine oder andere Leser meinen Ideen anschließen.

- Ich frage mich: „Was tut mir gut? Was streichelt meine Seele? Entwickle ich genug Zufriedenheit?"
- Bin ich täglich dankbar, spätestens, wenn ich abends Bilanz ziehe?
- Arbeite ich genug an einer bejahenden Grundstimmung?
- Lächle ich anderen viel häufiger zu?
- Gehe ich missliebige Situationen aktiv an und folge dem Stichwort ‚love it, change it or leave it'?
- Versuche ich ausreichende körperliche Aktivitäten, Outdoor-Sport und/oder Meditationen auszuüben?
- Bin ich wirklich stets im Hier und Jetzt?
- Helfe ich und gebe anderen etwas?
- Arbeite ich mit Freude an meinen Projekten und suche dabei gezielt den Flow?

- Wann immer ich kann, zelebriere ich den Genuss, zum Beispiel in der Natur, von Speisen, Musik und Kunst?
- Sorge ich für einen intensiven sozialen Austausch und gönne ich mir und meinen Nächsten ,Quality Time'?
- Suche ich besonders im Alltag die schönen Momente und genieße sie dann intensiv?
- Und teile ich sehr gerne Glückmomente mit meinen Lieben?

Nicht das große Glück

Die Feststellung „Glück ist eine Entscheidung" darf nicht dazu verleiten, immer wieder das große Glück zu suchen. Unglücklich macht nach Aussage von Experten ein dauerndes Streben nach dem großen Glück und eine stete Suche nach einem anhaltenden Glücklich-sein. Stattdessen sollte man zunächst einfach damit zufrieden sein, was gerade ist, was man hat, und dankbar dafür sein. Nicht das große Glück sollte unser Ziel sein, sondern unsere ehrliche Dankbarkeit, unsere wirkliche Zufriedenheit und die vorurteilsfreie Suche nach Wohlergehen. An solchen Qualitäten sollte man intensiv arbeiten. Das Glücklich-sein, die glücklich-machenden Momente oder Kleinigkeiten kommen dann von selbst.

Und selbstverständlich darf jeder nach schönen Momenten Ausschau halten. Oft kann ein solcher wunderbarer Moment voll von Erkenntnis und/oder einfach Balsam für die Seele sein. Wichtig ist, die wunderbaren Augenblicke auch zu erkennen und sie dann intensiv zu genießen.

> *Die Erkenntnis eines Moments ist manchmal so viel wert wie die Erfahrungen eines ganzen Lebens.*
> **Oliver Wendell Holmes**

Was sagt der Dalai Lama zum Glück?

Howard C. Cutler hat mit dem Dalai Lama gesprochen über ,Die Regeln des Glücks'. Dabei ist deutlich geworden, dass der Dalai Lama auch fest davon überzeugt ist, dass man Glück aktiv erreichen kann. Jeder Mensch hat seiner Meinung nach das Recht auf Glück und kann es auch erreichen durch die positive Veränderung des Denkens. Davon ist der Dalai Lama zutiefst überzeugt. Seiner Meinung nach streben die Menschen eigentlich immer danach, glücklich zu sein, Aristoteles hat dieses Streben bereits deutlich angesprochen.

Glück ist der Sinn und Zweck des Lebens, sein Ziel und das Ende der menschlichen Existenz.
Aristoteles

Dieses Streben nach Glück ist auch für den Dalai Lama der Sinn des Lebens. Allerdings ist Glücklich-sein seiner Meinung nach kein Geschenk, sondern muss von jedem für sich erarbeitet werden. Der Dalai Lama ist überzeugt, dass der Geist dazu geschult werden muss: Das Glücklich-sein hängt vom Geisteszustand, von der mentalen Verfassung des Menschen ab. Um den Geist zu verändern, ist diszipliniertes Lernen nötig. Während des Lernens werden zuerst diejenigen Faktoren identifiziert, die zum Glücklich-sein führen. Er muss sich damit auseinandersetzen. In einem zweiten Schritt muss er die positiven Gewohnheiten pflegen oder neue Verhaltensweisen erlernen und regelrecht einüben, die negativen muss er schrittweise eliminieren. Negative Gewohnheiten abzulegen, neue Verhaltensweisen zu erlernen, ist dem Dalai Lama zufolge ein langer innerer Kampf. Dieser tiefgehende Wandel, diese Neuausrichtung, braucht viel Energie und Disziplin und nimmt mitunter lange Zeit in Anspruch. Um Kraft zum Handeln zu schöpfen, müssen Überzeugung, Entschlossenheit sowie Enthusiasmus für das Ziel entwickelt werden. Schlüsselfaktor sei die Erkenntnis, dass Glück letztlich eine Entscheidung jedes einzelnen Menschen ist. Dem Dalai Lama zufolge kann dieser notwendige Veränderungsprozess oft viel Zeit verbrauchen. Ein rasches Aufstellen einer Positiv-Negativ-Liste und Abhaken der Punkte reicht nicht. Es braucht vor allem die grundsätzliche Bereitschaft, Veränderungen zu wollen, Durchsetzungsvermögen und einen langen Atem.

Ich habe dazu in einem Artikel einen Satz des Psychotherapeuten Thomas Bonath gelesen: „Egal, wie schwierig unsere Situation sein mag: Wir haben immer eine gewisse Entscheidungsfreiheit und die Möglichkeit, unser Glück selbst in die Hand zu nehmen. Allein diese Perspektive zu verinnerlichen und sich immer wieder daran zu erinnern, macht einen großen Unterschied."

Indessen möchte ich die Betrachtungen zum Glücklich-sein kurz auf einen anderen Blickwinkel lenken und zu einem vielleicht unerwarteten Aufruf kommen:

Was passiert beim Glücklich-sein?

Experten differenzieren drei Arten der Lebensführung, die auf den Weg zum Glücklich-sein führen sollen und in enger Wechselwirkung stehen: Das angenehme Leben, das sinnerfüllte Leben und das aktive Leben. Man weiß heute, dass glückliche Personen auf nachhaltige Weise alle drei Wege gehen (Peterson, Park und Seligman, 2005). Diese Menschen haben dann ein erfülltes, ein volles Leben - währenddessen das Leben anderer Menschen leer bleibt.

Was viele allerdings nicht bedenken, ist, dass Glücklich-sein auch ein chemischer Prozess in unserem Gehirn ist. Genau genommen gibt es Neurotransmitter, die im Gehirn das Gefühl von Glück produzieren. Biochemisch sind Neurotransmitter beteiligt, und das sind im wesentlichen Dopamin, Serotonin und Oxytocin. Zu diesen drei Hirnbotenstoffen gesellt sich noch ein wahrer Cocktail aus persönlichen hirneigenen Opioiden, die sogenannten Endorphine. Zusammen erzeugen sie den Zustand des Glücklich-seins und sorgen dafür, dass man zufrieden ist und es einem gut geht.

Die Länge bzw. die Qualität dieses Glücklich-seins hängt davon ab, wodurch die positiven Gefühle hervorgerufen werden. Sex oder besonders auch materielle Belohnungen wie Geld aktivieren das Belohnungssystem, genau genommen den Nucleus accumbens. Das ist der Bereich in unserem Gehirn, der vor allem auf den Neurotransmitter Dopamin reagiert. Das Glück, welches durch Dopamin erzeugt wird, ist aber nur sehr kurzweilig und muss immer wieder erneuert werden. Andere Formen der Belohnung, wie soziale Interaktion in Form einer tiefen Freundschaft oder Anerkennung auf der Arbeit, aktivieren einen etwas längerfristigen Zustand des Glücklich-seins. Sie aktivieren Bereiche in der Großhirnrinde, die vor allem für die Verarbeitung von positiven Erfahrungen verantwortlich sind. Das beständigste Glücksgefühl erhält man aber, wenn man in einer Tätigkeit voll aufgeht und seine Aufgaben erfolgreich erledigt. Diesen Zustand nennt man Flow. Eine Studie der Universität Braunschweig hat sich genauer mit dem Zusammenhang von Glück-sein und Flow beschäftigt. Sie ergab, dass während des Flows ein ganzer Cocktail an Neurotransmittern und vor allem Endorphinen ausgeschüttet wird, die einen in einen Zustand des Rundherum-Vergessens und großer Zufriedenheit befördern.

Ich suche den Flow!

Diese Flow-Erfahrungen können sich überall einstellen: Wenn eine berufliche Aufgabe zu lösen ist, wenn komplexe Zusammenhänge zu verstehen sind, bei künstlerischem Arbeiten, beim Lesen, bei der Gartenarbeit, beim Musizieren, beim Schreiben, beim Kochen und bei vielen anderen intensiven Arbeiten. Immer ist es ein Zustand, bei dem man die Welt um sich vergisst und mit Begeisterung, völlig in die aktuelle Aufgabe eintaucht. Man ist gefordert, zufrieden und glücklich.

Das fühlt sich nicht nur gut an, sondern dieser Cocktail an Glückshormonen besitzt auch ein Suchtpotential. Hat man einmal den Zustand des Flows erfahren, will das Gehirn immer wieder diesen Weg zum Glücklich-sein beschreiten.

Ich fasse zusammen

Unser aller Ziel ist klar: Wir wollen glücklich sein. Daraus resultiert die Forderung nach Wollen, Offenheit und Glücksbereitschaft und letztlich danach, alles dafür zu tun. Das Glücklich-sein will gut vorbereitet sein. In der Literatur zeigt sich eine überraschende Übereinstimmung zwischen der antiken Philosophie, dem Buddhismus und den modernen Neurowissenschaften, die alle behaupten: Glücklich-sein ist eine Folge glücklich machender Gedanken und von entsprechendem Verhalten. Durch Wiederholungen von Gedanken und Verhalten kann Glücklich-sein bis zu einem gewissen Maß ,trainiert' werden. Der französische Philosoph Alain Émile-Auguste Chartier ging schon vor 85 Jahren davon aus, dass Glücklich-sein lernbar ist und wir danach streben sollten: „Auf allen Schulen müsste es Unterricht geben in der Kunst, glücklich zu sein."

> Glücklich-sein ist eine Folge glücklich machender Gedanken und eines entsprechenden Verhaltens.

Dieses Stichwort ist überschrieben mit: **Ist Glück eine Entscheidung?** Ja, wir sollten uns dafür entscheiden, intensiv auf die Suche zu gehen. Gemeint ist nicht die Suche nach dem großen Glück, sondern die **Suche nach dem Glücklich-sein.** Um dies zu erreichen, muss ich wohl erst einige Bausteine für das Glücklich-sein zusammentragen. Und diese können sein: ehrliche Dankbarkeit, wirkliche Zufriedenheit, tief empfundenes Wohlbefinden und die Bereitschaft, zu geben und zu helfen sowie erarbeitete Gelassenheit. Das braucht Zeit und Energie, aber es lohnt sich. Der Psychotherapeut Rainer Tschechne empfiehlt ergänzend, man müsse nach Glücksmomenten in den augenblicklichen Gegebenheiten suchen:

Nur wenn wir unseren Blick schärfen für die Glücksbausteine, die bereits jetzt in unserem Leben zu finden sind, können wir Wege finden, in der Zukunft von Tag zu Tag etwas glücklicher zu werden.
Rainer Tschechne

Sind die Bausteine für Glücklich-sein erarbeitet, kann man sie durchaus auch über eine etwas längere Phase genießen. Das Glücklich-sein in Form von glücklich-machenden Momenten kommt dann ganz von selbst. Nach genussvollen, schönen Augenblicken darf selbstverständlich jeder jederzeit Ausschau halten. Der ‚große Wurf' wird überbewertet und der Zauber der kleinen Dinge unterschätzt. Es lohnt sich immer, nach solchen schönen Augenblicken zu suchen. Denn ein solch wunderbarer Moment kann dann einfach nur Balsam für die Seele sein. Wichtig ist, die wunderbaren Augenblicke zu erkennen und sie dann auch intensiv zu genießen.

Was nehme ich mit aus diesem Stichwort?

Die kanadische Psychotherapeutin Sarah Kuburic hat 2022 in einem Interview festgestellt: Glück ist eine Entscheidung. Glück ist ihrer Meinung nach kein Zufallsprodukt, sondern etwas, das man sich gezielt erarbeiten kann. Wir können mit unseren täglichen Entscheidungen dazu beitragen, zu unserem individuellen Glück zu gelangen. „Glück ist ein Spiegelbild der Art und Weise, wie wir uns entscheiden, unser Leben zu leben", hebt die Expertin hervor. Es ist meiner Meinung nach etwas überspitzt formuliert, aber im Grunde trifft die Feststellung zu. Ich finde, man muss sich entscheiden, etwas für das Glücklich-sein zu tun.

Frau Kuburic empfiehlt, auf dem Weg zu mehr Glück einige wesentliche Aktivitäten, die ich gerne zitiere: Man soll Dankbarkeit empfinden, sich bewusst im Hier und Jetzt bewegen, sich Ziele setzen, aktiv helfen und das Unkontrollierbare akzeptieren. Diese Aktivitäten scheinen mir durchaus hilfreich und beachtenswert.

*Verweile nicht in der Vergangenheit, Träume nicht von der Zukunft,
konzentriere den Geist auf den jetzigen Moment.*
Buddha

Ich habe durch die jahrelange Beschäftigung mit der Glücksforschung mir auch eine kleine Liste von notwendigen Teilschritten auf dem Weg zu mehr Glücklichsein zusammengetragen. Und ich muss mich immer wieder bewusst dafür entscheiden, die Schritte auch konsequent zu gehen. Es kommen damit eine ganze Reihe von mehr oder minder kleinen Entscheidungen zusammen. Ich frage mich: „Was tut mir gut? Was streichelt meine Seele? Entwickle ich genug Zufriedenheit, Wohlergehen und Lebensfreude?" Ich arbeite stetig an einer bejahenden Grundstimmung. Täglich bin ich dankbar, spätestens, wenn ich abends Bilanz ziehe. Ich habe mir vorgenommen, viel mehr aktiv zu lächeln.

Sorgen und missliebige Situationen gehe ich aktiv an und folge dem Stichwort ‚love it, change it or leave it'. Ich versuche, ausreichend körperliche Aktivitäten, Outdoor-Sport und/oder Meditationen auszuüben. Ich versuche, stets im Hier und Jetzt zu sein. Gerne helfe ich und gebe anderen etwas. Mit Freude arbeite ich an meinen Projekten und suche dabei gezielt den Flow. Ich ‚zelebriere' den Genuss in der Natur, von Speisen, Musik und Kunst. Ich sorge für intensive soziale Kontakte. Mir und meinen Nächsten gönne ich - wann immer es geht - ‚Quality Time'. Ich suche besonders im Alltag die schönen Momente und genieße sie dann intensiv. Und ich teile sehr gerne Glückmomente mit meinen Lieben.

> So eine verpflichtende To-do-Liste für den Weg zum Glücklich-sein ist hilfreich.

Es ist nicht immer einfach, diese mehr oder minder kleinen Aufgaben zu erfüllen, wohl aber notwendig und hilfreich. Der Psychotherapeut Rainer Tschechne empfiehlt, man müsse nach Glücksmomenten in den augenblicklichen Gegebenheiten suchen: „Nur wenn wir unseren Blick schärfen für die Glücksbausteine, die bereits jetzt in unserem Leben zu finden sind, können wir Wege finden, in der Zukunft von Tag zu Tag etwas glücklicher zu werden." Vor allem muss man eine Sensibilität für den Augenblick, für den schönen Moment entwickeln. Man könnte von einem ‚vorbereiteten Geist' oder einer ‚Glücksbereitschaft' sprechen. Es lohnt sich, offen und bereit zu sein.

Glücksmomente
Ob Musik, die Gegend, Abendsonne,
was immer wird zur Seelenwonne,
das sollst du intensiv genießen.
Lass dir die Wonne nicht verdrießen.
Such so Momente, koste sie voll aus
und mach dir Glücksmomente draus.
Detlev Geiger

Ich möchte enden mit einem Zitat von Buddha, das sehr schön das Verhältnis von Glücklich-sein und Glück beschreibt. Ich teile diese Einsicht und wiederhole sie gerne:

> *Es gibt keinen Weg zum Glück. Glücklichsein ist der Weg.*
> **Buddha**

Stichwort: Was kann im Alltag auf den Weg zum Glücklich-sein helfen?

Mit Sicherheit will jeder glücklich sein. Aber das ist nicht ganz einfach. Deshalb muss ich eine klare Frage stellen: Will ich im normalen und oft stressigen Alltag, also täglich, etwas tun, um dem Glücklich-sein ein Stück näher zu kommen? Die Antwort muss - trotz einer sofort aufkommenden Skepsis - ein deutliches „Ja" sein. In den bisherigen Texten habe ich mehrfach die Glücksforscherin Sonja Lyubomirsky zitiert. Ganz wesentlich scheint mir, ein wichtiges Ergebnis ihrer Untersuchungen zu verinnerlichen: Wir können zu 40 Prozent aktiv Einfluss darauf nehmen, glücklich(er) zu werden. Wir sind eindeutig unseres ‚Glückes Schmied'. Also stelle ich die Frage: Welche ‚notwendigen oder probaten Aktivitäten' können mir im Alltag auf den Weg zum Glücklich-sein helfen? Gerade habe ich die Frage hingeschrieben, da stellt sich mir sofort die Gegenfrage. Es gibt doch bereits eine Fülle von hilfreichen Aktivitäten und so viele gute Ratschläge. Warum befolgen wir sie nicht einfach? Ja, das ist das große Problem vieler Ratgeber. Die Ratschläge sind ohne Zweifel hilfreich, aber mit der Umsetzung, vielleicht mit der Umsetzbarkeit, hapert es zu oft. Es liegt ganz offensichtlich zunächst einmal an mir, dass ich diesen sicherlich nicht einfachen und durchaus energieraubende Weg gehen will. Ich will den Weg zum

Glücklich-sein gehen. Da muss ich sofort an Goethe denken und seinen Leitsatz zum ‚Ich will':

Ich will, das Wort ist mächtig. Spricht's einer ernst und still, die Sterne reißt's vom Himmel. Das eine Wort: ich will!
Goethe

Und selbst wenn ich will, weiß ich sofort, dass es nicht leicht sein wird. Ich habe eine klare Vision, ein deutliches Ziel. Aber der Aktivierungsberg ist da. Ich muss im notwendigen, nächsten Schritt vom Wollen zum Handeln kommen.

Vision ohne Aktion bleibt Illusion.
Joel Barker

Wie komme ich zum Handeln?

Um vom Wollen zum Handeln zu kommen, muss ich mir Gedanken über das Ziel und die konkreten Aktivitäten dahin machen. Idealerweise ergänze ich die Gedanken durch konkrete schriftliche Pläne:

- **Ich formuliere schriftlich mein Ziel**: Ich will von ganzem Herzen alles tun, um glücklich(er) zu sein. Ich male mir aus, wie es ist, froh, dankbar, zufrieden und glücklich zu sein.
- **Ich schreibe eine Liste von klaren Aktivitäten auf**, die für den Weg wichtig sind. Ich erinnere als Beispiel an meine schon ziemlich konkrete To-do-Liste im letzten Stichwort. Es müssen sinnvollerweise für den Einzelnen relevante, im Alltag umsetzbare Aktivitäten sein. Vielleicht muss man ergänzend noch kleinere, konkretere Zwischenschritte formulieren, die dann einfacher zu erreichen sind: „Ab morgen früh schenke ich mir vor dem Zähneputzen ein einminütiges, echtes Lächeln." Selbstverständlich muss man seine To-do-Liste immer wieder durcharbeiten und der aktuellen Situation anpassen.
- **Und ich muss mich für das Erreichen von Teilschritten belohnen.** Weil Erfolge bei Teilschritten wichtig sind, muss ich gut zu mir sein und mich ganz konkret für das Erreichen eines Teilziels belohnen. Ich weiß selbst, was mir Freude bereitet. Und ganz allgemein gilt:

Kein Wort und keine Tat vergehen. Alles bleibt und trägt Frucht.
Carl Hilty

Ich gebe Beispiele für ‚hilfreiche Aktivitäten' im Alltag

Allen Widrigkeiten zum Trotz und bei allen Alltagsschwierigkeiten muss ich also täglich an meinem Weg zum Glücklich-sein arbeiten. Ich muss offen sein für notwendige Aktivitäten. Also soll mich jetzt die Frage beschäftigen, was ich im Alltag unternehmen kann. Ich ergänze meine persönliche To-do-Liste aus dem vorherigen Kapitel und suche **Beispiele für hilfreiche Aktivitäten** aus den bisherigen Ausführungen. Es ist klar, dass jetzt auch Wiederholungen von Feststellungen und Konsequenzen kommen werden. Aber diese Redundanzen mögen als hilfreich für eine Verankerung betrachtet werden. Also los!

- **Auf die Einstimmung am Morgen kommt es an**

  Wichtig für den Einstieg in den Tag scheint mir, ausreichend zu schlafen. Das mit dem guten Schlafen und der Schlafqualität klappt nicht immer. Aber am Einschlafen und an der Schlafdauer kann man arbeiten. Gut ist, wenn man ausgeschlafen hat, wach und bereit in den Tag zu starten. Man liegt noch im Bett, und dann kommt es auf die Einstimmung an. Sie ist die Überschrift über den Tag. Meine Empfehlung ist, sich gleich, noch vor dem Aufstehen bewusst und mit großer Eindringlichkeit zu **programmieren**: „Dies ist ein schöner Tag. Ich freue mich, dass ich lebe!"

  Und dann folgt im Badezimmer eine wichtige Aktivität: Ich muss mir gleich am Morgen im Spiegel ein echtes, einminütiges **Lächeln** schenken. Ich gebe zu, das ist nicht immer leicht. Das Kreuz schmerzt, die morgendliche Stimmung ist eher noch etwas verhangen und trübe und/oder die Zeit drängt. Dennoch - allen Gegebenheiten zum Trotz - muss ich mir die Zeit nehmen. Es lohnt sich, sich eine Minute anzulächeln und einfach nichts dabei zu denken oder daran zu denken, dass dies ein schöner Tag ist und man sich freut, zu leben. In Untersuchungen wurde eindeutig nachgewiesen, dass sich diese morgendliche Routine lohnt. Eine positive Stimmung stellt sich ein.

Ergänzend nehme ich mir auch gleich vor, öfters am Tag zu lächeln. Vor allem lächle ich für mich und ich lächle mit anderen. Und das Lächeln mit anderen kommt wirklich zurück.

Täglich lächle Dein Gegenüber an und erlebe die Wunder, die dann geschehen.
Constanze Paula Hofmann

Und wenn man am Tag in eine stressige Situation gerät oder im Stau steht, kann ein Lächeln ebenfalls helfen: Spiegel her und sich ein ‚echtes Lächeln‘ schenken! Und da bin ich gleich bei der nächsten Aktion in Richtung ‚Einstimmung‘. Während der Morgentoilette denke ich nicht über die Arbeit nach - wie früher üblich. Stattdessen nehme ich mir vor, den ganzen Tag an einer **bejahenden Grundhaltung** zu arbeiten. Das ist nicht leicht, bedarf wiederholter und steter Übung. Aber es motiviert ungemein, wenn man es immer häufiger schafft. Manchmal kann es auch helfen, das morgendliche Lächeln mit dem laut ausgesprochenen und mehrfach wiederholten Wunsch nach einer bejahenden Grundhaltung zu verbinden: „Ich freue mich, dass ich lebe und ich arbeite den ganzen Tag an einer bejahenden Grundhaltung.“ Durch eine bejahende Grundeinstellung wird vieles leichter. Ich kann mit Zuversicht in viele Situationen gehen.

Zuversicht ist Einsicht auf Aussicht.
Ernst Ferstl

• **Im Hier und Jetzt sein**

Ergebnisse aus der Glücksforschung zeigen, dass Menschen, die glücklich sein wollen, im Hier und Jetzt sein müssen. Wann immer man sich im Alltag dabei erwischt, wie man über die Vergangenheit grübelt oder sich Sorgen über die Zukunft macht, muss man dies sofort unterbrechen und laut „stopp“ rufen. Man muss ein paarmal tief durchatmen und sich laut sagen: „Das, was vorüber ist, ist vergangen und kann nicht rückgängig gemacht werden. Die Zukunft kommt erst noch. Darum lasse ich jetzt beides los und konzentriere mich voll und ganz auf diesen aktuellen Moment, den einzigen Moment, in dem ich mein Leben aktiv gestalten und genießen kann.“

Verweile nicht in der Vergangenheit, träume nicht von der Zukunft, konzentriere dich auf diesen Moment.
Buddha

Es kann schon beim Frühstück wichtig werden, im Hier und Jetzt zu sein. Statt neben dem Frühstücken die Zeitung zu studieren und dabei auch noch die Nachrichten zu hören oder bereits in beruflichen Unterlagen zu lesen, konzentriere ich mich auf das Frühstück. Bewusst nehme ich wahr, was ich auswähle, was ich esse und wie es schmeckt. Ich bin ganz im Hier und Jetzt. Vielleicht höre ich noch klassische Musik, aber ganz bestimmt keine Nachrichten oder Kommentare.

Und diese Achtsamkeit auf das Hier und Jetzt, den Moment und auf die aktuelle Tätigkeit versuche ich, den ganzen Tag durchzuhalten. Ich verspreche, die Arbeit oder überhaupt jede Aktivität im Alltag wird deutlich effizienter.

Unsere Verabredung mit dem Leben findet im gegenwärtigen Augenblick statt. Und der Treffpunkt ist genau da, wo wir uns gerade befinden.
Siddhartha Gautama

- **Sich in Gelassenheit üben**

Studien belegen: Gelassenheit ist ein weiterer wichtiger Schlüssel zum Glücklich-sein. Eine gewisse Ruhe und ein ausgewogenes Binnengefühl helfen, jede Situation zu meistern. Es ist oft auch einfach nur eine Frage der Perspektive. Druck machen wir uns sehr oft selbst. Und Hektik kann von außen kommen, wird aber oft von uns selbst produziert. Falsche Zeitplanung und unüberlegte Anforderungen sowie ein zu großer Aktionskatalog fördern Zeitnot und überhitzte Momente. In hektischen Momenten muss ich einfach wieder zur Ruhe kommen und ruhig werden. Vielleicht hilft ein Stück weit die Kölsche Erkenntnis ‚et kütt, wie et kütt‘ und ‚et hätt noch immer jott jejange ‘ oder der Wahlspruch ‚mach dich nicht verrückt‘. Leider kommen Überforderung und Dauerhektik auch aus einer falschen Lebens- bzw. Berufssituation. Habe ich für diesen Fall nicht über die hilfreiche amerikanische Weisheit ‚love it, change it or leave it‘ geschrieben und die notwendigen Konsequenzen geschildert?

Auch aus Steinen, die einem in den Weg gelegt werden, kann man Schönes bauen.
Goethe

Wichtig ist, neben einem realistischen Zeit-Management, gezielt Hektik und Druck abzubauen. Vielleicht hilft eine morgendliche Meditation dabei, eine souveräne Einstellung zu bekommen. Oft können auch ein gezielter Stopp und tiefes Durchatmen stressige Situationen entschärfen. Zudem sind im Tagesablauf immer wieder Pausen notwendig, um die Batterien aufzuladen.

Wer gelassen und umsichtig auf stressige, ärgerliche oder sonstige negative Situationen reagieren kann, gewinnt dadurch deutlich mehr Spielraum, eröffnet sich ergänzende Handlungsoptionen und schlussendlich die Chance zu mehr Lebensfreude. Das gilt aber nicht nur für den Beruf. Auch in der Freizeit sollte man sich kritisch mit den Umfeldbedingungen auseinandersetzen. Das Umfeld soll positiv sein und innere Ruhe möglich machen. Eine heitere Gelassenheit wäre dann der Königsweg. Man sollte deshalb stetig daran arbeiten, gelassener zu werden.

Lebe dein Leben mit einer Grundstimmung der gelassenen Heiterkeit. Diese Heiterkeit ist höchste Erkenntnis und Liebe, ist Bejahen der Wirklichkeit, Wachsein am Rand aller Tiefen und Abgründe.
Hermann Hesse

- **Innere Ruhe entwickeln**

Ich habe eben bereits über die ‚innere Ruhe' als hilfreiche Grundlage für Gelassenheit geschrieben. Ob Meditieren gegen Bluthochdruck hilft, untersuchten Mediziner der Universitätsklinik Würzburg. Sie ließen 52 Testpersonen zweimal täglich im Kloster meditieren. Ihr Blutdruck regulierte sich nach unten.

Eine Runde Meditation verbessert die Konzentration und entspannt. Das zeigte eine Studie des General Hospital of Massachusetts. Die Wissenschaftler konnten mit Hilfe von Gehirnscans an 16 Probanden zeigen, dass sich nach acht Wochen Meditationstraining die

Gehirnstruktur veränderte: die Areale, die mit Stressverarbeitung zu tun haben, nahmen ab.

Wer sich mit Meditation trotzdem nicht anfreunden kann, sollte sich zumindest gezielt entspannen. Entspannungsübungen, die regelmäßig und intensiv durchgeführt werden, erbringen erstaunliche Resultate: die innere Ruhe wird deutlich verbessert. Zudem werden die Menschen stressresistent(er), der Gesundheitsstatus verbessert sich, und das Wohlbefinden wächst erheblich.

Die größten Ereignisse, das sind nicht unsere lautesten, sondern unsere stillsten Stunden.
Friedrich Wilhelm Nietzsche

- **Für ausreichende Entspannung sorgen**

Die Entspannung wurde bereits als wichtig angesprochen. Wo viel Spannung ist, bedarf es der Entspannung. Gemeint sind Ausgleichssport und gezielte Entspannungsübungen, aber auch Sauna und Massagen. Grundsätzlich ist zunächst wichtig, dass man sich überhaupt etwas tut.

Experten meinen, es sei egal, ob man jeden Tag(!) 30 Minuten spazieren geht oder regelmäßig Ausgleichssport betreibt. Hauptsache sei, dass man sich bewegt - möglichst an der frischen Luft. Es gilt als eines der besten Mittel, um die Gesundheit zu erhalten, das Wohlbefinden zu verbessern und Fehlentwicklungen zu verhindern oder zu mindern. Das liegt an den Glückshormonen, die die ausreichende Bewegung freisetzt. Untersuchungen zeigen sogar, dass Depressive, die regelmäßig Sport treiben, nach sechs Monaten um rund neun Prozent seltener in die Depression zurückverfallen als jene, die nur mit Medikamenten behandelt werden. Die Rückfallquote bei der zweiten Gruppe lag bei 38 Prozent.

Selbstverständlich kann man die Entspannung auch durch wunderbare Übungen erreichen und unterstützen. Entspannungsübungen, aber auch ein gezieltes Mentaltraining, Massagen und Saunagänge helfen beim Entspannen. Die einschlägige Literatur verweist auf viele erfolgversprechende Wege. Man muss sich nur konkrete Aktionen vornehmen.

Sport ist Rostschutz für die eiserne Gesundheit.
 Gerhard Uhlenbruck

- **Negative Menschen meiden**

Ich habe mir zudem fest vorgenommen, mich von den negativen Menschen fernzuhalten. Es gibt notorische Schwarzseher. Sie sind für mich Energieräuber und beladen mich mit zu viel Negativem. Man sollte diesen Leuten bewusst aus dem Weg gehen. Stattdessen sollte man sich mit Leuten umgeben, die Energie geben. Das Wohlergehen hängt davon ab. Das gilt selbstverständlich auch für Familienmitglieder, die einem nicht guttun und die nur Energie abziehen.

In diesem Zusammenhang muss ich auch deutlich machen, dass ich sehr selektiv mit den Nachrichten in den Medien umgehe. Auch dort herrschen viel zu viel Mord und Totschlag, Krieg und Drama. Das muss nicht sein. Es hat die gleiche Wirkung wie die notorischen Schwarzseher. Also weg damit!

Halte dich von negativen Menschen fern. Sie haben ein Problem für jede Lösung.
Albert Einstein

- **Soziale Bedürfnisse befriedigen**

Es geht darum, ausreichend und intensiv Zeit mit der Familie und Freunden zu verbringen. Wer das zu wenig tut, bereut dies meist auf dem Sterbebett. Denn: erst Beziehungen machen unser Leben lebenswert. Und auch hier zählt, wie bei vielen Dingen die Qualität mehr als die Quantität. In einer Langzeitstudie mit 268 Männern ließ sich deren Wohlbefinden und Flexibilität im Alter am besten aus der Qualität ihrer sozialen Beziehungen im Alter von 47 Jahren vorhersagen.

Psychologen sprechen in der jüngsten Zeit auch von der sogenannten ‚Quality Time'. Man versteht darunter, bewusst die Zeit mit nahestehenden Menschen zu verbringen und sich aufeinander zu konzentrieren. Und da ist es egal, ob man zusammen Spiele spielt, Musik hört oder im Urlaub gemeinsame Abenteuer erlebt. Diese Zeit stärkt

Beziehungen, setzt auf Nähe und verbessert eine emotionale Bindung. In diesem Zusammenhang ist interessant, dass Beziehungsexperten die sogenannte 70:30-Regel favorisieren. Idealerweise sollten Paare 70% der Zeit miteinander und 30% getrennt verbringen. Die gemeinsame Zeit sollte dann auch der Beziehungspflege gewidmet werden. Darüber sollte man auch nicht vergessen, sich selbst ‚Me Time' zu gönnen.

Beziehungen, die uns Halt geben können, wurzeln in der Freiheit, einander loslassen zu können.
Ernst Ferstl

- **Sich in Dankbarkeit üben**

Studien haben herausgefunden, dass das Glücklich-sein nicht so sehr davon abhängt, was man hat, sondern davon, dass man das, was man hat, wirklich wertschätzt. Das ist auch der Grund dafür, warum sich viele Menschen in armen Ländern sehr viel glücklicher einschätzen als wir uns in der westlichen Welt, wo wir eigentlich alles haben. Sollten wir nicht bewusster dankbar sein?

Wir sollten immer, auch für kleine Dinge, dankbar sein. Vielleicht sollte man sich abends vor dem Einschlafen (mindestens) drei Dinge ins Bewusstsein rücken, für die man heute dankbar ist. Das können Kleinigkeiten sein. Je kleiner, desto feiner beobachtet. Wenn man sich gern erinnert und die entsprechenden schönen Bilder abruft, kann ein Gefühl tief empfundener Dankbarkeit entstehen.

Nicht die Glücklichen sind dankbar. Es sind die Dankbaren, die glücklich sind.
Francis Bacon

- **Zufrieden sein**

Zufriedenheit wurzelt in der Persönlichkeit eines Menschen. Sie ist Ausdruck seines Wesens und das Resultat einer grundsätzlichen Haltung dem Leben gegenüber und daher eher langanhaltend angelegt. Es lohnt sich, sich auf Zufriedenheit zu konzentrieren, denn zum einen ist sie nicht nur langlebiger und grundlegender, zum anderen tritt sie unabhängig von äußeren Ereignissen auf, die wir oft nicht beeinflussen können. Zufriedenheit ist ein Ausdruck unserer inneren Haltung und Grundstimmung.

Im Begriff ‚Zufriedenheit' steckt das Wort ‚Friede', und an einem solchen inneren Frieden, verstanden als ‚Seelenruhe' oder ‚Seelenfrieden' kann man arbeiten. Die Zufriedenheit hängt in hohem Maße von unseren alltäglichen Verhaltensweisen ab. Nur wenn wir unseren Blick schärfen für die Zufriedenheitsbausteine, die wir in der aktuellen Situation bereits in unserem Leben finden, werden wir zufrieden sein. Die gute Nachricht ist: Wir können den Zustand der inneren Zufriedenheit aktiv beeinflussen. Das geschieht jedoch nicht ohne eigenen Einsatz und vor allen Dingen auch nicht über Nacht. Zur inneren Zufriedenheit führen gewisse Voraussetzungen, mit denen man sich aktiv beschäftigen muss: Dankbarkeit, Großzügigkeit, Achtsamkeit, Selbstliebe und Selbstbewusstsein.

„Ich suchte das Glück und fand Zufriedenheit." Das könnte das Motto sein, wenn es um die Suche nach Glück geht. Viel wichtiger als diese Suche nach dem flüchtigen Glück erscheint mir das Streben nach einer möglicherweise länger anhaltenden Zufriedenheit. Und es kann sich in der Folge Glücklich-sein einstellen. Nur im Hier und Jetzt, im Augenblick kann ich innerlich ausgeglichen sein und nichts anderes erwarten oder anstreben als das, was ich habe. Ich bin einverstanden mit den gegebenen Bedingungen, Leistungen und dem Befinden, habe nach reiflicher Prüfung nichts auszusetzen, lebe in Seelenfrieden und bin dankbar für das, was ist. Was ich anstrebe, ist ehrliche Dankbarkeit, tief empfundenes Wohlbefinden und wirkliche Zufriedenheit. Auf einer solchen Grundlage werden sich dann in der Folge Wege eröffnen, in Zukunft von Tag zu Tag etwas glücklicher zu werden. Ich kann dann nach schönen Momenten und glücklich-machenden Kleinigkeiten suchen.

Zufriedenheit ist der Stein der Weisen. Zufriedenheit verwandelt in Gold, was immer sie berührt.
Benjamin Franklin

- **Schöne Momente suchen und genießen**

Wenn ich die Voraussetzungen geschaffen habe für schöne Momente, dann muss ich auch eine gewisse Offenheit, eine Bereitschaft für schöne Momente entwickeln. Solche Augenblicke im Alltagsgeschehen, in der Natur, bei Aktivitäten in der Freizeit, bei Flow, bei Musik, bei gutem Essen gilt es, zu erkennen, festzuhalten, auszukosten und zu genießen. Abends kann man sich bewusst an solche Momente erinnern und dafür dankbar sein. Wie schön ist es, wenn solche schönen Augenblicke noch einmal vor dem geistigen Auge vorbeiwandern! Da wird Lebensfreude deutlich, und die Seele fühlt sich gestreichelt. Also nehme ich mir vor, immer wieder offen zu sein für die kleinen, aber schönen Momente im Alltag.

Menschliches Glück stammt nicht so sehr aus großen Glücksfällen, die sich selten ereignen, als vielmehr aus kleinen glücklichen Umständen, die jeden Tag vorkommen.
Benjamin Franklin

- **Genuss er- und ausleben**

Genuss ist eine positive Sinnesempfindung, die mit körperlichem und/oder geistigem Wohlbehagen verbunden ist. Beim Genießen wird mindestens ein Sinnesorgan erregt. Da gibt es viele Beispiele für Genuss: Es gibt kulinarische Genüsse, zum Beispiel als Bestandteil der Ess- und Trinkkultur. Es gibt geistige Genüsse, wie das Hören von Musik oder das Lesen interessanter Lektüre. Und es gibt körperliche Genüsse, zum Beispiel eine Massage oder Teile des sexuellen Austauschs. Ein wesentlicher Punkt zum Thema ‚Genuss‘ muss deutlich herausgestellt werden: Genuss ist etwas Gutes. Genuss-Experten wie der Psychologe Dr. Rainer Lutz widersprechen der Geringschätzung von Genuss. „Genuss ist elementarer Bestandteil der Selbstfürsorge und trägt zur seelischen Balance bei - denn ein sinnliches Leben ist Teil eines sinnvollen Lebens.“

Beim Genießen gibt es einige wesentliche Punkte: Man sollte den Genuss intensiv erleben. Das Auskosten kann man lernen. Man sollte sich voll auf den Moment konzentrieren. Man sollte offen sein für neue sinnliche

Erfahrungen. Man nehme sich die Zeit für die einfachen Dinge, die kleinen Freuden des Lebens. Und man sollte den Genuss beschränken. Alles, was wir mit Sinnesfreude und Lust tun, verbessert unser Wohlbefinden. Das fordert doch eindeutigen Handlungsbedarf! „Ein Genuss war uns beschert und unsere Seele wurde gestreichelt." Ist es nicht schön, wenn ein solcher Satz ein wenig in einem nachhallt? Und solche schönen Momente voll Genuss sind hervorragende Voraussetzungen zum Glücklich-sein.

Kein Genuss ist vorübergehend; denn der Eindruck, den er zurücklässt, ist bleibend.
Goethe

Aktiv zu erarbeitende Bausteine

Das war jetzt ein Beispiel dafür, wie ich Stichworte aufgreife und im Alltag daraus Bausteine auf dem Weg zum Glücklich-sein zusammenstellen und erarbeiten könnte. Eine solche Liste konkreter Aufgaben, vielleicht ergänzt durch klar formulierte Teil-Aufgaben, kann sich jeder Leser zusammenstellen. Diese aktiv zu erarbeitenden Bausteine sollten dann sogar über eine etwas längere Phase entwickelt werden. Es können sich Dankbarkeit, Zufriedenheit, Wohlergehen und mehr einstellen. Vielleicht ergibt sich sogar ein Flow-Erleben. Das Glücklich-sein stellt sich dann ganz von selbst ein. Es geht nicht um die Suche nach dem großen Glück, sondern die Suche nach konkreten glücklich-machenden Momenten. Sie sind viel erfolgversprechender, diese wunderbaren, schönen Momente, denn sie streicheln unsere Seele. Der ‚große Wurf' wird überbewertet und der Zauber der kleinen Dinge unterschätzt. Es lohnt sich, offen und bereit zu sein.

Ich möchte enden mit einem Zitat von Pearl S. Buck. Ich teile diese Einsicht und wiederhole sie gerne:

Viele Menschen versäumen das kleine Glück, während sie auf das Große vergebens warten.
Pearl S. Buck

Schlusswort zu der Fülle von Aktivitäten, die hilfreich scheinen

Internationalen Studien und Sonja Lyubormirsky zufolge ist die Veranlagung zum Glücklich-sein zu etwa 40 Prozent in unserer Hand. Daraus folgt die für mich beste Nachricht dieses Werkes: wir können unseres Glückes Schmied sein.

> *Da es sehr förderlich für die Gesundheit ist, habe ich beschlossen,*
> *glücklich zu sein.*
> **Voltaire**

Ich sollte also **handeln** und **aktiv werden**, um auf den Weg zum Glücklich-sein zu gelangen: Im Jetzt und Hier muss ich mich offen und rückhaltlos mit dem beschäftigen, was mich prägt bzw. was mich hemmt. Es gilt, aktiv damit umzugehen. Dazu muss ich mich ebenso ehrlich mit meinem Umfeld, also meiner beruflichen und privaten Situation, auseinandersetzen. Zudem sollte ich mich mit meinen Bedürfnissen beschäftigen. Aus allem sind Konsequenzen zu ziehen nach dem amerikanischen Motto ‚love it, change it or leave it'. Ergänzend sind Bewältigungsstrategien für Schwierigkeiten sowie Resilienz zu entwickeln. Nur so kann ich erst einmal alle Widrigkeiten aktiv angehen, die Kraft guter Gedanken nutzen und dann daran denken, positive Voraussetzungen zu entwickeln. Hilfreich wäre es zudem, an einer bejahenden Grundhaltung und einer gewissen (heiteren) Gelassenheit zu arbeiten. Es wäre auch förderlich, wenn es mir immer wieder gelänge, ausgeglichen zu sein, mit mir im Reinen. Ergänzend sollte ich das Lächeln mit mir und anderen nie vergessen.

Das sind schon viele Aktivitäten, die als Handlungsbedarf notwendig erscheinen. Auf dem Weg zum Glücklich-sein geht es also darum, das eigene Leben in die Hand zu nehmen, es aktiv zu gestalten, sich konsequent auf das Jetzt zu konzentrieren und das Beste aus allen Situationen zu machen. Diese bislang aufgezählten Aktivitäten müssen als Hilfen zu einem aktiven und erfüllenden Leben, verstanden werden. Auf den Weg zum Glücklich-sein scheint das aber noch nicht alles zu sein.

> *Das Leben besteht aus Möglichkeiten, aus Chancen, die man ergreifen*
> *sollte.*
> **Dalai Lama**

Ich sollte zudem gewisse Stichworte aufgreifen und daraus Handlungsoptionen ableiten. In diesen Stichworten sind Bausteine auf dem Weg zum Glücklich-sein. Als Beispiele seien genannt ehrliche Dankbarkeit, wirkliche Zufriedenheit und tief empfundenes Wohlbefinden und die Pflege beglückender sozialer Bindungen. Diese aktiv zu erarbeitenden Handlungsfelder können sogar über eine etwas längere Phase zu einem besseren Leben führen. Zugleich ist damit die Chance gegeben, die Lebensfreude zu optimieren. Wenn man dann noch Gutes tut und den Genuss pflegt. Oder immer wieder nach Flow-Erleben sucht, sind gute Voraussetzungen gegeben, dass sich Glücklich-sein einstellt und glücklich-machenden Momente ganz von selbst kommen.

Das Leben besteht aus kleinen Freuden. Glück besteht aus winzigen Erfolgen. Die Großen passieren zu selten. Und wenn man nicht auch die kleinen Erfolge sammelt, bedeuten die großen überhaupt nichts.
Norman Lear

Es scheint also eine Fülle von Aktivitäten notwendig zu sein, um die Wege zum Glücklich-sein zu ebnen. Ich sehe indessen weniger die vielen Notwendigkeiten als die vielen **Chancen und Möglichkeiten**, die die verschiedenen Aktivitäten mit sich bringen. Viele Aktivitäten bringen uns nicht nur dem Ziel näher, sondern sind attraktive und befriedigende **Zwischenziele** auf dem Weg zum Glücklich-sein. Und auch und gerade im Alltag bieten sich viele Gelegenheiten, dem Glücklich-sein näherzukommen. Ich muss nur meinen Blick schärfen für die Glücksbausteine, die bereits jetzt in meinem Leben zu finden oder relativ einfach zu erreichen sind. Mit einigen konsequenten, zupackenden Aktivitäten werden sich Wege finden, in der Zukunft von Tag zu Tag etwas glücklicher zu werden. Der ‚große Wurf', die Suche nach dem ‚großen Glück' wird ohnehin überbewertet und der Zauber der kleinen Dinge unterschätzt. Allerdings muss ich auch eine gewisse Sensibilität für den richtigen Moment, für den schönen Moment entwickeln. Man könnte von einem ‚vorbereiteten Geist' oder einer ‚Glücksbereitschaft' sprechen. Es lohnt sich täglich, aktiv, offen und bereit zu sein. Als Ziel könnte dann gelten: Im Glücklich-sein spiegelt sich ein aktives, gelingendes, genussreiches, zufriedenstellendes und dankbares Leben. Ernst Förstl sieht es ganz einfach:

Wenn wir Freude am Leben haben, kommen die Glücksmomente von selber.
Ernst Ferstl

Zum Buch

Wir wollen alle glücklich sein. Deshalb suchen wir nach Wegen zum Glücklich-sein. Dazu habe ich einmal gelesen: „Glücklich-sein ist kein Ziel, sondern eine Reise, die man jeden Tag neu gestaltet." Deshalb macht es auch Sinn, immer wieder viele Stichworte aufzugreifen, um Wege zum Glücklich-sein zu finden. Es geht mir darum, mich gezielt und intensiv mit Erkenntnissen, Einsichten und Verhaltensweisen auseinanderzusetzen, die für mich und meine Leser zu hilfreichen Wegbereitern werden können.

Viele Stichworte haben sich mir geradezu aufgedrängt, und andere ergeben sich erst während der Literaturstudien. Neben den viele Stichworten sind auch die Hemmnisse und Stolpersteine wichtig. Damit will mich ebenfalls auseinandersetzen und Lösungen diskutieren. Zu allen Stichwörtern habe ich eine Fülle von Daten, Fakten und Expertenmeinungen zusammengetragen. Danach habe ich stets versucht, aus dem vorhandenen Material Einsichten und Erkenntnisse zu gewinnen. Diesen ersten Überlegungen habe ich Konsequenzen für eine Umsetzung, für ein Handeln folgen lassen. Deshalb sind auch immer wieder Auflistungen entstanden. Ich hoffe, aus den vielen Stichworten und dem umfangreichen Material entsteht ein einigermaßen abgerundeter Überblick über Möglichkeiten und Chancen, jeden Tag neu Wege zum Glücklich-sein zu finden.

Bei der Auswahl von Daten und Fakten und wenn es um Reihenfolgen, Beurteilungen und Konsequenzen ging, habe ich auf meinen ‚Bauch' gehört. Überhaupt sollten wir alle viel öfter und fokussiert auf unsere ‚innere Stimme' hören.

Man sieht nur mit dem Herzen gut. Das Wesentliche ist für die Augen unsichtbar.
Antoine de Saint-Exupéry

Die Stichworte sind abgeschlossene Kapitel. Am Ende eines jeden Kapitels gibt es eine kurze Wiederholung der wesentlichen Inhalte aus dem Stichwort. Dies soll zur Vertiefung der Informationen und zu deren Verankerung dienen.

Die vielen Stichworte stellen ein Angebot zum Nachvollziehen dar. Manche Sachverhalte werden in unterschiedlichen Stichworten auch mehrfach angesprochen, dadurch ergeben sich Wiederholungen. Oft haben die Sachzusammenhänge dies erforderlich gemacht. Aber diese Redundanzen sind wegen der Bedeutung der Unterpunkte und wegen einer Verankerung auch durchaus gewollt. Sinnsprüche ergänzen die Texte und bringen Sachverhalte so wunderbar ‚auf den Punkt'. Ich schätze Sinnsprüche. Als Beispiel nenne ich einen hilfreichen Satz vom Dalai Lama: „Das Leben besteht aus Möglichkeiten, aus Chancen, die man ergreifen sollte."

Meine Botschaft ist klar: Man muss aktiv werden. Viele Stichworte liefern bereits eindeutigen Handlungsbedarf. Und es gibt viele Zusammenhänge, die es wert sind, beachtet und erarbeitet zu werden. Einfach ist der Weg zum Glücklich-sein nicht; die einzelnen Bausteine fordern. Und bestimmt gibt es zum einen oder anderen Stichwort auch noch wertvolle Ergänzungen. Das Quellenverzeichnis bietet dazu Ansatzpunkte. Jedes Stichwort bietet wunderbare Hilfen an und alle Stichworte zusammen zeigen eine Fülle von Möglichkeiten auf dem Weg zum Glücklich-sein. Ich weiß, es ist viel Stoff. Aber es lohnt sich. Also los!

Übrigens: Sich mit dem Thema ‚Glücklich-sein' zu beschäftigen, bringt tatsächlich Wissen und vor allem Flow. Es bringt Freude, Verständnis und fördert gute Gedanken. Vor allem macht es mich immer wieder glücklich. Meine Leser hoffentlich auch!

Der Schlüssel zum Glücklich-sein liegt darin, das Leben zu umarmen und es in vollen Zügen zu genießen.
Unbekannter Autor

Quellen

Dr. Detlev Geiger, Der Weg zur Mitte, 1997

Dr. Detlev Geiger, Ich suche das Glück, 2019

John F. Helliwell et al, World Happiness Report. Sustainable Development Solutions Network , New York 2023

Helen Dyrbye, Steven Harris und Thomas Golzen, The Xenophobe's Guide to the Danes. London: Oval Books (1999).

Meik Wiking zum World Happiness Report 2023 auf www.meikwiking.com 2023

Meik Wiking (Autor), Ulrike Strerath-Bolz (Übersetzer), Hygge - ein Lebensgefühl, das einfach glücklich macht, 2016

Website ,Visit Denmark' 2023

Johannes Haupt, www.lernen.net 2023

Professor Dr. Tobias Esch, Zeit Akademie 2023, Das Modell des Glücks – Gesund und glücklich bleiben

Wolfgang Glatzer und Wolfgang Zapf: Lebensqualität in der Bundesrepublik Deutschland, Frankfurt a.M., 1984

Susie Reinhardt, Psychologie Heute 1/2014 + 3/2023

Helen Fisher, WHY WE LOVE: The Nature and Chemistry of Romantic, 2004

Chris Bloom, www.chrisbloom.de 2022

www.sinnsucher.de 2023

Michaela Brohm-Badry, Corinna Pfeifer, Julian M. Greve (Hrsg.): Positive-Psychologische Forschung im deutschsprachigen Raum - State of the Art. Pabst Science Publishers, Kengerich, 2017

Paul J. Mills, University of California in San Diego, 2022

Corinna Hartmann, Sei dankbar, www.spektrum.de 2020

Michael McCullough und Robert Emmons, Journal of Personailty and Social Psychology, 2003

Leah Dickens, Basic and Applied Social Psychology, 2017

Hanna Heckendorf und Dirk Lehr, spektrum.de 2020

Adam Geraghty, Dankbarkeit und Wohlbefinden, Wood et al., 2010

Kumar, A., Epley, N.: Undervaluing gratitude: Expressers misunderstand the consequences of showing appreciation. Psychological Science 29, 2018

Scott Barry Kaufmann, Interview mit Allan Snyder, Psychology Today, 2010

Martin Seligman, Learned Optimism, 2006

Seligman, M. E., & Csikszentmihalyi, M. (2000). Positive psychology. An introduction. The American Psychologist, 55, 5–14

Sax M., planet wissen 2016, Positive Psychologie

Lyubomirsky S., King L., E. Diener psycnet.apa.org 2006

Sonja Lyubomirsky, Glücklich sein. Warum Sie es in der Hand haben, zufrieden zu leben, Campus, 2013

Lyubomirsky S., The myths of happiness, 2013

Mihály Csíkszentmihályi, Flow - der Weg zum Glück: Der Entdecker des Flow-Prinzips erklärt seine Lebensphilosophie, Herder, 2010

Mihály Csikszentmihalyi: Das Flow-Erlebnis. Jenseits von Angst und Langeweile: im Tun aufgehen. 10. Auflage. Klett-Cotta, Stuttgart 2010

Siegbert A. Warwitz, Das Phänomen des Flow-Erlebens, Baltmannsweiler, 2016

Professor Dr. K. Ruckriegel, Glücksforschung auf den Punkt gebracht, 2016

Professor Dr. E. Diener, Assessing Well-Being: The Collected Works of Ed Diener (Social Indicators Research Series), Springer 2009

David Lykken und Auke Tellegen, Psychological Science Volume 7, Issue 3, 2016

Luhmann, M., Hofmann, W., Eid, M., & Lucas, R. E. (2012). Subjective well-being and adaptation to life events: A meta-analysis. Journal of Personality and Social Psychology, 102(3)

Renate Frank: Wohlbefinden fördern, Klett Cotta, Stuttgart 2010

Ryff C.D., Singer B.H., The exploration of happiness, Springer, 2013

Steven Cole, Studie der University of California, Los Angeles, 2017

Maike Rönnau-Böse, Klaus Fröhlich-Gildhoff, Jürgen Bengel, Lisa Lyssenko (2022), BZgA

Deutsches Ärzteblatt PP, 8/2022, Richard Lazarus (1922–2002): Theorie zur Stressbewältigung

WHO, Doing What Matters in Times of Stress, An Illustrated Guide, 2020

Dr. Britta Hölzel, Durch Meditation zum inneren Frieden, Geo 2023

DAK gesundes-miteinander.de 2023, Die 7 Säulen der Resilienz

Solvejg Hoffmann, https://www.geo.de/wissen/gesundheit/fuenf-dinge--die-gelassene-menschen-anders-machen-31722232.html

Gabriela Voß, 10 Praxistipps für heitere Gelassenheit, live mindful - feel free, 2023

Stangl, W., Gelassenheit. Online Lexikon für Psychologie & Pädagogik, 2024

Ulrich Schnabel, Zuversicht: Wie wir in Krisenzeiten die innere Freiheit bewahren, Blessing 2018

Ulrich Schnabel, Glücklich durch Zuversicht, Der Spiegel 2019

Gespräch von Birgit Weidt mit Professor Dr. Hans Mogel, vfp.de/magazine/ freie-psychotherapie/ alle-ausgaben/hefte-02-2016

Karl Gebauer, Klug wird niemand von allein, Patmos-Verlag 2012

Ipsos Global Advisor-Studie "Global Happiness Study: What makes people happy around the world", 2019

Wall's Manifesto for a Happier World, dt.: Langneses Manifest für eine glücklichere Welt", 2021

Rolf Merkle, 10 Tipps, wie Sie Ihre Lebensfreude steigern, © Ckturistando, unsplash.com, 2022

Andrew Steptoe, University College London, Spiegel Psychologie 2014

Rutt Veenhoven, World database of happiness: archive of research findings on subjective enjoyment of life, Erasmus University Rotterdam, Erasmus Happiness Economics Research Organization, 2013

Glenn V. Ostir et al, Psychol Aging 2004

Mirjam Wolf, Perspectives on Psychological Sciences, 2011

Hendrik Mothes, Institut für Sport und Sportwissenschaft der Albert-Ludwigs-Universität Freiburg, Zeitschrift für medizinische Prävention, 2017

Philip Brickman and Donald T. Campbell, Essay ,Hedonic Relativism and Planning the Good Society', 1971

Philipp Mayring, Psychologie des Glücks, Verlag Kohlhammer, 1991

Tali Sharot, University College London, Cognition, 2023

Todd B. Kashdan: Mindfullness, acceptance, and positive Psychology: The seven foundations of well-being. Context Press, Oakland, 2013

Steffi Thierheimer, Life Coaching - Stimmtraining - Logopädie, steffi-thierheimer-coaching.de, zu Todd Kashdan ,Achtsamkeit'

Ellen Langer, Mindfulness: Das Prinzip Achtsamkeit, Die Anti-Burn-out-Strategie, Vahlen, 2015 Psychologie heute 7/2004: Achtsamkeit

Psychologie heute 7/2004: Achtsamkeit

Dr. Rainer Lutz, redaktion@supress-redaktion.de, 2015

Birgit Weidt, Psychologie heute 1/2019, „Was und wie genießt Deutschland?" zu: Ernährungspsychologie.org/index.php/studie-was-und-wie-geniesst-deutschland

Lau C., KramerL., Die Relativitätstheorie des Glücks, Centaurus Verlag, 2006

Professor Jan Delhey, interne Mitteilung Otto-von-Guericke-Universität Magdeburg, 2020

Studie von Professor Dr. Frank Brettschneider (Universität Hohenheim) mit Unterstützung durch die Arbeitsgemeinschaft Baden-Württembergischer Bausparkassen, 2022

The Good Life: A Discussion with Dr. Robert Waldinger, Clinical Professor of Psychiatry at Harvard Medical School and Director of the Harvard Study of Adult Development, the longest running scientific study of adult life ever conducted, 2023

Paul Gilbert, British Journal of Clinical Psychology, 13.1, 2014

Hanna Drimalla, www.spektrum.de/news/die-angst-vor-dem-gluecklichsein

Rainer Tschechne, Die Angst vor dem Glück - Warum wir uns selbst im Weg stehen, Herbig-Verlag, 2011

Sarah Kuburic, USA Today 12/ 2022

Howard C. Cutler, Dalai Lama: Die Regeln des Glücks, Lübbe, 2004

Ryan, R. M & Deci, E. L., Self-Determination Theory and the Facilitation of Intrinsic Motivation, Social Development and Well-Being, American Psychologist, 55(1), 2000

Glück, Spiegel Online Gesundheit, 2016

Günther Bien, Über das Glück, 1999

Angelika C. Wagner et al, Introvision: Problemen gelassen ins Auge schauen - Eine Einführung, 2015

FOCUS Online: Glückforschung, 2016

Eysenck, H.J., The structure of human personality, London: Methuen, 1970

Lieberman und Rosenthal, Biochemische Persönlichkeitsforschung, 2008

Tilman Krause, Veranlagung und Glück, Welt, 2015

Joachim Mohr, Spiegel Online, 2013

Gudrun Schönhofer-Hofmann, Emotions, 2017

Matt Bradshaw, Religion, Aging and Health Survey, Journal of Aging and Health, 2017

Tricia A. Seifert, University of Iowa, The Ryff Scales of Psychological Well-Being, 2005

Maria Marquart, Spiegel Online 12.3.2015

Anil Zengin, Gedankenpower 2016

Gerd Gigerenzer, Max-Planck-Institut für Bildungsforschung, Risiko - Wie man die richtigen Entscheidungen trifft, Berlin, 2014

Kuhl J., Lehrbuch der Persönlichkeitspsychologie. Motivation, Emotion und Selbststeuerung, Göttingen, Hogrefe Verlag, 2010

Es ist nicht genug zu wissen - man muss auch anwenden. Es ist nicht genug zu wollen - man muss auch tun.
Goethe